生态视野 绿色情怀
——威海市普陀路小学特色建设专辑

刘晓波 著

光明日报出版社

图书在版编目（CIP）数据

生态视野　绿色情怀：威海市普陀路小学特色建设专辑 / 刘晓波著． --北京：光明日报出版社，2017.8（2021.8重印）
ISBN 978-7-5194-3313-0

Ⅰ.①生… Ⅱ.①刘… Ⅲ.①小学—生态环境—环境教育—威海 Ⅳ.①G623.62

中国版本图书馆 CIP 数据核字（2017）第 201320 号

生态视野　绿色情怀：威海市普陀路小学特色建设专辑
SHENGTAI SHIYE LÜSE QINGHUAI：WEIHAISHI PUTUOLU XIAOXUE TESE JIANSHE ZHUANJI

著　　者：刘晓波	
责任编辑：许　怡	责任校对：赵鸣鸣
封面设计：范晓辉	责任印制：曹　净

出版发行：光明日报出版社
地　　址：北京市西城区永安路 106 号，100050
电　　话：010-63169890（咨询），010-63131930（邮购）
传　　真：010-63131930
网　　址：http://book.gmw.cn
E - mail：gmcbs@gmw.cn
法律顾问：北京德恒律师事务所龚柳方律师

印　　刷：三河市华东印刷有限公司
装　　订：三河市华东印刷有限公司
本书如有破损、缺页、装订错误，请与本社联系调换

开　　本：170mm×240mm			
字　　数：287 千字		印　　张：17	
版　　次：2017 年 8 月第 1 版		印　　次：2021 年 8 月第 2 次印刷	
书　　号：ISBN 978-7-5194-3313-0			
定　　价：59.00 元			

版权所有　　翻印必究

编委会

主　任：刘晓波
副主编：张娜娜　王　凯
编　委：姜红霞　刘爱静　张琳莉　王晓伟
　　　　张红梅　阮　清　向景媛　王文娟
　　　　刘　静　万群飞　刘明鸣　张　珊
　　　　常　飞　宋小鑫　王丽佳　王霞娉
　　　　傅丙赐　郑　会　李宏伟　宫丽华
　　　　辛潇宇　徐彦辉

序 言

认识晓波,是在威海市环境保护委员会主办的"共建、共治、共享、共荣"座谈会上。作为来自基层唯一的教育工作者,他更多地谈到敬畏、责任和传承——如何守护我们的绿水青山?如何更有效地开展环境教育?作为学校,既要大手牵小手身体力行做环保,也要小手拉大手辐射家庭和社区。话语不多却字字铿锵,正是他对环境保护这种强烈的责任感和使命感,让我印象深刻,记住了晓波,也记住了普陀路小学。

去年,威海环保工作取得了"两个佳绩":一是环境空气质量在全省率先达到国家二级标准,实现了历史性突破,填补了省内无达标城市的空白;另一个是威海市获得中华环境奖城镇环境类第一名,这是中国环保领域最高社会性奖项。成绩的取得,得益于中央和省委、省政府的坚强领导,得益于市委、市政府"生态立市 环境优先"理念的坚持和坚守,得益于全市上下的共建、共治、共享、共荣。学校是对学生进行环境教育的主要场所,也是"共建、共治、共享、共荣"重要的社会力量。

以"生态立校"为办学理念的普陀路小学,虽建校时间短,却打造了独具学校特色的生态环保校园文化,2016 年,学校还获得了"国际生态学校"的美誉。走进这所校园,别具一格的环境文化令人着迷:生态之美、生态之忧、生态之行、生态之愿四个楼层主题分明,图文并茂,颇有视觉冲击力;纸雕墙、布贴墙、木艺长廊、环保服装角、塑料粘贴画角等展示了孩子们的环保实践作品;生态科技馆、光伏示范电站、种植园、养殖场、培育中心等,是学校为孩子们精心创设的学习实践基地。沉下心来感受这里的课堂,观察这里的师生风貌,偌大的校园处处散发着环保的气息,环保理念已渗透肌理。那一幅幅环保实践作品,是师生们将从废品堆和乡野草丛里捡回来的废弃材料,大胆运用想象力和双手加工制作而成的。一份份作品犹如珍贵的"艺术品",师生在制作的过程中获得了美的享受,无形中开展了师生环保教育。每年学校都会为孩子们举办"生态节",那可是孩子们最开心的一天。"生态节"期间有环保主题的歌舞戏剧演出,有实践作品展,更有生态采摘、旧物换购等。学校还自主编纂了《我与绿色同行》《绿色伴我行》等校本课程教材,现已在课堂成功实践。

  播种一种观念,收获一种行为;播种一种行为,收获一种习惯。环境保护,教育为本。读完学校出版的这本特色专辑,我深感振奋和欣慰,感觉这是对五年来学校发展、师生成长的一次系统梳理与总结,更记录了学校在践行绿色发展理念道路上走过的足迹,让我对这所学校有了更深入的了解。我为我们的环保统一战线有这样忠诚而富有创新意识的成员而感动,我会一直与你们同行!

毕建康

2017 年 5 月于威海

前 言

我的生态情结

  一座山、一个湖泊是一个生态系统,一所学校同样也是一个生态系统。生态文化是人与自然和谐相处的文化,迁移到生态教育就是崇尚自然、回归本真。当我们用生态的眼光衡量课堂教学各要素时,学校文化和谐创生,教学资源丰盈充沛,教师乐教,学生乐学,就成了我追寻的目标。

  我常年在威海国际海水浴场游泳,连续三年都碰到一对北京的老夫妇。7月份,他们像候鸟一样地自驾车过来,国庆节后再返回去,每天早晚泡在海里游泳。威海的好空气、好水质,让他们流连忘返。作为威海人,我深以为荣!所以,每当市环保局牵头要开展环保志愿者活动时,我要么亲自参加,要么发动我校师生积极参与,我感觉能为维护家乡的碧海蓝天尽微薄之力非常荣幸。

  工作之余,我坚持写下多篇环保时评,如"停车坐爱松林暖"写了对沿海防护林现状的感想;"浴场归来话生态"说了风暴潮后对海洋生态保护的反思;"笑谈牛羊废气"是对温室气体的有趣探讨;"就这么定了车不开了"是无车日的减排宣言;"你减排了吗"是面对全球变暖的忧思。这些都不是我刻意去写的,而是对工作和生活的随感而发。同事朋友们经常笑言:"可以授予你咱威海的'环保卫士'了!"我非常高兴自己可以为这座联合国授予的最佳宜居城市的环保事业做出自己的一份贡献。作为一名教育工作者,我天天面对着天真无邪的孩子们,肩上又多了一份沉甸甸的责任:我要和我的同事们一起,在孩子们心中植下绿色的种子,让他们成为传播绿色的栋梁!

  2012年年初,我被任命参与普陀路小学的筹建。期间,我就在反复思考这样一些问题:确立什么样的学校特色最符合学校的内源需求？学校特色教育最需要的载体是什么？带着这些思考,同时基于国家对生态文明的高度重视、山东生态省建设的稳步推进以及市领导提出要努力推动生态立市等举措这样的一个大环境,我们终于确立了普陀路小学的办学特色——生态教育。

　　为建设生态化校园,我们把环境文化与实践场所的创设作为重点。校园环境,一步一景皆环保;主题厅廊,一墙一壁皆育人。校园内可以观察到银杏、朴树、玉兰、樱花、丁香等绿色植物四十余种,还有樱桃、葡萄、蟠桃、苹果等水果树种,以及应季种植的各种蔬菜等,它们既是生态存在也是课程资源。这样可以让孩子们通过亲身参与到校园各种植物的成长体验中,体会"生态成长"的意义。每年采摘的时候,都是孩子们最快乐的时光。这一粒粒果实,凝聚着师生员工快乐的耕耘。

　　我对土地有着深深的眷念。土壤是一切生命的根,不一样的土壤生长出不一样的农作物。学生、教师的成长亦如植物的生长,土地的贫瘠或丰饶决定着他们的未来。校长要去做的,是用心耕耘校园这片土地,让它变得肥沃并充满阳光。生命个体与空间环境的有机协调循环交流、万物勃发顺应自然,是校园里生态教育的价值土壤。学生学习像学生呼吸一样自然,尊重学生天然的差异性,尊重学生成长的主体性,是生态教育理念价值的核心元素,如此,学生才能成为最好的自己。

　　生态教育离不开教师的支持和引领。在教师队伍建设中,我们以生态的思维和方法,来提供平台、搭建舞台。学校投资新建了教师发展学校,古色古香的装饰、温馨的空间、安静的环境,为教师们提供了一处自由放松的研讨交流空间。十大站点活动丰富多彩,不仅丰盈了教师的心灵,丰厚了教师们的底蕴,更重要的是提升了青年教师的专业成长。

　　在市环保局指导下,我们自主编纂的校本课程《我与绿色同行》《绿色伴我行》已经走进课堂;校园生态科技馆、种植园、养殖场、光伏电站等都是学生身边现成的实践基地;我们教学楼的走廊墙上满是师生们利用废旧的纸张、布条、木料等制作的一个个主题作品展示。同时,我们立足校内继续利用好课堂教育这个主阵地,进行生态文明教育和形式多样的环保实践活动。

　　2016年,我们学校在生态校园建设上取得了一些成效,新华社、中央电视台和人民日报等媒体先后到校采访报道,他们一致的感受:这是一所真正在做环保教育的学校。应该说这是对我们工作的充分肯定。今后,我们将在环保、教育等主管部门的统筹指导下积极投身到全市大气污染的防治活动中,为做到共建、共治、共享、共荣贡献我们的一份能量!

不忘初心,追求本真。思考生态教育,纯净教育生态,我已经出发,我们一路同行。

刘晓波
2017年3月于双岛湾

目 录
CONTENTS

第一章　根植生态　生态文化浸润心灵 …………………………………… 1
　第一节　创建学校理念文化　2
　第二节　学校标志及释义　3
　第三节　生态教育三级课程　6

第二章　播撒生态　生态教师如花绽放 …………………………………… 23
　第一节　建设教师发展学校　24
　第二节　教师发展学校优秀站长评选办法　33
　第三节　教师发展学校优秀站长感言　35
　第四节　教师发展学校站点活动　37
　第五节　深耕教育一线，共享生态硕果　53

第三章　采撷生态　生态校园绿意盎然 …………………………………… 97
　第一节　生态环境文化　98
　第二节　创建生态校园，打造生态特色班级　104
　第三节　播种绿色希望，放飞生态梦想　133
　第四节　生态种植观察　136
　第五节　生态教育特色掠影　140
　第六节　学校生态活动展示　157

第四章　沐浴生态　生态学子个个出彩 …… 166

第一节　环保习惯养成,奏响生态学子和谐歌　167

第二节　生态微电影,开启生态少年梦　174

第三节　"生态评价",培育学子生态素养　185

第四节　多彩"生态评价",助力学生多元成长　189

第五节　领悟绿色生态,丰富学生体验　191

第六节　"生态储蓄银行"培育生态好习惯　202

第五章　拥抱生态　生态家校和谐共育 …… 205

第一节　生态家委会,打造和谐教育乐园　206

第二节　生态家长学校,合力效应凸显　211

第三节　生态研学,"研"与"学"的有效结合　214

第四节　搭建四大平台,打造"生态家庭"　226

第六章　追寻生态　用生态理念创生一所学校 …… 233

第一节　三年风雨路　生态校园情　234

第二节　你减排了吗?　237

第三节　就这么定了,车不开了　238

第四节　停车坐爱松林暖　239

第五节　想起那穿肉的稻草绳　241

第六节　笑谈牛羊废气　242

第七节　樱花树的凋零　244

第八节　浴场归来话生态　246

第九节　从场馆设计看绿色奥运　248

第十节　建设生态校园,永葆绿水青山　251

第十一节　自然孕育人类,环保从我做起　252

第十二节　教育先行,生态文明深入人心　254

第一章

根植生态　生态文化浸润心灵

"阳光普照的一片沃土,普润新蕾春风吹拂……"这里是一方沃土,播撒着希望的种子,无数的幼苗,茁壮成长;这里是一汪海洋,承载着对知识的渴望,莘莘学子,扬帆起航;这里是一片蓝天,洒满了热情的阳光,翱翔的雏鹰,放飞梦想。

每一个生命都是美丽的,就让他们在普小这棵生命之树上绽放出异彩纷呈的花朵;

每一个生命都是茁壮的,就让他们在普小这片生命绿洲中舒展身心、释放潜能;

每一个生命都是精彩的,就让他们在普小这所精神家园中相互碰撞、自由成长。

第一节　创建学校理念文化

生态教育愿景：绽放生命美丽

核心理念：生态立校　和谐发展

生态立校：以环保教育为突破口,为学生营造绿色生态教育环境,遵循自然节律,追求生命自觉,促进自主成长,获得可持续发展的能力。

和谐发展：自然的即和谐的。师生关系和谐,教与学和谐,学科之间和谐,课内与课外和谐,教育与教学和谐,让每个孩子真正享受到生命的和谐与自由,师生自然生长,自主发展。

校　　训：绿色生活,健康成长

生态教育观：尊重生命　关注差异　自主自能

尊重儿童的自然成长规律,尊重每一个生命的独特与差异,帮助孩子自然、快乐地成为他们自己,让孩子在安全、健康的环境中自主成长,健康生活。

育人目标：珍爱生命　学会共处　健康生活

珍爱大自然中所有的生命,学会与自然、与社会、与他人和谐相处,彼此尊重与关爱,相互包容与信赖,人人健康、快乐、精彩地生活。

生态思维方式：本真　自主　和谐

第二节 学校标志及释义

校徽：

颜色释义：橙色——活力，蓝色——科技，绿色——生态。

造型释义：

1. 标志造型以"普"和"陀"的拼音首字母为主要造型元素。蓝绿两色块意涵生态、科技"双帆并举"，弧形上升的线条则动感十足；

2. 绿色的"1"字造型，表明了打造生态特色、构建一流学苑的自信；

3. 深蓝的底色与五角星，深邃高远，蕴含着"以科技涵养生态理念，以科技培育创新精神"，造就明日之星的美好愿景；

4. 橙色的线条，流畅而又彰显活力，寓意更高、更快、向上的冲力，也体现出充满朝气与创造力的校园文化特质。

校旗：

校歌：

阳 光 沃 土
——普陀路小学校歌

1=D 4/4

作词：善坤 晓波
作曲：张启峰

欢快 愉悦的

5 5 - | 6 5 - 3 | 3 2 - 1 | 3 - - - | 5 - 1 - | 3 2 - - | 5 5 5 1 |
阳 光　普照的一片沃　土，　生 态　校 园　春风吹
汗 水　浇灌的一片乐　土，　普 润　新 蕾　默默付

2 - - - | 5 - 5 · 5 | 6 5 - - | 3 2 2 1 | 6 - - - | 5 - 1 · 1 | 3 2 - 3 |
拂。　一棵棵幼苗　苗壮成　长，　　跳动着童年的
出。　一朵朵花儿　竞相绽　放，　　追逐着梦想的

2 2 2 3 · | 1 - - - | 2/4 1 1 | 4/4 1 - 6 - | 1 6 - - | 1 6 3 6 5 |
欢乐音　符。　　啊，　普 小　校 园　阳 光 沃
前进脚　步。　　啊，　普 小　少 年　滋 润 雨

5 - - 1 | 1 - 6 - | 1 6 - - | 1 6 5 6 5 | 3 - - - | 2 2 2 3 · 3 | 2 1 6 6 - |
土，啊，珍爱 生命　学会共　处，　　健康生活是我们
露，啊，桃李 芬芳　能人辈　出，　　播种希望是我们

2 1 2 3 · | 5 - - - | 2 2 2 3 · 3 | 2 1 6 - | 2 1 2 3 · | 1 - - - :||
立身的基　础。　健康生活是我们　立身的基　础。
美好的祝　福。　播种希望是我们　美好的祝　福。

2 - 3 - | 5 6 - - | 6 - - 0 | 1 - - - | 1 - - ‖
啦 啦　啦 啦　　啦！

学校吉祥物及释义：

我校吉祥物设计的是一对卡通化的小男孩和小女孩。"楷楷"由树叶变形设计而来，"芯芯"由花芯演变而来，红花绿叶点缀校园，彰显了我校"生态立校"的办学特色。草木葱茏、花繁叶茂体现了旺盛的生命力。"楷楷""芯芯"的谐音是

"开开心心",也寓意普陀学子在生态化的和谐校园里开开心心学习,开开心心成长。

楷楷　　芯芯

第三节 生态教育三级课程

课程居于教育的核心地位,是实现教育目的的重要途径。课程决定着学校教育的质量和教育的品质。一所学校的课程构建代表了这所学校的特质,设置什么样的课程就决定了办什么样的学校,培养什么样的人。

我校的办学特色是"生态教育",这一特色是以"生态立校,和谐发展"为核心理念,以"珍爱生命 学会共处 健康生活"作为育人目标,我们尊重儿童的自然成长规律,尊重每一个生命的独特与差异,帮助孩子自然快乐地成为他们自己,让孩子在安全、健康的环境中自主成长,健康生活。

为此,我们结合自身定位与办学目标,通过确定课程、创新起点,引导课程、创新方向,制定课程目标、形成课程体系,围绕课程目标、创新课程结构,形成创新机制,保障扎实推进等举措,力求将三级课程的实施与特色创建紧密结合起来。

一、三级架构,完善特色课程体系

我们结合学校实际情况,通过优化、整合、拓展、开发,逐步建立了生态教育三级课程体系,努力把"生态教育"办学理念渗透到课程的有效实施过程中。

1. 课程思路及构建

目标:高质量地完成国家课程,高品质地提升地方课程,高品位地构建校本课程,建设创造与个性共生的生态教育课程文化。

(1)特点

"以生为本"——提供适合每一位学生的生态教育课程;

"和而不同"——兼顾课程共性、个性和多样性,建立动态发展、立体多元的学校课程文化。

(2)路径

基础课程:基础课程基于课程标准的国家课程的教学,遵循生态教育理念,坚持"夯实基础、搭建平台、同伴互助、课题引领"的教师发展思路,坚持"重课堂、重质量、重育人"的教师发展导向,以"开齐开足、减负增效、夯实基础、提高质量"为重点,以课堂教学为实点,探索了"四敢、四会、四乐"生态课堂基本模式,让学生在生态课堂中能够自由地呼吸、坚韧地探索、健康地成长、快乐地绽放。

拓展课程:拓展课程是对国家课程的有效补充,找准学科知识与生活的最佳契合点,以点带面,以面促点。各个学科的拓展点为:

语文学科——生态日记;

数学学科——益智游戏;

科学学科——生态种养植;

英语学科——生态英语手绘本;

美术学科——我眼中的生态美;

体育学科——四球健美;

音乐学科——乐器进课堂;

品社学科——环保礼仪习惯;

综合实践——废物利用。

创新课程:创新课程是充分体现学校特色的校本课程,为学生适应社会多样化的需求奠定了基础,主要包括《我与绿色同行》《绿色伴我行》《生态环保习惯》等等。创新课程以"生态环保习惯"与"生态八礼八仪"为两大主线,构建生态德育课程实施体系。基本内容如下:

以上述三条路径为基本纬线,以显性课程和隐性课程为基本经线,逐步完成生态教育课程体系。

三级课程\学科	基础课程		校本课程		地方课程
生态课程体系	国家课程	拓展课程	必修	选修(社团课程)	必修
语文	√	生态日记	《我与绿色同行》	国风茶韵、绘本阅读、播音主持、环保作文、硬笔字等	传统文化 中华大家族 民族常识
数学	√	益智游戏	《绿色伴我行》	数棋、数独、思维训练、益智游戏等	
英语	√	生态英语手绘本		欢乐英语等	

续表

生态课程体系 \ 三级课程 \ 学科	基础课程		校本课程		地方课程
	国家课程	拓展课程	必修	选修（社团课程）	必修
科学	√	生态种养植	《生态环保习惯》	小发明、小制作	环境教育 安全教育 蓝色家园
音乐	√	乐器进课堂		民乐、声乐、舞蹈	
体育	√	四球健美		乒乓球、排球、田径、足球、网球、轮滑	
美术	√	我眼中的生态美		书法、国画	
品德	√	环保礼仪习惯		心灵拓展、国学等	
				电脑绘画	
综合实践	√	废物利用+研究性学习		纸雕、粘贴画、环保手工制作等校外实践活动	

2. 课程具体实施

（1）因地制宜，创造性地执行国家课程，拓展国家课程外延

①读写课，"读写"中品味生态内涵

叶圣陶先生指出："阅读是吸收，写作是倾吐，倾吐是否完全合法度，显然与吸收有密切的关系。"站在巨人的肩膀上，立足学校特色，语文学科以实现学生语文能力全面提升为目的，将语文拓展课程定位为生态读写。具体目标及内容体系如下：

年级	年级阅读目标	习作具体实施
一	以字、词为重点，培养学生阅读的兴趣： 1. 阅读浅近的童话、寓言、故事等，诵读儿歌、童谣和浅近的古诗，在阅读中积累词语。 2. 通过绘本阅读，激发阅读兴趣。	1. 对写话有兴趣，写自己想说的话，写想象中的事物，写出自己对周围事物的认识和感想，在写话中乐于运用阅读和生活中学到的词语。 2. 会写简单的句子，尝试看图讲述故事、复述故事，甚至创编简单的故事。

续表

年级	年级阅读目标	习作具体实施
二	以词句为重点,从句入手,侧重各种句式的训练。紧扣教材,找准读写结合训练点。	1. 学会留心周围的事物,在观察的基础上发挥想象。 2. 续写故事:根据提供的文章开头,通过合理想象,运用多种写作手法续写故事情节,写成一篇中心明确、内容健康、可信,事件完整、连贯的文章。
三	1. 以句、段为重点,学会默读,学习略读。 2. 能联系上下文,借助字典、词典和生活积累理解词句的意思,把握文章的主要内容,体会文章表达的思想感情。	1. 能不拘形式地写下见闻、感受和想象,尝试在习作中运用自己平时积累的语言材料,特别是有新鲜感的词句,具有初步的搜集处理、运用信息的能力。 2. 补写空白:把与课文内容有关,但课文又没有直接表达出来的部分展开合理、丰富的想象或联想进行补写,强化表达能力。
四	以段落为重点,从篇入手,侧重行文顺序和写景、叙事方法的训练。	1. 仿写课文:模仿课文的立意、构思、布局谋篇或表现手法,进行作文。 2. 写读后感:在学生研读课文的同时,或理解课文内容和表达特点之后,引领学生进行研讨、探究、议论、评价,抒写学习所得、所思等。
五	1. 以篇为重点的默读有一定速度,初步领悟文章基本的表达方法。 2. 学习浏览,扩大知识面,根据需要搜集信息,利用图书馆、网络等信息渠道尝试进行探究性阅读。 3. 养成留心观察周围事物的习惯,有意识地丰富自己的见闻。	能写简单的记实作文和想象作文,内容具体,感情真实。学写读书笔记和常见应用文,并会修改自己的习作。

②研学旅行实践课,"活动"中感受生态环保

生态教育的核心不仅是让学生了解相关的环保知识,重要的是让学生养成良

好的环保意识和环保习惯,而学生习惯和意识的养成最重要的就是学生能够亲身实践体验。我校将综合实践课与研学旅行整合,主题确立为"绿色创意生态",并充分利用学校绿色实践基地,开展从课内到课外、校内到校外的研学旅行实践活动。

学校绿色实践基地

基地名称	具体内容	主要功能
生态种植园	农作物种植区	师生参与农事实践活动,给予学生丰富的身心体验。
生态养殖园	动物饲养区	学生通过亲自喂养动物,学会与动物和谐相处。
生态水培园	无土培植区	通过无土栽培,引导学生懂得省水、省肥、省力、省工,不污染环境,环保生态。
变废为宝循环园	废物利用区	1. 把废弃的菜叶、动物粪便收集起来,经过科学处理后,再作为有机肥料用于农作物的种植,体现自然生态循环,学会人与动物、植物、大自然的和谐相处。 2. 把废弃的物品进行二次加工利用,美化生活。

课内到课外研学旅行实践课。

一是校内主题探究月活动和研究性学习研学课程。每学期开学前两个月,利用每周五下午的第一节课,共四个课时,开展主题探究月活动。以下是《主题探究月活动目标》和《主题探究月活动内容安排》。

主题探究月活动目标

目标项	课程总目标		各年级分项目标
问题探究	激发探究热情,培养探究问题的初步能力。	三年级	敢于提出问题,并在老师的帮助下梳理出小组探究问题。 学习制定简单的小组活动方案。
		四年级	能提出有研究价值的问题,并经小组合作确立小组探究问题。 利用小组成员特点,进行合理分工,制定可行的小组活动方案。
		五年级	能提出有研究价值、有思维广度的问题,并确立最有价值的小组探究主题。 制定较为详细可行的小组活动方案。

续表

目标项	课程总目标	各年级分项目标	
调查实践	初步形成收集、处理信息的能力。	三年级	了解搜集信息的渠道,并学习对信息的初步整理加工。
		四年级	较熟练运用多种渠道,搜集较有价值的信息。
		五年级	熟练运用多种渠道,对搜集的信息进行取舍、整合、加工、凝炼。
展示交流	培养交流与合作的品质。	三年级	人人敢于参与交流,表达完整。认真倾听他人发言,能听懂大意,并适时加以补充。
		四年级	人人敢于参与交流,表达准确流畅。会倾听他人发言,并简单评价或给予补充。
		五年级	人人敢于参与交流,表达凝炼,有自己的观点。会倾听他人发言,评价或补充时语言准确流畅。
创意制作	提高动手能力和创造力。	三年级	能完成自己的作品,并作简单介绍。
		四年级	能设计制作与众不同的作品,并能给作品起一个别致的名字。
		五年级	有创意地制作,有创意地表达。

主题探究月活动内容

年级		活动主题	活动过程安排
一年级		校园里的绿植	观察植物
二年级		校园里的动物	观察动物
三年级	九月	噪声污染及危害	一、问题探究 1. 提出问题 2. 确立小组探究主题 3. 制定小组活动方案 二、调查实践 1. 实地调查或查找资料 2. 学习加工整理资料 3. 展示交流 三、设计制作 四、评价 五、拓展
	十月	关于白色污染的调查	
	三月	水资源的保护和利用	
	四月	利用科学知识加强环保教育	
四年级	九月	春天和夏天里的植物	
	十月	植物大世界	
	三月	"神秘的土壤"研究	
	四月	关于家乡种植业的研究	
五年级	九月	春天和夏天里的动物	
	十月	鸟类知识知多少	
	三月	千奇百怪的动物	
	四月	生物与环境	

同时,学校提供研究性学习课题库,供学生自由选题,然后借助校内绿色实践基地在问题探究、合作交流中有意义、有目的、有创造性地进行生态环保方面的养成教育,进行环保作品的创造。

二是每月一次的校园行知节,涵盖所有的学科和主题活动,以"绿色创意"为核心,让学生们教、学、做合一,手、脑、身兼融。

校园行知节安排

月份	活动内容	月份	活动内容
九	科技节	三	爱心节
十	读书节	四	健身节
十一	益智节	五	艺术节
十二	收获节	六	生态节

校内到校外的研学旅行实践活动课程。由班级家委会组织开展的校外研学旅行实践活动,利用倡导"生态绿色行"体验活动,运用祖国的大好风光、民族的悠久历史、优良的革命传统和现代化建设成就,最直观、最直接地教育、感染、熏陶学生。通过校级、年级、班级三级家委会联动,引领学生走出校门,走进环保局、军营、乡村、消防队等爱国主义教育基地,亲身体验社会的温暖与感动……

"生态绿色行"校外研学旅行实践活动课程体系

课程板块	课程分类	课程内容	课程板块	课程分类	课程内容
社区服务课程	劳动实践类	白色垃圾清理、清除小广告……	社会实践课程	亲近自然类	快乐采摘、环海健步走、登山、滑雪、看天鹅……
	宣传教育类	参加生态环保教育与宣传活动……		文化旅游类	参观定远舰、登环翠楼、游仙姑顶……
	关爱慰问类	慰问空巢老人、英烈军属、老党员		职业体验类	参观环保局、污水处理厂、艾山垃圾处理厂、山大天文台……
	民俗体验类	贴春联、猜灯谜、捏属相、做元宵……		游戏活动类	亲子趣味运动会、真人CS、沙滩运动会
	帮贫助困类	为困难家庭打扫卫生,为贫困家庭送温暖……		公益服务类	植树、到敬老院和福利院献爱心、环保捡拾、爱心义卖……

社区服务和社会实践内容

③"四球"课,"球"中锻炼健康体魄

健康的身体是我们每一个人幸福生活的首要前提。我校依据"生态立校 和谐发展"的办学理念,开设了排球、足球、乒乓球、网球课程,球类运动是学生比较喜欢的体育运动,容易操作,能够让学生在快乐运动中愉悦身心、锻炼体魄。一是合理安排各球类课程,每月将一球类项目融入体育课堂,安排5分钟进行运动技能教学,保证学生循序渐进掌握技术动作。二是充分利用好课间操和活动课时间,通过创编球操在丰富我校课间操的同时,提高学生对球类运动的认识,活动课体育教师随级部现场指导,师生之间、生生之间相互学习。三是搭建展示的平台,举行校园"四球"比赛及球操展示,检验各级部的阶段性成果。师生互动,球动活力,欢声笑语充满整个校园。

课程整合打造特色校本课程。通过课程整合国家课程的综合实践、地方课程中的环境教育,校本课程通过删减、融合、增补、重组等形式,整合成以自主性、实践性、开放性、生成性为主要特征的特色校本课程《我与绿色同行》《绿色伴我行》。整合是为了优化与积聚;拓展,则是为了深化和延伸。如此我们的课程才会具有自行生长的力量;我们的孩子,才会从中获取成长的滋养。

《我与绿色同行》知识体系及目标

	目标	1. 了解身边的环境,了解身边不环保的行为,初步认识自身的环保行为。 2. 掌握简单的环保方法,对环保形成初步概念。 3. 初步了解现代生活中的生态环境运用,初步养成环保意识。 4. 会用生活中一些废旧物品如废纸、毛线、树叶等做一些手工作品。 5. 通过访谈的方法,对家长或亲朋进行生活中的节能节水调查,养成良好的节水节能习惯。							
一年级	内容	知识类			实践类				
						变废为宝			
		环境与生活	环保节日知多少	环保与生活	环境与污染	纸的世界	布的天地	木的世界	塑料的天地	环保与未来
		1. 环保标志 2. 绿色的校园	1. 世界水日 2. 世界粮食日	1. 节能减排小常识 2. 节水小妙招	1. 水污染类型 2. 水污染危害 3. 怎样减少水污染	废纸手工作品	毛线贴画	树叶贴画	蛋壳画	有趣的机器人

续表

年级											
二年级	目标	1.通过栽种植物、美化班级，认识自身的环保习惯，养成爱护花草的好习惯。 2.在班级的活动中，掌握一些环保方法，并落实到实际行动中去，学会热爱自己的班级。 3.学会利用生活中的废旧物品进行制作再利用，养成节约的环保意识。 4.通过访谈、调查的方法，对噪声进行调查研究，明确噪声的危害及预防噪声的方法。									
	内容	1.垃圾分类 2.小区的环境	1.世界人口日 2.国际生物多样性日	1.低碳出行 2.控制家庭噪声	1.噪声污染类型 2.噪声污染危害 3.怎么防治噪声	纸盒巧变身	布贴画	铅笔屑贴画	蛋糕盘的世界	做一块环保肥皂
三年级	目标	1.通过饲养小动物，从而了解小动物的生活习性，和动物交朋友，养成爱护动物的好习惯。 2.对自身的环保习惯进行分析，初步明确正确的环保习惯在生活中的重要性，并通过自己的行动落实到美化校园环境中，培养学生热爱自己美丽校园的习惯。 3.节约环保意识的形成，能够在生活中形成节约环保理念。 4.利用生活中的废旧物品进行小情景的环保制作，培养学生在创作美的过程中增强动手实践兴趣。 5.通过访谈、调查等方法对可回收垃圾进行研究，让学生明确再生资源的重要性。									
	内容	1.话说包装 2.美丽的家乡	1.世界湿地日 2.世界林业节	1.买无公害食品，维护生态环境 2.回收塑料、电池	1.土壤污染类型 2.土壤污染危害 3.污染防治	旧报纸显身手	布贴主题画	环保铅笔	小瓶盖大精彩	水果电池
四年级	目标	1.了解地球大家庭中的环保问题，从而增加环境问题给我们的生活造成的紧迫感，有危机意识。 2.将环保意识带到社区，落实于行动，带动家人、邻里共同来保护环境，养成环保意识，使学生学会热爱自己生活的社区。 3.进一步了解环保科技在生活中的重要性，并动手实践，落实行动。 4.利用生活中的废旧物品进行系列场景的环保制作，培养学生的审美能力及实践能力。 5.通过观察、访谈、查阅资料等方法对一次性物品进行调查研究，培养学生环保和热爱家园的意识。									
	内容	1.纸质餐饮具、原料添加剂等要求 2.低碳生活 3.我的祖国	1.世界无烟日 2.世界环境日	1.少用一次性制品——节约地球资源 2.家具绿色环保装修有高招	1.固体废物污染的分类 2.固体废物污染的危害 3.防治方法	环保服装	布偶缝制	冰棍棒巧加工	唱片大变身	海水变淡水

续表

五年级	目标	1. 了解自然万物对环境的重要性，美丽的环境对人类的影响，能够根据自己的设想设计美好的生态未来。 2. 对生活中的不环保行为"说不"，从生活点滴做到处处遵守环保行为，培养学生热爱地球的意识。 3. 对高科技的环保生活有美好的畅想，并为自己的目标而努力。 4. 通过废旧物品的收集，进行环保物品的再利用制作，锻炼孩子的动手实践能力，培养学生的环保习惯。 5. 利用多种方法研究世界目前的环境问题，培养学生对环境保护的持久性。							
	内容	1. 当今世界主要的环境问题 2. 中国野生植物保护条例 3. 美丽的地球	1. 世界气象日 2. 世界地球日	1. 做动物的朋友 2. 植树造林好处多	1. 大气污染产生的原因及类型 2. 认识霾及危害 3. 防护方法	纸雕塑创作	旧衣加工厂	小木块大世界（木块立体物品制作）	饮料瓶子大变身	脏水变净水

充分整合课程后，我校开设了《我与绿色同行》的特色生态课程。开设这一课程的目的：一是通过教材了解一些基本环保知识，教育学生面向未来，在加强环境治理的同时加强环境教育，从大脑深处认识到环境污染的严重后果，掌握保护环境的方法和手段，从小形成环保意识，养成环保习惯；二是通过废物利用让学生学会节约环保，用废物进行二次加工改造，变成生活中的装饰品，通过动手创作环保作品来美化生活，从而影响和教育家长以至全社会，培养他们热爱祖国、热爱大自然的良好品质，是全面推进素质教育的要求。

④环保习惯课，播撒幸福人生的种子

先成人后成才，养成教育对一个孩子的一生来说至关重要。为使我校的"养成教育"有本可依，我们分年级分别编写了《文明礼仪》《普小六古训、新六德、新六艺》《生态文明》《美德礼仪》《公德礼仪》等养成教育教材。依托每周二、周四的晨会时间，通过视频"解读明理"——教师"行规导训"——学生"体验达标"三步授课模式，引导学生做一个明德守礼之人，并要求学生在生活中实践。

年级	课程名称 课程理念	课程目标	实施策略
一年级	《文明礼仪》—— 文明儿歌 明确习惯	一年级学生入学半年，对于习惯一知半解，但记忆不深，通过文明小儿歌让其明确习惯。	1. 课程生活化。实施习惯养成教育工作，根据学生的年龄特点，将行为习惯养成工作渗透到一日工作中。通过营造丰富、适宜的环境，一日生活各环节，教育教学活动等来培养学生良好的行为习惯。分年级、分层次开展行为习惯主题内容、行为习惯常规活动，把学生行为习惯教育渗透到生动的教育教学活动和随机教育活动中。 2. 行动系列化。针对学生在习惯方面存在的问题，结合活动开展养成教育，如：每学期开学的第一个月定为"养成教育月活动"；结合"三·八妇女节等活动"实施感恩教育；4月份开展健身教育活动；5月份进行"艺术节"活动。通过以上一些活动逐渐使学生养成良好的行为习惯，成为能自理、会选择、能节制、会分享、会节约的孩子，同时让学生学会更多做人、做事的基本道理。 3. 家校同步化。在实施养成教育课程中，离不开家长的配合与支持，否则，将会事倍功半。为此，我们首先通过宣讲、交流等形式，将"养成教育"的理念介绍给家长，与家长达成共识，使家长认识到养成教育的重要性，明确自己的责任。其次，采取行之有效、丰富多采的家庭教育指导活动，使家长掌握科学的引导管理方法，以更好地促进学生行为习惯的养成。最后，结合主题教学活动、家长委员会活动等载体有针对性地实施。
二年级	《普小六古训、新六德、新六艺》—— 古训古语 建构习惯	二年级学生在一年级习惯礼仪养成的基础上，从年龄特点，通过普小六古训、新六德、六艺小故事入手，以小见大、深入浅出，让学生感悟并记忆古训古语，通过开展一系列主题活动，内化为学生的道德品质，以润物无声的方式对学生进行爱的教育、品德教育、养成教育。	
三年级	《生态文明》—— 环保体验 对话习惯	通过校内外亲身种植实践，让孩子在实践中积累生活经验，养成一些基本的劳动习惯，掌握一定的劳动技能，体验劳动的快乐，培养孩子热爱劳动、尊重劳动的观念。	
四年级	《美德礼仪》—— 美德栽培 强化习惯	通过利用栽培植物与美德教育相结合，在实践中使学生强化习惯的养成，使植根心中。	
五年级	《公德礼仪》—— 公德培育 践行习惯	五年级即将面临着毕业，走入社区的机会变得更多，通过种植培育与公德教育相结合，让学生践行习惯、拥有阳光心态、培养明辨是非的能力。	

二、以生为本,完善生态课堂构建

生态课堂的构建最终是要以师生发展为中心,以坚持素质教育,坚持教学服务为基本点。让学生在生态课堂中能够自由地呼吸、坚韧地探索、健康地成长、快乐地绽放。所以我们最终把生态课堂定为四步,即导疑、引探、释疑、启思。

1. 导疑——情境导入,引导学生敢问、会问、乐问

精心设计情境,巧妙导入课题。教师亲切大方,富有感染力,有利于激发学生的学习兴趣,拉动学生思维,引导学生积极质疑;能从多个角度鼓励学生敢于提出问题,会提出问题,乐于提出问题。教师要及时、正确地评价学生的回答,对所有学生表达尊重和赞赏的情感,激发学生自尊、自信,使学生乐于学习。导入课题后,教师能准确定位知识与技能,渗透过程与方法,关注学生的情感、态度与价值观。

2. 引探——自主学习,引导学生敢探索、会探索、乐探索

在引探这个环节中,教师要根据教学内容设计环节,培养学生自主学习的主动程度,引导学生敢于探索、会探索、乐于探索,在探索的过程中体验学习的快乐。教师要引导学生学会倾听,师生、生生之间能彼此交流合作,自由分享见解,把学生的困难、问题和经验当作课堂教学的生长点。

3. 释疑——主动展示,引导学生敢说、会说、乐说

在这一环节中教师构建学习平台,注重学习方式的多样性与主体性、协作性与交流性、体验性与感悟性。要鼓励学生把探索过程中的所思、所想、所感,在课堂中敢表达、会表达、乐于表达。在释疑这个环节中,教师要注重学生获得新知识时能否积极主动的跟进、投入、共鸣,引导学生改变学习方法,增强求知欲,自愿参与、自主学习。确保学生要在学习有困难时得到教师的帮助,成功时得到教师的鼓励。

4. 启思——归纳总结,拓展延伸,引导学生敢合作,会合作,乐合作

在这一环节中,教师要重视对学生思维方向的引导、思维路线的点拨、知识元素的内化;重视课堂内容的升华,课外实践的延伸;还要重视引导学生通过小组这个组织形式,敢合作、会合作、乐于合作,使得小组内的每位学生都能主动思考、积极发表自己的见解、进行批判性地学习、提升,在启思这个环节中,教师要启发学生自我总结学习方法,体验学习方法,掌握学习方法,激励学生不懈努力,激发学生的创新热情。

三、各学科课程框架及具体实施

1. 语文

（1）国家课程：语文课

学习内容：依据教材完成"识字与写字""阅读""习作""口语交际""综合性学习"五大版块的学习。

培养目标：详见《语文课程标准》各学段目标。

实施策略：继续探索生态化课堂模式。以促进学生生命发展为本，关注学生生活经验，尊重学生生长需要，遵循语文学习与语文教育规律，使学生生命得到充分尊重、真切感受到语文成长，师生双主体和谐共存，彼此分享精彩语文生活。

（2）各年级写字课和全校习字一刻钟

学习内容：一至五年级《写字》教材。

培养目标：详见《普陀路小学写字教学培养目标》。

实施策略：确保课程时间、统一书写教材、加强师资培训、通过比赛促进学生书写习惯的养成。

（3）校本课程与地方课程的整合

①成语积累

学习内容：一至五年级《成语接龙》诵读材料。

培养目标：在读读背背中，积累大量成语；通过诵读、理解等学会成语运用，并在具体语境中能够灵活运用。

实施策略：与地方教材《传统文化》整合，与习作指导整合。

②拓展课程：生态读写

学习内容：从感知语言文字入手，由词到句，由句到段，由段到篇，从而把握文章中心，在能力上侧重于由读到说的转换和迁移。在课堂教学中执行以读悟写、以读促写的教学思想，借助课文这个范本，有所侧重地渗透写作知识，传授写作方法，让学生掌握"从读到写、从学到用"的能力。

培养目标：借助主题课例，帮助学生初步确立读写结合的学习意识，形成并掌握一定的读写能力；根据各年级学生特点，确立各年龄段学生的习作训练重点，转变学习方式，力求部分学生能在常态学习中运用读写结合的方法开展自主学习。

实施策略：制定年级阅读目标，提供年级阅读书目，建立相关评比机制，开展读书摘抄、读书笔记、手抄报、读后感评比、名篇名段诵读比赛和知识竞赛等活动，教给学生读书方法,并给予学生展示读书所得的机会,通过"广阅读、多积累;练口语、乐习作",让读写结合、读写互动更加融洽和有效。

2. 数学

(1)国家课程:数学课

学习内容:依据教材完成"数与代数、空间与图形、统计与概率、实践与综合应用"四个学习领域的学习内容。

培养目标:详见《数学新课程标准》各学段目标。

实施策略:继续探索生态课堂模式,即"导疑、引探、释疑、启思"。通过开展一系列数学实践活动,促进学生实践能力的提升,让学生敢问、会问、乐问,敢说、会说、乐说,敢探索、会探索、乐探索,敢合作、会合作、乐合作。

(2)拓展课程:益智游戏

学习内容:一至五年级益智游戏。

培养目标:通过课前五分钟游戏活动的开展,让学生在玩耍中开发智力、锻炼思维。

实施策略:与数学教材整合。

(3)创新课程:《我与绿色同行》

学习内容:学校一至五年级自编教材《我与绿色同行》校本课程。

培养目标:培养学生的环保意识和环保能力。

实施策略:一是建立和完善与课程相适应的发展性评价体系,周期性地对校本课程的执行情况、课程实施过程中的问题进行评估,调整课程内容,改进教学管理,形成课程不断创新的机制;二是重点加大教师培训力度,通过集体备课、观摩研讨等方式提高课程执行力,进一步完善教师备课手册;三是充分利用校内外实践基地为学生搭建实践平台,通过生态币的发放与使用、班级建立生态银行的方式逐步提高学生的环保意识、环保能力。

3. 英语

必修课程:国家课程和校本课程《生活英语手绘本》。

选修课程:三至五年级《情境英语》。

其中,必修课程利用英语课的拓展时间进行,选修课程利用周五特长小组的活动时间进行。

除完成国家课程标准制定的目标以外,力求帮助学生达到学以致用的目的,将课本上学到的知识内化为自己的语言能力,在一定的情境中进行阐述。在课堂上针对学生的特点通过创设情境、提供语言支架以及不同的评价策略来激发学生表达的欲望,并通过情景剧表演的方式进行展示。

改进英语正规作业的方式,将英文单词、句子、课文通过学生手绘的图画表现出来,同时配上规范的书写。三年级可以是简单的图片,四、五年级可以是稍复杂的生活情境,让学生在动手画、动笔写的过程中体验英语在生活中的应用价值。

4. 科学

必修课程:国家课程和校本课程《我与绿色同行》、地方课程《蓝色家园》。

选修课程:种植养殖、小发明、小制作等社团课程。

必修课程利用科学课和生态课进行,选修课程利用每周三社团活动时间进行。

除完成课程标准目标的要求外,力求通过课程开设,促进学生对生活的思考,培养动手能力和创造力。

(1)种植养殖方面

一年级"识"生态——认识常见植物的基本特征;二年级"理"生态——会管理班级生态角或培育中心的植物或生物;三年级"植"生态——会种植一些常见的植物和农作物,观察并了解有关植物和农作物的相关知识;四年级"培"生态——能利用基质进行无土培育植物,记录植物的生长史;五年级"育"生态——能利用废旧物品、吃过的果核、营养液进行水培植物培育,研究小型生态环境创建。

年级	活动主题	活动目标
一年级	童眼"识"生态	围绕班级生态角、生态种植基地、无土培育中心的各种作物与生物,引导学生认识了解生态特征。
二年级	童手"理"生态	会管理班级生态角、无土培育中心的植物与生物,并能对其进行介绍。
三年级	童手"植"生态	学会种植一些常见的植物和农作物,观察研究植物的根、茎、叶、花、果实、种子,了解其营养价值、生活习性等相关知识。
四年级	童手"培"生态	能利用基质进行无土栽培植物,记录作物生长的关键期,形成作物的生长史,制作标本或进行手工制作,如树叶贴画、种子贴画等等。
五年级	童心"育"生态	能利用废旧物品(如可口可乐瓶)、吃过的果核(如龙眼、火龙果)、营养液进行水培植物培育,研究小型生态环境的创建。

（2）小发明、小制作方面

一、二年级能找到生活中的不便之处，提出发明创造思路；三、四年级从生活中的小现象、小问题入手，以小见大、小中探奇，使学生体验"小发现、大学问"的成功与喜悦；五年级重在引导学生观察日常生活中使用的物品、器具，看它有什么缺陷，使用时有什么不方便之处，并着手进行改进，在老师、家长的帮助下完成"生活中的小发明"。将学生的报告、作品等汇编成《生活中的小发现》《生活中的小发明》。

5. 美术

必修课程：国家课程和校本课程《我眼中的生态美》。

选修课程：纸雕、书法、国画、命题画、泥塑等社团课程。

在必修课程中，注重国家课程和校本课程的整合，每学期用一半的时间完成教材中的学习内容，另一半的时间开发与生活紧密联系的校本课程。一是学科整合的内容，如为语文课本配插图、观察生活中的生态环保行为、写美术日记、体育学科的人物速写等；二是本地资源的运用，如为家乡特产设计包装箱、广告画；三是充分引导学生利用废旧物品进行二次创造加工，进行环保作品创造。同时在课程进行中完成教材的编写，同时注重学生作品的搜集整理。

6. 体育

必修课程：国家课程和校本课程《四球及健美操》。

选修课程：网球、乒乓球、排球、田径、足球等社团课程。

首先，在必修课程的实施中，完成《四球及健美操》教材的编写，明确各年级需掌握的基本动作、挑战花样动作及评价标准；其次，充分利用体育课、大课外活动的时间，组织学生巩固旧动作、学习新花样；最后，继续举办每年一届的各球联赛，从技巧、体能两方面展示成果。

7. 音乐

必修课程：国家课程和校本课程《乐器进课堂》。

选修课程：民乐（笛子、二胡、琵琶等）、声乐、舞蹈等社团课程。

在必修课程的实施中，暂定二、三年级课堂乐器仍为口风琴，四、五年级新增口琴。从每册课本上选择适合课堂乐器演奏的音乐作品，每学期不少于三首，对学得快的学生，再提供多首作品供学生选择。编写相应的校本教材，根据学生学习的进度，配合使用；采用3+1模式，每月前三个周在学完教材内容的同时，每节课拿出5—8分钟的时间学习课堂乐器。第四周器乐巩固测评课，对前面学习的内容进行复习、检查和再提高。

8. 综合实践

课程整合：每周一课时的综合实践活动课，每月一次的校园行知节，每学期两次的校外实践活动。

实施策略：依据学生的兴趣和爱好，从生活当中选取有研究价值的小课题，组成"绿色环保创意"课题库。采用必修＋选修的模式，将课堂上的定向研究与课后的自主研究相结合，在提出问题、解决问题的过程中，培养学生探究性的学习习惯。

9. 品社学科

与德育处组织的《文明礼仪》《普小六古训、新六德、新六艺》《生态文明》《美德礼仪》《公德礼仪》等养成教育相整合，建立家庭生活环保礼仪习惯、学校生活环保礼仪习惯、社会生活环保礼仪习惯，每月聚焦一个环保习惯，在课堂学习的基础上，重在课后的实践应用，加大学生在校园、社会、家庭习惯落实情况的检查力度，将习惯养成落到实处。

四、课程评价

详见《普陀路小学课程评价方案》。

我们将以"国家课程有效实施、地方课程创造性实施、校本课程特色化实施"的途径，加大三级课程的有效融合、立体统合的探索力度，以促进课程面向学生、走向课堂，形成生态教育特色下的课程文化。

第二章

播撒生态　生态教师如花绽放

我校有一支爱岗、敬业、乐于奉献的教师队伍,这是一支平均年龄不足28岁的年轻团队。建校以来,学校始终把教师队伍建设作为各项工作的重中之重,致力于打造"善于引导学生感受人与自然和谐共荣、长于引领学生体验人与社会和谐发展、勤于营造生态型人际关系"的和谐包容,具有健康心态和强健体魄,具有高度职业幸福感的"生态型"教师团队。

为此,学校以教师发展学校为依托,设立了十大站点。如"阳光地带"由骨干班主任传授经验,"绿色家园"侧重于特色课程的开发实践,"科研在线""生态课堂"重在引领青年教师专业水平的提高,活动的开展完全由各站长自行组织和管理。教师发展学校为教师搭建了走向成熟的平台,大大缩短了青年教师的成长期限,学校教师先后有多篇论文在各级刊物发表。一批年轻骨干教师脱颖而出,成为书写普陀路小学明日辉煌的主力军。

第一节　建设教师发展学校

一、指导思想

根据我校《师资队伍建设规划》的要求,为了在较短时间内为学校建造一支师德高、业务精、理念新的梯队型教师队伍,提高我校的综合竞争力,保证学校教育事业可持续发展,为我校"树名师、育名生、创名校""生态立校,和谐发展"的特色创新发展奠定基础,特制定教师发展学校实施方案。

二、性质和宗旨

教师专业发展学校是指在原有学校建制的基础上,强化学校促进教师专业发展的功能,使学校既是学生成长的摇篮,也是促进教师专业化发展的基地。建立学校与教师专业发展的管理制度,使教师专业发展成为学校办学水平和教学质量提高的重要组成部分,构建教师终身学习制度。

教师专业发展学校是以学校为组织,以学校教师为主体,以终身教育思想为指导,以《中小学教师专业标准(试行)》为依据,旨在搭建促进教师职业理论专业化、教育专业化和学科专业化水平提升的发展平台,建设一支具有终身教育理念的高素质、专业化的教师队伍。

三、培养目标

从实施素质教育的目标出发,更新教育观念,加强对教育新理论、新知识的学习,通过多种途径使学校年轻教师尽快适应,中青年教师迅速成长,骨干教师不断做出成绩,力求培养一批有较高理论与实践能力的教师队伍。

1. 年轻教师的入格培训。主要对象是刚进入教师行列 1 年以内的年轻教师,对他们的培训,坚持政治上严要求、业务上压担子、生活上多关怀,为他们的成长创造良好的条件,促使他们上一个台阶。

2. 青年教师的升格培训。主要对象是教学满 3 年及以上的青年教师,旨在使青年教师在工作中明确自己的成长目标,制订个人成长计划,通过学习实践,树立职业自豪感、荣誉感,树立现代化教育理念,磨练自己各项教育教学技能。

四、培养内容

以现代教育教学理论为指导,以教学研究为主线,以课堂教学为载体,引导、激励、帮助、培训教师自主发展,培养具有高尚师德和先进教育观,具有较高的实施素质教育能力、较强的教学能力、较规范的教育科研能力,教育教学个性鲜明的、创新型、实践型、研究型的、在本市内外有一定影响的教师队伍。如今,骨干教师达50%—60%,名优教师达10%—20%,为普陀路小学的新发展打下坚实的基础。具体如下:

1. 形成正确的教育理念

确立正确的教育观、学生观、发展观及评价观,具有创新精神和教改意识;能自觉、恰当地运用教育理论,总结、概括自己的教育教学经验,并使之升华;能清晰、准确地表达自己的教学设想和教育思想。

2. 构建合理的知识结构

拓宽科学文化视野,系统研修现代教育理论,掌握更丰富扎实的本学科专业知识,熟悉国内外教育教学理论与实践的最新成果,逐步构建更为合理的适应新课程实施的知识结构。

3. 提高教育教学技能

具有较高的教学业务水平和说课、评课能力以及课堂教学设计能力,全面提高教育教学能力,如:教育科研的能力、驾驭课堂教学的能力、班级管理的能力、获取和处理信息的能力以及运用现代教育技术的能力等等,逐步形成鲜明的教育教学风格。

4. 提升职业道德素养

坚持正确的政治方向,热爱教育事业,具有强烈的事业心,高度的责任感和高尚的师德修养,真正做到爱岗敬业、教书育人、为人师表。调整教师的心理状态,形成健康的心理素质。

五、培养措施

根据《中小学教师继续教育规定》的有关要求及培训对象现有的条件和基础,教师发展学校培训设置集群模块式课程,采用集中理论学习和岗位实践相结合,突出实践操作,主要有理论学习、教学实践、校本开发、课题研究、个性发展五个环节,本研修项目总体设计为素养性研修、操作性研修、开发性研修、互动性研修。

第一,素养性研修主要是研修新理念。围绕现代教学理念开展全面的研修,将新课程改革过程作为课程管理者和教师整体素质提高的契机,深入进行转变教育教学观念的研修,为新课程的实施打下良好的基础。

第二,操作性研修主要研修学科课堂教学理论与策略。以新课程改革为动力,以学科课程论的理论和实践为中心,组织不同学科的教师研修,强化教师把握课堂教学的能力,提高教学效果。

第三,开发性研修是通过教育研究专家与教师长期合作,共同研发校本课程,使教师学会研究,学会校本开发。

第四,互动性研修主要是运用导师制,由理论专家与一线教师一起开展教学研究活动,同时运用高等院校的科研资源,对教师的研究进行全过程跟踪指导,使教师熟练掌握教学研究的技巧,通过研究提高教学能力,在高质量的教学中体现研究素养。

根据我校教师队伍现状及建设需求,教师发展学校的机构设置及各站点活动功能如下:

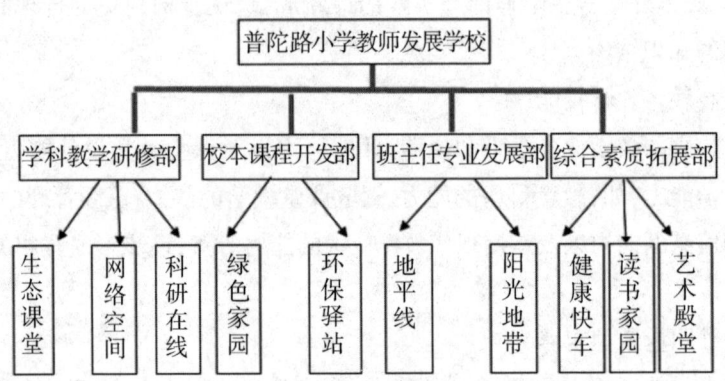

教师发展学校站点活动功能一览表

部门	下设站点	类型	学员	站点功能	站长	管理委员会
学科教学研修部	生态课堂	必修	全员	聚焦课堂教学的站点,通过聚焦"生态课堂"的构建去关注和促进教师发展学校每一位学员的专业成长和自主发展。		教导处
	科研在线	必修	全员	提高教师的科研意识,培养教师的科研精神,掌握科研的理论、技能与方法,形成科研的能力与素养,培养一批科研型教师,学校立项课题取得一定的科研成果,公开发表相关论文。		
	网络空间	选修	中青年教师	致力于教师现代信息技术能力的提高,并为教师使用便捷的办公方式提供技术服务,继续研究如何更好地让微课优课服务于课堂教学。		
校本课程开发部	绿色家园	选修	三年以上部分教师	通过行动研究,解决"生态立校"特色创建过程中出现的问题,开发编写校本课程《我与绿色同行》各册教材,建立课程目标体系,完善评价方案,提炼校本教育的教学特色。		
	环保驿站	选修	自愿报名	开发与"生态立校"学校特色相符合的综合实践活动课题;进一步完善学校特色课程——纸雕的研究。		
班主任专业发展部	地平线	选修	不足两年	致力于新教师入职期的适应工作。提供培训、团队辅导、个别指导、展示机会,帮助其融入团队,完成角色转换,明确职业定位成为合格教师。		德育处
	阳光地带	选修	班主任	致力于班主任队伍的建设。以小团队的形式,分享班集体的建设心得,交流教育学生的方法,提炼应对突发事件的技巧等。		总务处
综合素质提升部	健康快车	选修	自愿报名	举行球类、健身、读书等活动,关注教师身体、心灵的健康发展。		教导处
	艺术殿堂	选修	自愿报名	通过开展一系列的文体娱乐实践活动,丰富教师的精神生活,促进教师的个性发展,促进教师综合素质的全面提升。		
	读书家园	必修	全员	通过开展好书品读、读书交流等活动,丰富老师的读书积累,丰厚教师底蕴,做有书香气质的教师。		

教师发展学校2016年各站点课程内容

站点名称	课程内容
绿色家园 特色课程　生态校园	一是继续修改完善《我与绿色同行》的校本教材；二是探索特色课程的课堂教学模式；三是进行课堂达标活动；四是完善系列评价方案。
环保驿站 环保先行　创意无限	一是继续以特色课程《我与绿色同行》为依托，有计划有步骤地完成"木的世界"一系列作品；二是将学生生活中的废物进行创意加工二次利用；三是将环保作品用于校园文化的装饰。
读书家园 遨游书法　点亮心灵	1. 全员读书。本年度新增的读书家园站点，将充分利用教师阅读室（教师发展学校），将全体教师分为四个读书组，分设组长，每位教师每周确保两课时的读书时间。可读专业书籍，也可阅读经典，在阅读过程中可随时申请学校购买所需书籍杂志。 2. 读书交流。每学期至少举行四次读书交流活动，通过读书沙龙、读书征文比赛、读书网络交流等方式，巩固读书成果，在充盈自己生命的同时带动学生读书的兴趣与热情。
生态课堂 回归本真　演绎精彩	三月份各学科、各教研组围绕生态课堂的创建开展一系列备课、观课、听课、评课活动；四月份全员推门听课，现场诊断，跟踪改进；五月份生态课堂电子白板大赛；六月份开展优秀教研组评选活动。
地平线 勇敢起飞　不断超越	1. 影子培训。针对新教师的管理困惑，选择优秀班主任进行某一点的有针对性的培训。 2. 交流分享。学期初，观摩学习上学期班主任发表的优秀文章，每月进行一次教育小故事征集。 3. 活动提升。依托爱心节、健身节、艺术节、生态节等活动的开展，在活动中锻炼、提升教师能力。
阳光地带 阳光心态　智慧管理	1. 打造特色班级：创设特色生态角（环保花盆，特色农作物种植），完善生态评价系统。 2. 观摩《全国知名班主任小艾及青少年专家卢勤专题讲座视频》，不断提升班主任的班级管理理念和家庭教育指导理念。 3. 进行《家校合作模式下班级创新管理的研究》课题研究。
健康快车 快乐健身　幸福生活	将每周一晚学后时间定为"全员健身日"，依据环翠区体育工作重点及我校"四球健美"的特色，由全体教师根据自己的兴趣爱好和身体状况确定自己的锻炼项目，最终成立体育队，包括教师足球队、乒乓球队、排球队、网球队。周三放学后由四位队长组织学员开展形式多样的体育锻炼，以健康的体魄为幸福人生奠基。

续表

站点名称	课程内容
科研在线 以小见大 助力特色	一是加强培训引领,学期初邀请专家讲座,使每位教师熟知小课题研究的流程;二是每月组织一次课题研讨,及时有效地调控研究的进程和效果;三是期末评选优秀课题成果,并加强成果的推广使用;四是组织教师积极撰写科研论文,向各级刊物投稿。
网络空间 信息时代 微课翻转	一是理论培训,进一步研究微课、白板等最前沿的信息技术改革方向;二是技术培训,要求所有老师掌握微课的制作方法;三是教学研讨,培训结束,以教研组为单位,制作白板、微课(或微课程、微视频),在教学中实践应用之后,组织学科内研讨活动,从制作环节到使用过程进行反馈调控;四是选拔骨干,结合五月份的生态课堂大赛,举行微课的制作与使用评比展示活动,选拔优秀骨干教师,进行重点培训。
艺术殿堂 修身养性 陶冶情操	将每周三晚学后确定为"全员艺术日"。开设书法组、声乐组和影评组。书法班的学员主要由语文老师组成,其他有兴趣的老师也可参加,聘请校外老师进行辅导;声乐电影班主要由音乐老师和其他有兴趣的老师组成;其余教师参加影评组,通过观看优秀影片,为我们的工作、生活提供创造性的灵感。

六、具体培养过程

教师培养应注重能力、讲求实效、更新观念、形成生态立校的特色。

1. 加强教师的思想建设,提高师德修养

组织青年教师学习《基础教育改革与发展纲要》《中小学教师职业道德规范》等文件以及先进的教育理论,用正确的思想和理念激励教师树立正确的世界观、人生观、价值观,培养教书育人、为人师表、敬业爱生、安心敬业的教育教学岗位的思想观念。

坚定不移地围绕"生态立校 和谐发展"的学校教育理念来开展活动,并以此作为每位教师的工作追求。

2. 加强教师的专业技能,提高业务素质

教师的专业知识、教学技能、教学艺术等方面的水平和能力是做好教师工作的基础。提高教育教学质量,首先要提高教师的职业技能。因此,我们把培养青年教师的业务能力作为培养工作的重点。

（1）理论学习。了解教育教学理论,从而为提升教育教学技能打下理论基础。

（2）师徒结对。学年伊始,召开新老教师"师徒结对"会议,安排部署以老带新工作,我们将以"以老带新""以优带新""以学促新""以优促新"等方式,在教学工作、班主任工作、校外工作中进行"知、能、操、行"的传、帮、带,把以老带新工作贯穿于整个教学过程之中,推动整体教师队伍业务素质的提高。通过老教师对青年教师的跟踪培训,狠抓教学常规,在备课与上课、作业与辅导、听课与评课等方面着重指导,推进青年教师的业务水平。

（3）"走出去,请进来"。每学期定期组织教师学习《新课程标准》《课堂评价标准》及国内外最新的教育教学动态。学校在青年教师培养方面的另一个有效措施是"走出去,请进来"。其中:"走出去"包括选派青年教师经常去外面听课、培训;"请进来"主要包括邀请外校骨干教师、名师前来讲学。

（4）基功训练。每学期定期开展青年教师基本功大赛。基本功大赛的主要内容有:"三字一话"(毛笔字、钢笔字、粉笔字和普通话);定期组织青年教师观看名优教师的优秀教学录像课例。当场点评,发表感受,记录学习心得,从而加强青年教师专业教学基本功。

3. 加强教师的科研培训,提高科研能力

搞好教科研和注重教育、教学实际效果相结合的原则,多模式、多内容地进行校本研修,拓宽教师的科研视野,提倡青年教师积极参与教育科研,鼓励教师出科研成果。

（1）校本研修。青年教师亮相课、优秀教师观摩课、骨干教师示范课。通过听、评课活动,使教师不断反思自身教学,共同提高和进步。

（2）沙龙研讨。定期举办教科研沙龙活动,使青年教师之间和青年教师与老教师之间实现充分的知识共享,进行班主任工作经验交流,从而提升青年教师对课程内容的理解、教学方法和手段的掌握以及班级管理能力,起到潜移默化的效果。

（3）学科整合。鼓励青年教师熟练掌握现代教育信息技术,并运用到实际的教育教学中去(要求每学期至少上一节多媒体教学公开课),进行说课、赛课、课件制作等学科的有效整合。学校将积极创造条件,给青年教师铺设实践和进修学习的平台。

（4）写作培训。聘请在论文撰写方面有特长的名师,指导青年教师学习撰写技巧,比如:如何取材、立意、论证,如何对自己教学经验进行总结提炼,从而提高青年教师论文撰写水平。学校每学期将挑选出优秀论文,向国家、省、市、区各级刊物推荐。

(5)教师队伍专业成长是一项长期的工作,是一项"朝阳"工程。学校将努力营造一个"宽松、积极、浓厚"的教育教学研究氛围,根据每位教师的专长与教学特点,为他们提供广阔地参与各级各类教育教学活动、展示教学成果和比赛的机会。让青年教师在实践的磨练中一步步得到锻炼,一步步成长起来。

(6)骨干教师的特色培训。主要对象是指区级骨干教师以上称号的教师。通过专题培训、专家引领、外出观摩等培训,突出自我反思,不断提升教育教学品位,固化优势,彰显特色。

七、实施规划

宣传动员阶段(2015年9月)学校召开教师专业发展学校建设动员大会,明确教师专业发展学校建设的理念,讨论制订学校教师专业发展规划,明确管理机构、条件支持、经费保障、时间保障、继续教育制度和教育科研制度,组织教师自我设计专业发展规划。

1. 组织实施阶段(2015年9月—12月)

学校投入相应资金,改善办学条件,结合达标校建设、软件和硬件达到相应的标准。学校立足校本教研、校本科研、校本研修促进教师专业化发展;通过联片教研,外出学习活动,实现教师间的相互交流;开展一系列的读书活动、演讲、竞赛活动,校际间促进教师自身素质的提升。学校每年做一次全面总结,将教师研修成果装档。学校教师专业发展工作领导小组每学年对教师专业发展及个性化教学进行一次评估,总结年度工作。

2. 总结验收阶段(2016年1月—7月)

学校根据每年度制订的计划进行总结,形成经验。

八、保障机制

1. 加强领导和管理

学校成立以校长为组长,主管教学副校长为副组长的教师专业发展学校建设领导小组,制定教师专业发展学校建设规划、管理工作。

学校积极开展校本培训、校本教研、校本科研。对考核合格者,将成绩以学分的形式记入教师继续教育证书中。此项工作纳入教师工作考核,作为评先选优、评职晋级的重要条件。

2. 落实责任

校长负责制:学校校长是教师专业发展的第一负责人,主管副校长具体负责学校事务。

保障研修时间:学校每学期制订校本研修计划、保障充足的研修时间。

保障研修经费:学校把教师专业建设列入年度工作规划中,按照年度公用经费预算总额的5%作为教师培训经费。

建立健全制度:学校根据实际制定《普陀路小学教师专业发展学校制度汇编》,使教师专业化建设做到经常化、制度化。

健全考核、评估及奖惩措施。学校教师专业化建设进行定期总结,查找问题、鼓励先进。以"新秀教师—骨干教师—名优教师"三级动态目标激励机制,形成"人人有目标、人人要学习"的氛围,使教师获得持续有效的专业化发展。学校提供研究经费,教师发展学校工作直接与学校绩效挂钩,建立奖惩机制。

九、呈现形式

新教师课程培训表

课程	融入课程	提升课程	实践课程
时间	入校一年	入校两年	入校三年
课程内容	团队拓展活动 校本文化培训 教学常规培训 现代教育技术手段使用培训 自我规划培训 师徒结对	课堂教学专项交流会 班主任工作培训会 教育科研培训 读书活动	校本课程的开发与实践 课堂展示活动 课堂教学研究工作 担任站点主持人或学校其他工作负责人,组织开展师生活动
考核方式	新教师见面课	青年教师专业成长展示	优秀学员自主申报展示

第二节　教师发展学校优秀站长评选办法

为充分调动全校教师的教学积极性,鼓励青年教师积极投身教学工作、探索教学改革,表彰先进,促进我校教师队伍整体素质和教学质量的提高,特制定本办法。

一、评选条件

1. 热爱教育事业,遵纪守法,爱岗敬业,遵守学校的各项规章制度,教书育人,爱护学生,为人师表,师德高尚,事迹突出。

2. 对教学工作认真负责,有较高的教学水平,能认真执行《教师职业道德规范》,认真备课,教案规范,教学各环节均能认真负责。

3. 刻苦钻研教学业务,在教育思想、教学内容、教学方法等方面的改革有明显成效;做到因材施教,课堂教学效果良好,受到学生欢迎。

4. 积极带领站点其他成员开展活动,每学期活动次数不少于8次,站点活动紧紧围绕学校"生态立校,和谐发展"的特色开展得扎实有效,可以给其他站点起到示范作用。

5. 积极上传站点计划、站点活动记录及其他成员活动反思等。

6. 带领本站点所有成员以饱满的情绪、积极健康的工作态度完成学校各项工作。

7. 教学质量评价结果为优秀。

8. 凡在本年度教学工作中出现下述情况之一者,取消该年度优秀站长评选申报资格:

(1)不服从学校教学任务安排者。

(2)发生过教学事故者。

(3)病假、事假累计超过5天以上(含5天,55周岁以上教师病假、事假超过7天)者或有旷工行为者。

(4)无故不参加学校组织的教研活动者。

(5)受到学校纪律处分或违反法律法规者。

二、评选程序

1. 本人申请

申请人对照评选条件,填写好申报表,并将申报表和参评材料交学校评选工作领导小组。

2. 资格审查公示

学校审查确定参评人员,并公示参评人员名单。

3. 初评

(1)测评:在个人述职的基础上,对申报人员的德、能、勤、绩进行综合测评。

(2)按照评分细则评分。

(3)确定初评人员名单,并将名单和有关材料报评选领导小组。

4. 审查

评选工作领导小组组织对上报材料进行审查。

5. 公示

将评选结果在我校师生中进行公示。

三、奖励办法

1. 优秀站长每期评选一次。

2. 优秀站长获得者,学校授予"普陀路小学优秀站长"荣誉称号,颁发荣誉证书。

3. 优秀站长获得者的有关材料存入本人档案,作为教师职称晋升、岗位聘任等的重要依据之一。

4. 学校组织外出学习听课,将从校级优秀站长中优先推荐外派。

5. 学校将从校级优秀站长中优先推荐参加区级骨干教师评选。

第三节 教师发展学校优秀站长感言

初出茅庐，玉汝于成

我是我校教师发展学校地平线站点的站长。今年8月份我刚从鲁东大学毕业，成为教师团队的一员。初踏校园，我就被这里生态和谐的校园美景所吸引，看以宽敞明亮的教学楼、充满热带风情的海洋生态角以及绿树红花环绕的生态园……我立刻爱上了这里。

我满怀期待地开始了我的教师生涯。理想中的自己游刃有余，投入工作后却无所适从。第一次当班主任，面对班级中独具个性并且淘气的孩子我茫然失措；课堂中，面对我苦口婆心的教导，不少孩子仍然我行我素；教学中，面对乱成一锅粥的课堂纪律，我使出了浑身解数也不见有多大起色。

就在我无助的时候，学校启动了教师发展学校，其中一项内容是针对我们新老师班级管理中的困惑而开设的地平线站点。我鼓足勇气，参与了站长的竞选，感谢领导的信任，我成了地平线站点的站长。

上任后，我马上组织其余几个有同样问题的新老师一起讨论，了解他们在班级管理中的困惑及培训需求，并把大家的问题进行梳理，同时邀请身边的名班主任和骨干教师来为我们"会诊"，面对面为我们支招、解疑答惑。我们先后组织过"礼仪儿歌""预热家长会""德育微课展示""常规管理座谈会"以及独具特色的"影子培训"等活动，从班级常规管理到学习习惯培养等方面都有涉及，通过经验交流、跟踪指导、亲身示范等形式，为我们的专业成长做了很好的引领。在活动的参与中，每个人都得到了很大的提升。

地平线站点活动中印象最深、对我帮助最大的就是全天的"影子培训"的活动。顾名思义，我们从早上到校起就如影随形地跟着辛潇宇等骨干班主任，近距离观察他们的日常管理及课堂教学，观察他们如何组织课堂、如何开展班级活动、如何与家长沟通，几位老师毫无保留地将自己的日常经验呈现给了我们。每一位参与的新老师都收获满满，急切盼望着下一次活动。作为站长，我马上和分管领导转达了大家的提议,第二次影子培训活动已经在策划中……参与活动后,我们学以致用。温照娜老师的评价是在学校评价体系的基础上树立的,十分具有班级特点。于是我们拿来作为范本,学生的积极性大大提高,班级管理再也不是头痛的事。

  作为一名新老师,我在短短半学期的工作中体会到了酸甜苦辣。感谢学校的教师发展学校策略,感谢地平线站点的所有参与者,在成长的路上尽管会有风雨,因为有了你们,我会更加坚定地走下去!

第四节 教师发展学校站点活动

"环保驿站"站点活动

环保驿站主要是针对"纸、木、布、塑料"四个主题的手工制作,本学期的环保驿站发展学习的主要内容包括对综合实践教师的培训、校园文化打造、美术特色纸雕塑精品的提升三个大的方面。

一、纸雕塑精品创新提升

回顾上一学期,纸雕塑社团参加了协作区及环翠区两次大型的美术特色展览,在繁忙杂乱筹备及展览的过程中也有了很多的收获,本学期针对发现的不足加以改善。

1. 内涵文化的打造

以前的作品多以单个动物为主,关注了造型表现,缺乏了内涵文化的提升。因此,本学期纸雕塑将尝试中国地图、世界名画、中国名著等纸浆作品的创作。

2. 情景情趣的创设

在特色作品布展的过程中发现纸雕塑作品都是孤立的,相互之间没有联系,布展时显得凌乱。在以后的纸雕塑创作中将注重整体情景的创作,如成语故事、课本故事或者环保情景的塑造等立体制作。

3. 制作形式上

我尝试以纸浆画与立体纸雕塑相结合的方式,给人视觉感官上的冲击。

二、塑料天地的校园文化打造

"纸、木、布、塑料",四大主题的校园文化打造已经完成三个了,本学期的塑料天地校园文化的打造,可以尝试用塑料管和瓶盖做一些大一点的拼摆作品。塑料瓶可以用立体抽象雕塑的形式来展现,同时,孩子们也可以用一些绿色植物来点缀自己的创意塑料花盆。

三、综合实践教师的培训

1. 本学期主要针对塑料的手工制作对综合实践老师进行相关的培训,将从不同材料的运用到制作的基本方法的掌握等方面进行讲解,同时推荐一些塑料手工制作的素材网站,推动教师的自学自研。并做好作品收集展览评比活动,让培训扎实进行。

2. 在学生的创作过程中鼓励家长主动参与,让环保意识由学校向家庭、社区渗透。学习菜单如下:

月份	时间	主题	具体事宜	参与人员
9月	第一周	新学期站点具体安排布置 "冰棍棒巧制作"制作要点讲解	1. 跟大家介绍本学期的学习要点及主要的学习目标。 2. 学会收集冰棍棒。 3. 冰棍棒制作方法:单个冰棍棒描绘加工,如小人等;多个冰棍棒的平面制作,如相框等;多个冰棍棒的立体搭建,如房屋等。	全体综合实践老师
	第三周	"冰棍棒巧制作"阶段性交流	作品的一个初步展示交流,发现不足,交流问题,促进提高。	全体综合实践老师
10月	第一周	"环保铅笔"制作讲解	铅笔的手工制作比较冷门,不容易成型,主要表现的是创意,如斑马马鬃的制作、小刺猬的制作等。	全体综合实践老师
	第三周	"小木块大世界"制作讲解	1. 木块形式的多样性,如原木木块、方木块、木板、木条、树皮、松果等。 2. 引导学生进行设计,拼摆出大的造型,共同完成四楼的装饰设计。	全体综合实践老师

续表

月份	时间	主题	具体事宜	参与人员
11月	第一周	"木的世界"作品优化	将冰棍棒、铅笔、木块作品汇总起来,展示交流,并为下一步的四楼装饰做准备。	全体综合实践老师
	第三周	装饰四楼走廊	创意设计,师生共同完成四楼走廊的校园美化。	美术老师及全体综合实践老师
12月	第一周	布贴画及布偶缝制	制作布贴画及布偶缝制,进一步完善三楼的布艺天地。	全体综合实践老师

"环保驿站"开启废物利用新天地

结合学校的生态教育特色,成立了环保驿站教师发展学校,已经有一年半了,环保驿站的内容体系分为四大模块——"纸、木、布、塑料",同年级根据学生特点就这四大模块进行了详细的划分,细化的教材使美术特色教育更加多样化和系统化,为生态特色教育的全面开展奠定了坚实的基础。

环保驿站兼顾三大学科的整合,分别是综合实践课程、美术课程、社团活动。环保驿站主要侧重于综合实践老师的培训。

计划是工作有条不紊进行的先决条件。我和宫丽华老师在开学初根据学校的工作需要和老师的实际情况确立了站点的工作目标和站点分层菜单,刚毕业教师的知识普及,老教师的带动提高,因材施教,让所有教师都能有所发展。

本学期,我们进行了四次培训活动,每月一次。

9月份,是一次筹备会,公布本学期初步的工作目标,大家进行研讨,意见征集,定稿完成最终的工作目标。期间,张琳莉主任参加了本次研讨,并给予了关键性的指导意见。

10月份,结合本学期综合实践优质课活动,对新教师开展了针对性的学习培训,宫丽华老师从研究性学习的深入开展到课堂中的具体应用做了详细讲解。在这一过程中提高了教师对综合实践中研究性学习的认识,为下一步的实际教学奠定了基础。在期末的视导期间,综合实践活动课程的开展得到了充分的肯定。

11月份,是忙碌而充实的,全校总动员共同打造了四楼精彩的"木的世界",

其中，有孩子们的动手参与，有美术老师的技术指导，有外聘老师的鼎力相助，有五年级和综合实践老师的积极参与，就连六十多岁的后勤大爷和帅气的司机小刘都为打造"木的世界"尽心尽力。这里着重要说的是本次校园文化打造的负责领导向景媛老师。为了给这次"木的世界"的装饰准备材料，她抽出空闲时间，领着孩子，带上老公，偷偷摸摸三进大山，捡树杈子、草棍子、树皮和树叶，在自家豪华的客厅先进行了初步的构思和实践。向景媛老师为以"木的世界"为主题的校园文化的打造立下了汗马功劳。大家齐心协力，共同缔造了美丽的、惊艳的校园文化。

12月份，张珊老师到济宁参加了校本优质课的学习。回来后张珊老师给我们做了精彩的外出汇报，将学习内容带给了大家，也将思考带给了大家，为我们的课堂教学夯实了基础。

根据美术特色的四大模块——"纸、木、布、塑料"，成立了四个社团小组，纸和木由美术老师任教，布和塑料由综合实践老师任教，对其进行专项研究与制作，打造精品，促进提高。社团的成立使生态教育开展形式多样化，起到了引领带头的作用。

下面我来展示一下部分社团的开展情况和优秀作品。

塑料社团：由宋建梅老师负责，主要进行了塑料吸管和塑料瓶盖的创作研究。

纸雕塑社团：由我负责，11月9日，我们参加了城里中学协作区共八所学校共同举办的美术特色展览。本次的特色展览涵盖内容比较全面：有墙面的书画展览，U型展区特色纸雕塑的布展，孩子们的现场制作，为参观领导准备的小礼物，还有现场的解说员进行现场解说等等。别看一次小小的展览，真是耗时耗力。

本次展览活动中，我充分感受到了团结的力量，活动中大家分工合作，张红梅主任首当其冲，负责广告公司的协调及各项文字稿的梳理，还有讲解员的培训工作，我负责U型展区特色纸雕塑的布展事宜，周静老师负责小礼物的制作及整理，刘铭老师负责孩子们现场制作的准备，徐玮和张馨元老师负责墙面书画展览作品的收集整理。还有我们的宋小鑫老师甜美的、赢得了阵阵掌声的解说，还有摄影师徐彦辉老师忙碌的身影，最终凝聚成了一次新颖的、精彩的特色展示。环翠有限电视台的直播民生栏目还对我校的纸雕塑进行了采访，并在11月21日的电视节目中播出。《齐鲁少年报》的小溪姐姐，看到我们学校的纸雕塑作品后非常喜欢，并对我校的相关领导、老师、学生做了电话采访，将会在1266期《齐鲁少年报》中做头条报道。

展望未来,环保驿站的工作将根据学校特色的脚步进一步深入细化地开展,为教师服务,为学生导航。

下一学期将着重塑料创作的培训,从塑料瓶、塑料瓶盖、塑料纸盘等方面进一步研究,从综合实践活动课程、美术课程、社团活动等课外实践全方位地开展引导,面向全体打造精品。期末的时候再打造出靓丽的五楼塑料王国。

"阳光地带"站点活动

有梦想的人是幸福的,有目标的人是淡定的。我愿和你一起做个淡定的幸福者。

每个学年的第一学期班主任都会比较辛苦——认识新面孔,和家长打交道,在摸索中前进。虽说班主任工作琐碎,但我们依然要在平凡和重复中做出些新花样,寻求新变化。

经过了一年的尝试,阳光地带站点也正在形成自己的风格——把您要的说给您听,以最大的热情服务大家。这是我的小小梦想。

若要梦想照进现实,就要在计划引领下踏实行动。现将初步计划制订如下:

一、一贯理念

最好的成长开始于借鉴,学习别人的可取之处,自己才能离优秀越来越近。所以我们要时刻怀抱一颗主动学习的心,让自己和孩子一起成长。

二、两小点儿

一点儿明媚。想想一个 boss 领一班兵,我们也可以是小公主啊,所以当班主任也有大大的幸福。不要预支明天的烦恼,不要因为即将到来的辛苦、琐碎而愁眉不展,我们还是要愉悦自己,自己正能量了,班级孩子也会自信、开朗,我们要互相勉励。

一点儿较真。身为班主任的我们要同时兼顾教学和管理,我们不仅不能顾此失彼,更要勇于接受挑战。这里的"较真"是想大家能有点不服输的倔劲儿,争优创先。

三、三倍用心

精心开展活动,用心宣传我们的站点;细心琢磨自己的成长路,用心打造自己的风格;耐心做好自己的工作,用心关注孩子的未来。

学习菜单

时间	站点	菜单内容	主持站长及嘉宾	备注
9.5 第2周	阳光地带	抓住管理黄金期,培养良好班风	辛潇宇 刘爱静	
9.19 第4周	阳光地带	如何上好心理健康课	辛潇宇 阮清	"心理健康课堂教学大赛"引领
10.17 第8周	阳光地带	班级评价制度及管理经验	辛潇宇 宋健梅	突发事故的处理技巧
10.31 第10周	阳光地带	与家长沟通的技巧	辛潇宇 张欢欢 温照娜	
11.14 第12周	阳光地带	多看多听多学习,实现更好的成长	辛潇宇 刘爱静	打造个人风格
12.19 第16周	阳光地带	期末盘点,查漏补缺	辛潇宇 向景媛	

"阳光地带"实现美好人生

不忘初心,强大内在,在点滴工作中描绘未来,我觉得这是最好的成长方式。这个学期阳光地带站点已经开展了两次活动,取得了比较不错的效果。组织的过程也是成长的历程,我还是用两个关键词来完成站点的阶段总结吧。

一、聆听别人,审视自己

不管是做人还是做事不要被"习惯性"套牢。

新学期站点的第一次活动是"班级管理经验分享会",我按照低中高三个学段找了老师们交流经验。犹记得阎老师交流的第一句话:"谢谢辛姐给我这个机会,让我在这儿和大家分享自己不成熟的经验。"我听了之后有些忐忑,其实这是阎老师在帮助我，我却成了被感谢的人。

会后，刘主任夸我活动组织得不错，说阎老师的交流有理论、有实例，非常方便大家学习。我第一时间将刘主任的赞美告诉了阎老师，作为组织者我得让老师们感受到成就感啊，但是同时我自己也在反思：或许以后的活动我们可以多发掘老师们的擅长之处，让大家都能展示出自己成熟的一面。

对待这件事如此，对待孩子亦是。可能换个角度，他们会给我们更大的惊喜。

二、为回忆着色

之前也说站点的活动应该往纵深发展，争取引导老师们都主动打造属于自己的特色。但这个想法不好实践，有点无处下手，我就抛砖引玉，希望能给大家一点思考。

其实这也是接到张珊老师布置的"任务"之后，自己准备交流稿的一点触动。

每天和孩子在一起，甚至可以说形影不离，在相处中我们攒了很多故事，积累了很多经验，我们应该有意识地回忆、记录，挑选其中的精彩故事做成"教育随笔"，不求成就自己，但求将来我们也有故事可以说。

下一步继续在形成个人风格上努力，我要先自己充电再给大家些许方向参考。

最近喜欢看一部美剧《我们这一天》，里面有句台词特别喜欢，和大家分享。大概是这样说的：只要努力，我们终会将生活带给我们柠檬般的酸楚酿成柠檬汽水般的甘甜。

共勉吧，花点小心思点亮我们枯燥单调的工作。

"网络空间"站点活动

时间	地点	领学人	学习内容	学习人员
2016.09	教室	徐彦辉	多媒体的应用	新入职教师
2016.09	微机1室	徐彦辉	微机室及优课的使用	新入职教师
2016.09	录播教室	徐彦辉	录播教室的使用	新入职教师
2016.10	微机1室	高利	电子白板	新入职教师

续表

时间	地点	领学人	学习内容	学习人员
2016.10	微机1室	徐彦辉	中国知网	新入职教师
2016.10	微机1室	徐彦辉	音频处理软件GoldWave	中青年教师
2016.10	微机1室	徐彦辉	视频处理软件 QQ影音、格式工厂	中青年教师
2016.11	微机1室	徐彦辉	Excel的使用技巧	全体教师
2016.11	微机1室	徐彦辉	PPT的使用技巧	全体教师
2016.11	微机1室	徐彦辉	计算机的组装与维修	中青年教师
2016.12	微机1室	徐彦辉	信息化教学工具	中青年教师
2016.12	微机1室	徐彦辉	语文学科工具	语文教师
2016.12	微机1室	徐彦辉	数学学科工具	数学教师

"网络空间"掌握教学新方法

学期初,我制定了一份《网络空间学习需求调查问卷》,然后以教研组为单位进行了发放,最后组长汇总后,我进行了分析,从而做出了本学年的培训计划。

这两个月在"网络空间"站点里进行了以下几次培训:

第一次是针对全体教师的"教学大师"软件的学习。培训后老师们反映"教学大师"中有很多好的教学资源,可以很方便地下载使用。

第二次是针对新教师的培训。主要培训录播系统的使用,一方面是给新老师们更大的学习平台,可以登录录播平台观看正在上课老师的课,另一方面是给老师一个展示平台,让老师们更精心备课。培训后发现老师们在录播室上课后容易忘记结束录课,导致下节上课的老师录课失败,针对这种情况又通过QQ群给新老师进行了补充培训。

第三次是优课资源平台的培训。这次培训同样是针对新教师的培训,通过介绍优课资源平台的使用方法,拓展老师的教学资源,完成区教育局对学校教育信息化的要求。

第四次是对新教师的电子白板培训。电子白板在课堂中的角色不应仅仅是替代黑板或屏幕,而应做为交互式电子白板与课堂相结合,生成课堂资源,让课堂变得更加鲜活。这也是我们学校投入大量资金,建立现代化教室的目的,我们应该珍惜这样的资源,好好利用。通过学习白板软件,并将其利用到课堂中,可以让我们的教学更加高效。

以上就是"网络空间"站点进行的四次培训,下一阶段我们会继续按照学期初制定的计划进行相应的培训,提高教师的信息素养。

"绿色家园"站点活动

上学期,我们站点结合学校生态立校的办学宗旨,根据《我与绿色同行》校本教材的指导,我们的校本老师已经正式使用教材上课了,而且课堂效果是令人欣慰的。教师们能够结合自身的教学经验和组内老师不断研讨,争取让教材的价值发挥到最大。我们站点在今后教材使用的过程中要积极发现问题,并予以及时地解决,使广大师生在使用过程中真正了解"生态立校,和谐发展"的含义。

经站点教师们讨论研究,本学期的重点工作主要有以下几点,我总结为四个方面:一重研讨,二论特色,三思前后,四共成长。下面我就各个方面和大家交流一下。

一、重研讨

要想上好一门课程,光自己闭门造车是不行的,所以我们在开学初期,就打算组织校本老师进行研讨活动,活动主要目的是打造具有"生命力"的绿色教育课堂,让学生能够在课堂上感受到自己的价值,真正意义上与生态相结合,并且制定自己的教学计划和评价方案,我初步设想,评价方案是否可以与我们的生态银行相结合,让孩子在做生态事迹的时候能得到奖励,并且能够获得相应生态币,以此提高学生学习的积极性。

三月上旬,我们就会根据我们的授课经验,邀请教研员来我校针对校本课程进行指导,我相信在教研员的指导下我们的方向会更加明确。

二、论特色

大家都知道我们学校的办学理念是"生态立校,和谐发展",而"与绿色同行"是我们的特色课程,为了让课程与我们的办学理念有机地结合起来。四月上旬,我们准备在每个年级组都开展组内的特色课程研讨活动,并且进行上课,由组内教师听评课,四月下旬总结出与学校特色教育相结合的结合点并进行交流。

三、思前后

经过一段时间的上课,相信教师们都会有自己的一些所思所想,所以我们在五月上旬就会组织校本老师进行一次组内交流,针对自己课堂上的一些想法和困惑进行讨论,让自己的课堂更精彩。五月下旬针对校本课程中的手工课进行成果展示,主要以孩子的作品为主。

四、共成长

最后一个月我们主要以达标课为主,首先要组内备好一节课,进行同研,选出优秀老师为代表讲课,最后再进行年级之间的达标课活动,评出"最生态之课堂"。

"绿色家园"实现与绿色同行

随着期末的来临,我们这一学期的绿色家园站点活动也接近尾声,回顾这一学期的心路历程,我们绿色家园已经硕果累累,在站点老师的共同努力奋斗之下,我们的校本教材《我与绿色同行》终于出版了!在开心、兴奋之余,我们也从中收获了许许多多。

一、回顾篇——摸爬滚打

回顾上个学期,经过我们站点老师的共同努力,几番修改,《我与绿色同行》这一校本教材终于新鲜出炉。但是教材的编写、出版不是一蹴而就的,更不是一劳永逸的。编写教材犹如养一株植物,需要足够的耐心去迎接它的开花结果。

为了让我们的《我与绿色同行》校本教材能更快地出版发行,在本学期伊始,我们就结合上学期编写的教材制订了本学期站点活动计划。经过与领导的沟通交流,在校领导的悉心指导之下,我们本学期的计划才能得以更加的完整。这给我们接下来的站点活动打下了良好的基础。

二、行动篇——孜孜不倦

在9月下旬,我们制定了教材使用情况的调查问卷,主要搜集在教材试行的过程中,授课老师遇到了哪些问题,学生在学习的过程中存在哪些困难。然后我们小组成员进行问题的整理分析,从而进行教材的再次修改。

在修改教材的过程中,我们也会听取授课老师的经验,他们是《我与绿色同行》这一校本教材的直接践行者,他们的经验往往最能给我们指引。

10月份,在二稿修改完之后,我们站点的成员将授课老师组织在一起,带领他们重新解读新的教材。当然好的课程需要有好的评价体系,所以本学期我们针对我们编写的教材将评价体系融入其中,课堂上教师根据学生表现采取自评、组评、师评的方式相结合,调动学生的学习积极性,同时每一课时的后面还附加上星级评价,学期末进行星星的累加,评选出最优秀的学生。

  11月份我们主要是进行教材的三稿修改,本次修稿我们将教材分年级打印出来,组内成员两两结合,共同找出校本教材出现的问题,并用红笔标记。然后一至五年级再交换修改,最后再在电子稿上进行最终的修改、完善。

  《我与绿色同行》这一教材从最初的漏洞百出到现在的图文并茂,感谢每一位小组成员的默默付出。组内的每一位教材编写者,就像是一部优秀电影的制片人,一套完美的教材,他们在幕后的工作确是不容小觑。

三、展望篇——路漫漫,吾将上下而求索

  《我与绿色同行》经过几番修改,出版问世。但是编写教材不是我们的最终目的,将教材上的知识传道授业解惑才是我们最终的落脚点。本学期在确定好教材之后,我们的校本教材老师——宫丽华和刘静老师进行了精心的教学设计,向全校的老师和领导展示了一堂生动的课程。虽然在授课过程中还有一些不足之处,但是也得到了领导的一致肯定和鼓励。同时学校还邀请了教研中心的杨主任亲自点评,杨主任也给我们提出了具体的改进措施,给上课的老师们也提出了非常宝贵的意见。接下来,我们会细心研究教材,将校本课程上得出彩!

"健康快车"站点活动

  为提高我校教师的身体素质,活跃教师的课余生活,强健教师体魄,让教师们的身心都充满绿色与健康,在工作一天之后有一个调整时间,快乐工作,健康生活,本学期"健康快车"站点将组织开展教师健身锻炼活动。结合实际,特做以下设想和活动配档。

一、活动内容:

健身娱乐活动。

二、活动时间:

每周四放学后自主活动10分钟(内容可以自选)。

三、活动地点：

随项目特点而定。

四、活动安排：

活动时间	活动负责人	活动内容	参与人员
第二周	体育组	无敌风火轮	全体教师
第四周	体育组	信任背摔	全体教师
第六周	体育组	羽毛球	全体教师自主活动
第八周	体育组	排球操	全体教师
第十周	体育组	绑腿跑	全体教师
第十二周	体育组（针对指导）	羽毛球 乒乓球	全体教师自主活动
第十四周	体育组	同心协力 探身取宝	全体教师
第十六周	体育组	地雷阵	全体教师
第十八周	体育组（针对指导）	学校体育器材开放 教师自主选择	全体教师自主活动
随机周		盲人足球	全体
随机周		搭桥过河	全体

1. 活动阶段：

（1）培训时间：每周四下午放学。

（2）要求教师们全员积极参与，按时到训练地点集合，每次进行考勤，提高效率，认真练习。

（3）教师要熟练掌握所教的动作方法、训练方法等。

（4）如参加比赛，以级部为单位，全部组员（除特殊教师外）参加。

搭建"健康快车" 培育健康乐观新教师

"健康快车"站点依据学校办学理念,立足提高教师的身心健康,通过举办各种健身活动,力争在生理上达到养生健身的效果,在心理上,调解教师们的心理状态,保证教师以良好健康的状态面对工作,享受生活。

我们常说"健康的体魄是为祖国和人民服务的基本前提,是中华民族旺盛生命力的体现"。我们迫切期望全体教师积极响应号召,投入到健身活动中来,提高我们的身体素质,磨练坚强性格,培养集体观念和团队精神,促进身心全面健康发展。目前为止,我们站点举行了两次活动,现将我们本学期开展的活动总结如下:

一、分工明确,全员参与

为了搞好活动,形成了以校长为组长、分管领导监管、各年级组长协调负责、全校老师共同参与的良好局面,确保了活动有序、安全进行,使每位老师都能明确开展这项活动的目的和意义,做到有声势、有影响、有内容。

二、活动精心准备,使活动顺利开展

活动伊始,针对活动内容特点,对所需的器材及奖品等都有预先的设想。

三、积极锻炼,活动效果明显

活动中教师们个个表现活跃,积极参与。人人脸上洋溢着青春的笑容,挥舞着青春的身影。如在"无敌风火轮"活动中,教师们不仅在运动中锻炼了身体,懂得了在运动中只有大家同心协力才能获得最快的成功与进步的道理,更是养成了良好的体育锻炼习惯,渲染了我们校园的体育文化氛围。

在教师节活动中,我们不仅仅是为了庆祝教师节,更是为给大家提供一个愉悦心情、集体交流的机会,让大家能够在本次活动中体验到学校对教师们的关心与爱护。

由于活动的安排比较周详,落实得较好,使得活动达到了预期的目的。今后,我们站点会将教师健身活动长久有效地持续开展下去,使体育锻炼成为学校落实素质教育的重要举措,全面提高教师的健康水平。

"地平线"站点活动

	活动时间	站点	菜单主题	菜单内容	参与人员/培训师
1	8月29日（开学前）	地平线	新老师起航培训	1. 介绍学校各方面的工作。 2. 请有经验的老师讲解在开学初期如何将教育走在前。	刘爱静主任、阮清副主任、向景媛副主任、青蓝帮扶教师
2	9月12日（第3周）	地平线	班干部的培养和运用经验	1. 如何选拔班干部。 2. 如何树立班干部在班级的威信。 3. 如何维持班干部的工作热情。	高利、杨帆、新老师
3	9月26日（第5周）	地平线	家委会成员的选拔	1. 介绍家委会成员的作用。 2. 请有经验的老师讲解如何选拔家委会成员。 3. 如何培养家委会成员的工作积极性。	向景媛副主任、温照娜、张欢欢、新老师
4	10月10日（第7周）	地平线	防震避震疏散演练	1. 介绍不同预警情况的铃声。 2. 讲解不同紧急情况下的疏散演练。 3. 随机检测。	刘爱静主任、张珊、新老师
5	10月24日（第9周）	地平线	与家长沟通的艺术	1. 与家长沟通的技巧。 2. 家长会的注意事项。 3. 预计家长会的突发状况和解决对策。	林倩、张欢欢、宫丽华、新老师
6	11月7日（第11周）	地平线	如何培养学生良好的纪律	1. 上课纪律。 2. 下课纪律。 3. 学校室外活动纪律。	辛潇宇、李文、隋春暖、新老师

续表

	活动时间	站点	菜单主题	菜单内容	参与人员/培训师
7	11月21日（第13周）	地平线	如何上好班会课	请指定老师上一节班会案例课。	指定教师及新老师
8	12月5日（第15周）	地平线	班级典型活跃生的案例分析	1. 收集各个老师手中的活跃生的案例。2. 请有经验的老师予以分析解答。	向景媛老师、王凯歌老师、辛潇宇、隋春暖、新老师
9	12月19日（第17周）	地平线	新教师阶段性总结经验交流会	1. 新老师分享开学至今自己的收获。2. 班级日常管理问题答疑。	新老师

"地平线"实现教师新突破

从本学期开始到现在，"地平线"站点一共开展了编写《新老师工作手册》"班干部的培养经验谈""消防演练"以及"家长会问题预设"四次活动。

为了防止新老师和我一样产生初来学校的那种孤独感和困惑感，我针对新老师的情况，结合自己当时面临的一些疑惑，在假期里编写了《新老师工作手册》，经刘主任把关，把它放在了班主任群里。《新老师工作手册》里面具体介绍了各科室的领导和对应的分管事宜，事无巨细地记录了学校的常规事情：包括时间方面的规定，卫生如何打扫等等。通过此次活动，新老师们能以最快的速度适应学校的工作。

班干部是班主任的得力助手，是班级里的小老师。好的班干部可以让老师的工作开展得顺风顺水，因此培养一名合格的班干部显得尤为重要。面对新老师一筹莫展的神情，我决定开展"如何培养好的班干部"的活动。在此次活动中，我们邀请了高利老师和阎晓晴老师介绍了平时在培养班干部方面的经验体会。在会上，新老师们认真记录，遇到不会的地方积极提问，最后刘主任对本次活动进行了补充与总结，让我们和新老师都受益匪浅。

第六周学校要组织应急疏散演练。作为过来人，深知新老师的茫然，于是我联系刘主任，在阮老师的帮助下，临时应时应景地开展了"新老师紧急疏散演练培训活动"。在此次活动中，我向新老师们具体介绍了每一种疏散演练的方法和步骤,以及各教师尤其是学生在专用教室的逃离路线。新老师们也认真记录,并积极提问。事后,我还向大家征集了关于演练的反馈。这样做有两个目的,一是检查一下这次活动达到的预期效果;二是督促新老师以后遇到类似的演练能够更加尽善尽美。

  在第十周,学校组织开展家长会的活动。家长会,一个熟悉而又陌生的词,如何让新老师们从一个被动的参与者变成主动的筹划者?又如何利用家长会促进家校沟通,互利共赢呢?作为"地平线"的站长,必然要把握这次机会,给新老师进行一次会前培训。对此,我向每位新老师征集了有关与家长相处时遇到的问题以及开家长会可能会发生的问题。新老师们在"地平线"讨论组里积极响应,每个人都提出了两个问题。但是问题也随之而来,面对新老师们提出的问题都比较棘手的情况,我也深知以自己短短一年的班主任功力很难解决这些问题。怎么办呢?于是我便请刘主任出山,邀请了有经验的辛潇宇、温照娜、阎晓晴三位老师给我们进行详细而有针对性的指导。我还收集并整理了三位老师的电子稿,想着以后再有这样类似的问题,便可以省时省力地解决问题。

  以上就是本学期我们站点的活动,有了第一年的经验,本学期开展活动也越来越顺手,虽然活动相比之前有所删减,但是我们本学期更加注重线下交流,很多新老师在平时的生活中遇到我就会向我咨询一些问题,我也毫无保留地把自己的经验和他们分享。虽然有时候也只是"一家之言",但是大家通过互相切磋,互相交流,新老师的成长大家也是有目共睹的。

第五节　深耕教育一线，共享生态硕果

轻叩心房，万物生长

"亲其师，信其道"。师生关系密切了，就缩短了心理距离，也就会成就成功的教育。班主任参与学生心理成长的过程，其方式是多样的，也是有规可循的。

第一阶段：定向击破，见招拆招

钰在二年级的时候就是个身高出众、个性鲜明的小姑娘。四年级我成了她的班主任，对待她的方式也较其他同学有所不同。

钰对所有事情仿佛都没有什么兴趣，家委会活动，不参加；老师偶尔的小幽默，嗤之以鼻；同学的主动搭讪，冷面相对……这些我都看在眼里。

愈是如此，我愈出招。我让她担任班里的"分饭总管"，手把手地教给她如何分饭菜，饭菜数量如何把握，剩菜剩饭怎么处理等等。反正事无巨细，我都嘱咐。对于我的唠叨，她既不热情，也不怠慢，工作干得也"不好不坏"。

班级事务上，我把握了一个总的原则——多肯定，少批评。

但是学习上，我绝不纵容。钰从三年级开始就不怎么写作业，对此她有百般借口。可是我从开始就把要求立在了前面。我举例各种情况，和学生一起分析，争取站在"道德的高地"，让学生明白：学习是自己的份内事，完成作业是理所应当的。

全班的学习氛围逐渐创设了起来，钰在大家的带动下也有所好转，但还是三天打鱼两天晒网。于是我又"定向击破"，打心理战。

"钰，我看到你妈妈传到群里的照片，你经常在家做饭吗？"钰点点头。"你妹妹多大啊？妈妈周末加班都是你照顾妹妹吗？"钰还是点头，但比刚开始眉头舒展了一些。"你很了不起啊，还会用天然气。不过，千万注意安全，尽量少起灶哈。我要在班里好好说说这个事，你是大家的榜样。"钰没有说话。

整个谈话过程我没有提到作业的问题，但我相信，我打开了孩子的心防，这是"变形"第一步。

第二阶段:自我暴露,攻克心防

健身节马上到了,我们全班准备了排球操展示节目,我开始和孩子们一起上体育课。孩子们练习的时候,我在旁边边学边看。我注意到,钰的每个动作都很懒散,做得也不是很到位。我突然想起上学时候的自己,决定找钰谈谈。

活动课孩子们在各自忙活,我把钰叫到身边,打开了话匣子:

"个子高是你的优势,你看四年级都和老师差不多高了,是不是?这是让你骄傲的事吗?"钰摇头。

"哦,我明白了,你还没有发现自己的优点,你太内秀了。"

"你让我想起了我当学生那会儿,对体育课是又爱又恨,爱是可以自由活动,恨的是,我那时也胖胖的,做动作的时候怕同学笑话……"钰抬眼看了看我。

"老师也是打小时候过来的,所以特别能理解你。但是你比我好多了,你的身材很匀称,做动作也好看。所以咱要对自己有信心。"

"如果你怕做动作的幅度太大,露出腰,咱可以穿长款的衣服,对吧?跳跃运动的时候我们可以穿紧身一点的内衣,动作舒展才好看,充满活力才能带动观众。"

我的滔滔不绝换来的是钰的温柔眼神。我在心里舒了口气,"变形"第二步,就是此刻。

经过这次谈心,钰和我"情投意合"了。

第三阶段:"优惠政策",巩固效果

后来钰找到我,略带腼腆地说:"老师,我能不能要您的 QQ 号?"我欣然告诉她。和她在网上聊天,我全然是朋友的样子,交流很愉快,也更俘获"钰"心。我也了解到,孩子们私底下都对我一致好评,这算是我的意外收获。

我自己是个心思比较细腻的人,平时也很留意细节,加上比较专业的心理知识,对于我的班主任工作有很大助力。作为班主任,我和孩子相处的时间更长,接触孩子的机会也更多,也更方便对孩子进行心理疏导。

班主任有着得天独厚的条件,更有优势通过多种渠道对学生进行心理引导。我们要善于挖掘最佳教育资源,灵活运用"心理战术",在潜移默化中对孩子进行不着痕迹的教育。

且行且思,触摸综合实践活动的"穹顶"

普罗塔克曾经说过:"儿童不是一个需要填满的罐子,而是一颗需要点燃的火种!"而综合实践活动课程正是点燃火种的引线。综合实践活动课程是在教师引导下,学生自主进行的综合性学习活动,它基于学生的经验,密切联系学生自身生活和社会实际,让学生回归生活世界,立足实践,不再局限于书本知识的传授,让学生亲自参与、主动实践,在实践中综合运用所学知识解决各种实际问题,提高解决实际问题的能力。

《综合实践活动指导纲要》指出:综合实践活动是指学生基于自身兴趣,在教师的指导下,从自然、社会和学生自身生活中选择和确定研究专题,主动地获取知识、应用知识、解决问题的学习活动,这就不同于以往单一的封闭的课堂学习活动。它是面向自然、面向社会、面向学生的生活和学生已有经验的学习。实际上这种学习活动也的确存在于我们的现实生活中,只是没有引起我们的重视和挖掘,并且这种学习具有不可替代的作用。《折纸》《创意定格动画》《我为植物做名片》《纸搭桥》《种子贴画》《缝沙包》这六节课都从身边选取了学生感兴趣的主题,与学生的生活实际相结合,学生兴趣浓厚。综合实践课,处处有题材,关键在于我们如何去挖掘。

活动评价贯穿始终。评价是开展综合实践活动的重要环节,评价的作用和价值不在于对学生的活动结果作出肯定或者否定的结论,而更重要的是在动态的评价过程中以多样性的评价方式改进学生的学习,促进学生的发展。综合实践活动的评价其实离我们并不遥远,它完全可以贯穿在我们的活动开展过程中、我们的课堂之中。在这六节课中,教师一直在尽量给学生一定评价,尤其是在《我为植物做名片》中,当学生上台交流收集的信息时教师给予评价,同时其他同学也给予鼓励和评价。当然有个别课感觉评价还不够,教师只是口头评价,这也是今后需要注意的问题。

把课堂还给学生,学生是课堂的主人。在这几节课中,有的教师的话语较多,教师的话多意味着什么？意味着教师的话语霸权,意味着学生的话少,意味着教师教得主动,学生学得被动。这样的课即使上得情趣盎然、生动活泼却仍是教师的天下,学生的主动性、主体性又体现在何处呢？其实有时候寥寥数语,就能起到衬托、引导、画龙点睛的作用。《我为植物做名片》这节课以教师为主导,学生为主体,教师适时指导、组织学生,调控教学,充分发挥学生的积极性、主动性,使学生的主体地位得到落实。在课前,学生搜集资料,了解植物的种类和生长特点,感受植物的美和与人类的密切关系,为课堂上学生主动探求知识、发表自己的见解奠定了基础。在课堂上,教师让学生小组探究如何制作植物名片,充分调动了学生的积极性,挖掘了学生的创新潜能。他们有了学习成功的喜悦,并成了学习的主人,这使学生的主体性得到了落实。教师始终鼓励学生在活动中发现问题,并开动脑筋解决问题,采用小组合作的形式,鼓励学生相互帮助或研究问题,培养了学生交际、合作及表达能力。

小组合作学习是综合实践活动最常见、最基本的组织形式。综合实践活动往往以主题活动的形式进行,需要学生在活动中进行搜集整理资料、设计、交流、表达、实践等一系列活动,正是培养学生小组合作学习能力的有机土壤。在每节课中教师都会采用小组合作的方式进行研究,如《创意定格动画》中小组分工明确,共同制作;《搭纸桥》也是通过小组合作的方式进行探究,最终进行纸桥实验等。当然小组合作的学习方式还有很多值得我们去探究的地方,教师应努力使它成为综合实践活动中亮丽的风景线。

上好综合活动实践课是不容易的,需要我们去深入研究,根据学生生活实际去挖掘,找到合适的课题,然后走进课堂,走近综合实践课程,去尝试、去感悟和反思。只要付出努力,不断思考,让综合实践的课堂创意一点,终有一天我们会触摸到综合实践活动的"穹顶"。

小"微课",大"精彩"

——浅谈微课在综合实践活动中的应用

《综合实践活动指导纲要》明确要求:"综合实践活动要把信息技术有机地融入到综合实践活动的内容与实施过程之中。"我校努力发挥地方资源优势和学校课程资源优势,以融合主题或综合项目的形式,把"研究性学习"作为"劳动与技术教育"的学习方式,把"信息技术教育"作为"劳动与技术教育"的学习手段,把"社区服务和社会实践"作为"劳动与技术教育"的具体实践空间,从而使综合实践四大领域彼此渗透,达到理想的整合状态,有效地促进综合实践活动各领域的"整合",初步生成了富有生态特色的课程体系,促进了学生的自主发展,促进了教师的专业成长。

本课例是结合我校课程特色开展的"变废为宝"实践活动。

一、课前思考

思考一:以怎样的路径展开教学?

以研究性学习为切入点,让学生在探究中寻求发展。综合实践活动是一种全新的学习形式,在实际教学中,研究性学习始终是综合实践活动的重点和难点。小学综合实践活动的内容,涉及生活的方方面面,教师要选择贴近学生实际的综合实践活动选题,引导学生把问题转化为课题,并指导、组织学生收集资料,然后对收集的资料、信息进行研究,以专题活动为主要开展形式,采用研究性学习的方式,强调学生的亲身经历,让他们在积极参与一系列活动的过程中发现和解决问题,体验和感受生活,发展实践能力和创新能力。

思考二:以怎样的素材引入教学?

明确了教学路径后,应该选择怎样的素材呢?研究性学习的内容源于学生的生活领域,是学生主动从生活中发现,自愿并乐于研究的,并且是值得学生进行探究的内容,所研究的对象和范围可以是学生生活的各个方面,让学生在开放的情境中多渠道的主动汲取知识。我们把目光投向了学生,让学生去寻找。

1. 让学生主动寻找一些自己认为有问题的地方,及时把它记录下来。
2. 有意识地组织学生对周围环境进行有目的的观察,找出存有问题的地方。

从学生找出的素材中确定了课题《小瓶子,大精彩》。

二、教学活动过程

1. 课前引入,积极探索

当我把收集到的一些关于"塑料瓶"的课题资料做成微课展示给学生看时,孩子们坐不住了。"这些塑料瓶怎么能随便乱扔?""它们会对环境造成多大的危害啊!"……

活动尚未开展,孩子们就已经进入了"状态"。我趁热打铁,建议学生们以研究性学习为学习方式,透视塑料瓶能带给我们什么……这一想法得到了全体同学的热烈响应。课堂上立刻沸腾起来,一个个摩拳擦掌,跃跃欲试。每个学生参与活动的热情都非常高。

随后我指导学生掌握获取信息的工具及技术手段,如通过书籍报刊、网络等途径,利用相机、录音、网络搜索引擎等方法采集信息。同时,我校开放微机1室、微机2室,学生可以利用空余时间去搜集相关信息,为自主探究提供充足的空间。

2. 课堂呈现,异彩纷呈

小学综合实践课融合各门学科的精华,其内容更为复杂化、集中化、多样化、系统化。兴趣是最好的老师,小学生只有对综合实践课感兴趣,才能树立起自主思考问题的意识,才能在学习过程中养成互帮互助、团队协作的精神,才能增强动手能力和实践能力,才能提高创造性和创新性。为此,在研究过程中采用微课等形式,使学生成为课堂的主体,教师则仅仅是学生学习的引导者,引导学生自主学习、积极思考、充分探究,可以从视觉、听觉等方面激发学生的兴趣,提升学生参与课堂的积极性和主动性。

【片段一】

在课前呈现了一系列图片,边欣赏边想想它们是什么做的。

(生交流。)

师:是啊,这些看似没用的饮料瓶子,只要经过我们的小手动一动,就能变成一些美丽的装饰品,就能变成我们的生活用品。那么,同学们,想不想自己也动手来做一做呢?(想。)

那就让我们行动起来,将塑料瓶子大变身吧!(板书课题。)

师:瞧,老师这也有一个。(拿出自己做的小笔筒。)

你能说一说它是怎么做的吗?(如果我们要想剪得又快又好,有什么好方法吗?)

(生交流,师板书。)

师:我们一起来看看视频是怎样做的。

(师播放微视频研究一下制作步骤。)

师:同学们,观看了微视频,你能说一下制作过程吗?

……

同学们的想法都很美,那么在做之前,你有没有什么要提醒大家的?(生交流。)

预设:剪刀

合作

分工(你们小组打算怎么分工?)

在《小瓶子,大精彩》劳动与技术课中,教师为了开发学生思维,从网上搜集了大量小瓶子变废为宝的图片,在音乐的伴奏下引发学生思考,在欣赏小瓶子的过程中,激发了学生的想象力。在教师呈现自己做的笔筒、学生探索制作过程后,教师通过自己录的微视频制作过程,使学生更加清楚、明白,加深学生对制作过程的了解。学生明白之后,让学生小组动手操作。由于学生的兴趣已经通过欣赏图片以及观看微视频而被激发,所以在学生小组合作时,学生们的积极性被普遍地调动起来了,参与度异常高。大家纷纷与组内成员相互合作,最后制作了好的作品。这样的活动,不仅提高了学生的发散思维,还使学生体验到创作的喜悦,体会了废旧物品的利用价值。

把"微课"引入课堂,使课堂教学更加高效、生动、活泼。"微课"学习,使带有一定强制性的教学过程转变成学生高效的自学过程,使学生在小组合作中将体验与情感结合起来。学生的学习兴趣高涨,注意力更加集中,思维更加活跃,从而可以更好地掌握知识、发展技能。

3. 及时捕捉,收获点滴

除搜集书本、网站上的文字和图片资料外,对于实际生活中一些富有价值的材料搜集,也是十分必要的,特别是有些"现象"与"镜头"难能可贵,甚至是稍纵即逝、可遇而不可求的。如何将它们永恒地"记忆"下来呢?录音、录像、照相等信息技术都是我们鼓励孩子值得使用的方法。自我校开展综合实践活动以来,这些学生对于音像设备已不再陌生,孩子们拿起DV机、照相机、录像机即时"捕捉"活动收获的点点滴滴。

在《小瓶子,大精彩》手工课中,在小组合作制作的过程中每个小组一个手机,对制作过程进行拍照记录,留下档案。小组交流时出示活动中的照片,同时教师放映抓拍的一些小组合作的照片,培养学生合作交流的能力。

【片段二】

同学们说得可真好!老师这也给大家提供了一些小贴士,有的是和同学不谋而合的。哪位同学能给大家读一遍?

小贴士:

- 1.小组内要做好合理分工,每个人都要参与其中,同时保持卫生干净。
- 2.注意剪刀等工具的使用,保证小组内每一个人的安全。
- 3.制作时要充分发挥小组的合作精神和大胆创意,争取做出最佳作品。
- 4.制作中,每个步骤结束,一名同学将作品用手机记录下来,留作最后的交流。
- 5.制作时间15分钟,音乐一停,同学们马上坐好,准备交流展示。

大家都完成了自己的作品,老师觉得非常漂亮,哪个小组愿意把你们的作品给大家展示一下?手机记录制作过程,小组成员上台交流,将制作过程及作品展示给大家。

（学生进行展示）

对于他们的作品，你有什么想说的吗？

（结合不同的作品给予不同点评。）

……

老师也抓拍了一些镜头，我们一起来看看吧！

（瞧，这个小组正在……那个小组……）

我们同学多会合作啊，相信我们今后的综合实践课会合作得更默契！

三、课后反思

微课积聚着大能量，能够展现大精彩。在一个高度开放的信息环境下，每个人都可以是知识的生产者和贡献者。微课打破了传统课堂的单一形式，因各种信息技术的应用而变得形式多样、内容丰富多彩且充满情景感。一段生动的场景展示，一幅精美的PPT，皆可传递知识，并让授课者和学习者都享受其中。微课帮助我们重新捡拾起自主学习和积极探索的乐趣，在场景中完成知识的"积极构建"，而非"强制接收"，这恰恰是人类认知规律之所在。微课，让一切变为可能，处处带来惊喜。

同时，微课作为一个载体，给综合实践活动带来了新元素，利用微课的短、简、精、易控性等特点，教师解决了在课堂上因为时间不够，兼顾不了所有学生的问题，给学生留下更多探究的空间与更多动手实践的时间，在很大程度上提高了综合实践活动课程的效率。

从这次活动中，我们可以看出，将微课等信息技术恰当地运用于小学综合实践活动课程教学中，不仅可以激发学生的学习兴趣，还能让课堂"活"起来，促进师生之间、生生之间的互动和交流，能够充分调动学生参与综合实践活动课的积极性和主动性，促进学生在生活中养成良好的观察习惯，让学生有问题可想，有话可说，有事可做，能够与他人互帮互助、团结合作，从而有利于综合实践活动的生成。

谈综合实践活动的选题点滴

今年，由于工作需要，我担任三年级的综合实践课程老师。级部的几位老师都是第一次担任此课程，对于我们来说这既是一个挑战，更是一次机遇。如何去开展综合实践活动，挖掘教育资源，让这门新课程展现出独有的魅力呢？我们根据自身的特点,紧扣现实生活,有目的、有计划、有组织地通过多种活动方式,综合运用所学知识,开展以学生为主体,以实践性、自主性、趣味性、创新性为主要特征的综合实践活动,让它充满生命活力。开展综合实践研究性学习活动应该立足地方实际,着眼于学生的生活经验,而开展研究性学习活动最重要的是选题。下面谈一下我们在活动的选题方面是如何做的。

一、选题体现学校办学特色

每一所学校与其他学校在办学理念和风格上肯定都是不一样的,综合实践活动的开展也应该是千姿百态的。每所学校应该有自己对综合实践活动课程的理解,选出反映学校特色的课题,走出各自具有鲜明特色的路子来。我校是一所新建的学校,确立了"生态立校,和谐发展"的特色建设思路,以绿色学校建设为先导,从狭义的生态校园建设向广义的大生态观拓展,逐步构建起包容共生、优质均衡、特色彰显、和谐共进的校园教育生态与文化氛围。本学期在开展综合实践活动时,我们在选题方面注重体现学校"生态立校"的特色,选取了"美丽的校园""绿色环保,从我做起""变废为宝"创意制作等主题活动。

二、选题充分考虑学生的兴趣、爱好

兴趣是最好的老师。要想让孩子学好这门课,首先要让孩子对这门课产生浓厚的兴趣,而综合实践这门课就很容易激发孩子的兴趣。因为综合实践这门课可以让孩子在充足的时间里研究自己感兴趣的领域,自己动手去做,自己用眼去看,用自己的思维在想象的空间里自由地翱翔。如果选择好了合适的课题,学生的参与热情就会空前高涨,综合实践活动将会收到事半功倍的效果。例如:有一次进行大扫除,我发现家里有很多不用的报纸、纸盒、旧玩具等。考虑到每个孩子的家里都有一些废旧物品,我们组织学生利用双休日的时间收集家里一些废弃的物品,上课时把这些物品装饰加工,制作简易小书架、风铃、笔筒等。这样既可以把它们变废为宝,美化环境,又可以增加学生的环保意识。生动具体的亲身经历和体验比机械的教条教育效果要好得多。

三、选题紧密联系生活

"教育即生活,生活即教育。"生活是最好的老师,生活是学生活动的舞台。知识在生活中能得到综合运用,能力也要在生活中才能得到锻炼。开展综合实践活动时要选取能让学生心动的主题,这个主题越贴近学生生活实际越好。当今社会,环境污染越来越严重。在十八大会议中,环境保护、资源节约、能源节约、发展可再生能源、污染治理等一系列事项统一为"生态文明"的概念。环境保护在十八大报告中的地位提到了前所未有的高度,对学生进行"绿色环保"教育势在必行。为此,我们在学生中开展了"绿色环保,从我做起"的实践活动。在老师的指导下,学生分成若干个实验小组饶有兴致地开展实验探究学习,有的考察了解家里的废旧物品情况,有的调查了解学校的垃圾处理情况,每位同学都在具体的工作中发挥了自己的特长。通过考察,同学们亲身体验到了环境的污染情况,培养了环保意识,增强了热爱家乡的思想感情,团结协作、开拓创新、语言表达等多方面的能力也得到了不同程度的发展。

四、选题要体现可操作性

学生有了想研究的活动主题以后,接着出现的常见问题是所研究专题的可行性问题,如所选主题过大,远离自己生活,不明确实践活动的核心等。当学生提出问题后,教师要引导学生进行反复比较筛选,选择力所能及的有价值的研究问题。例如:《绿色环保,从我做起》这一活动主题,开始学生漫无边际地设计了很多问题,经过小组讨论后选取了"废旧电池回收"、"校园废纸回收"、动动手"旧玩具穿新衣"三个可操作性较强的小课题进行研究。

五、注重与其他学科的整合

综合实践的特点就是综合性,教学中可以与其他学科进行有机整合。例如:数学第三单元《热闹的民俗节》,讲的是对对称图形的认识。美,无处不在,生活中处处充满了美,对称便是其中的一种美。我们的日常生活离不开它,在生活中几乎各大领域都有它大显身手的地方,我们需要从生活中去发现它们的身影。于是,在学习了本单元后,我们组织了一次综合实践活动——《寻找生活中的对称美》。通过本次活动,学生认识了美,发现了美,创造了美,并且探究能力、与人交流能力、动手操作能力等得到了大大的提升。

总之,综合实践活动课程超越书本,超越封闭的课堂,需要不断探索开发适合我们自己的研究主题。我们会努力探讨综合实践课堂模式,虚心埋头钻研,在反思中继续提升,搞好综合实践学科的研究与实践,力争将先进理念付诸于教学实践中,提高综合实践课程的质量,使每个学生更加喜欢综合实践课。

梦想因努力而精彩

校篮球赛结束了，我们班居然获得了年级第二名的好成绩。消息传出，大家惊讶不已，要知道，赛前我们班并不被大家所看好。

根据各班实力，体育老师早已在赛前预测了六个班级的排名。我们班仅有两名校队队员，而且是女生，比起"人才济济"的兄弟班级那真是小巫见大巫，因此在大家的预想中排在了三名之外。自知本班实力平平，我根本没奢望能一路走下去，况且第一场比赛就遇上了实力不容小觑的四班。一上场，四班队员无论是身高还是体重，都占了我们的上风，我们班的五名队员穿梭于他们之中显得既单薄又弱小。我能感受到四班在气势上的咄咄逼人，早有些心虚，可又不能把这种情绪传染给孩子，还是表面强作镇定地给我们班孩子打气："别看他们个子高，其实都是纸老虎，只要我们团结协作、默契配合，胜利一定属于我们。"孩子们倒是一副初生牛犊不怕虎的神情，很是自信。

激烈的比赛开始了，尽管四班先进了一球，但我们也不甘示弱，紧随其后，双方你追我赶，比分始终咬得很紧。也许是受了我那番话的感染，孩子们在场上的表现渐入佳境，场外的啦啦队也高呼加油，声嘶力竭。大家的热情更激发了场上队员的斗志，我们班队员越战越勇，双方分数不相上下，竟渐渐地让对方有些乱了方寸，只有招架之功，没有还手之力，慌乱之中竟将球投进了我们筐里，顿时场外一片欢腾，真是有人欢喜有人忧呀！

比赛结束，双方战平。在激动人心的加时赛环节，我们班先进一球，宣告比赛结束。顿时，全班孩子们欢呼雀跃，我也情不自禁地像孩子一样跳了起来。看着五张挂满汗珠的红扑扑的小脸，我感慨万千：孩子们的潜力真是无限啊！在他们没有意识到自己有能力获胜时，这种能力在沉睡中，而唤醒这种潜力的，不正是他们强烈的班级荣誉感和强大的团队凝聚力吗？而同学们助威呐喊的鼓励是他们拼搏的动力，作为班主任的我给予他们的不正是最大的支持吗？赛后，我及时对这场比赛进行了总结，不仅表扬了参赛队员，对啦啦队同学同样给予了极大的鼓励，称赞他们为比赛付出的努力。顿时群情振奋，大家纷纷表示在下一场比赛中一定全力以赴，无论结果怎样。

第二场对战是大家预想中排名第二的五班，这一场比赛关系到我们班能否晋级前两名。不知是因为上一场的胜利鼓舞了孩子们，还是要打破大家的预言——打败了正常，打赢了是意外，这一场比赛相比对战四班时要打得轻松许多。在终场哨响时,我们班以领先两个球胜于五班,全班沸腾。

至于第三场与六班的比赛,因为实力太过悬殊,我们无法与之抗衡,虽然是输了,但全力拼搏过,所以毫无怨言。

终于我们在兄弟班级羡慕的目光中捧回了第二名的奖状,我让孩子们谈一谈获胜的感想,大家七嘴八舌:

"老师,我觉得我们虽然校队队员少,但我们团结配合,这比什么都重要。"说得多好呀!这不正是篮球的魅力吗?

"我觉得五班输了是因为他们有些骄傲了,太小看我们了。""骄兵必败",这是多么朴素的道理呀!

"老师,还有,我觉得啦啦队也有功呀!"说得没错,观战的同学嗓子都喊哑了。

"老师,其实一开始我就觉得我们班行的。"说这话的是没练过球但在场上表现很勇猛的队员小凡。

一开始就坚信能获胜,我心头一震,多可爱的孩子啊!相信自己的能力而不在乎别人怎么看,全力以赴地向着目标努力,就一定能创造出自己的精彩!孩子们给我上了重要的一课。我郑重地告诉孩子们:坚持必胜的信念,向着自己梦想的目标努力拼搏,在接下来的期中考试这个战场上期待你们更精彩的表现。

写完这篇短文时,阶段检测成绩揭晓,接手时语文成绩处于年级第五的班级一跃成为年级第一!于是我再次告诉孩子们:梦想因努力而精彩,只有想不到,没有做不到!

韵动生命　彰显特色

——我校开展排球运动纪实

自2012年建校以来,我校结合学校特色,以提高学生身体素质、培养学生审美情趣、促进学生特长发展为目标,通过开展丰富多彩的艺体教育活动,促进学生健康成长。在充分考虑学生兴趣需求的基础上,结合周边片区中学排球项目运动的优势,经过反复论证,最终确定以排球运动为切入点,积极开展学校艺体教育工作。短短三年,学校开拓创新,多措并举,将排球运动开展得如火如荼,成效显著。

一、完善组织机构,加强统筹管理

在项目确定之初,我校就将其纳入到学校发展规划之中,并成立了以校长任组长,各相关部门共同参与的排球运动领导小组,制定了《普陀路小学排球运动实施方案》《普陀路小学排球训练计划》《普陀路小学排球教师考核细则》等切实可行的规章制度,以保障排球运动的顺利开展。

二、"软""硬"兼顾,优化教学条件

师资队伍建设是保证教学质量的关键所在。鉴于学校体育教研组并没有专项排球教师,在打造教师队伍的"软"条件上,学校积极创造条件,选派骨干教师外出听课,特别是排球实践课,组织教师到潍坊、北京等地参加排球教练员、裁判员培训班,学习排球的新知识、新规则,了解排球教学的新动态。另外,在骨干教师的带动作用下,学校还充分发挥校本培训的作用,通过理论与技能培训相结合、教学与竞赛活动相结合,强化培训,提高教师的教学水平。学校经常组织教师进行排球基本功大比武,并举行教研组内排球研讨活动,培养了一批热爱排球运动且有一定竞技水平的教师,为全校排球运动的普及奠定了基础。

场地器材是开展排球运动必不可少的物质基础。学校不断加大硬件投入,在场地建设、器材配备上,为排球运动的开展提供了充足的物质保障。在充足资金的保证下,学校建有垫球训练专用墙、排球训练专用场地,设施一流,确保学生运动环境的安全舒适。另外,学校还根据学生人数,配备了足够的训练用球,保证了学生能够正常进行活动。

三、多措并举,抓普及促提高

1. 开设排球课程

体育课堂是开展排球运动的主阵地。学校在开齐开足体育课的基础上,每周拿出一节体育课进行排球专项教学,主要包括排球基本技术、排球相关知识的教学。同时根据学生年龄特点,确定了各年级不同层次的教学内容:一年级以原地垫球,熟悉球性为主;二年级主要练习互抛、互垫技能;三年级练习过网传球;四、五年级则进行垫、传、扣综合性技术训练。课堂排球教学的普及使学校形成"人人喜欢排球,人人会打排球"的可喜局面。在普及之中,体育教师同时用"慧眼"发现好苗子,使这些学生能在班级中起到"领头雁"作用,在年级、学校中发挥特长。

2. 积极开展丰富多彩的排球活动

一、二年级组织开展与排球相关的游戏,三年级通过比赛强化垫球基本功,四、五年级进行班级间排球联赛,以竞技来选拔人才、培养人才。这种金字塔式的

培养机制,促进了后备力量的培养,推动了排球运动的普及发展,实现了阳光体育"以点带面"效应。为了以赛促训,学校还组织由校长带队的教师排球陪练团参与陪练,邀请片区内兄弟学校进行联谊比赛,通过比赛促进学生竞技水平的提高,达到共同发展的目的。

学校充分利用大课间、课外活动时间,组织学生进行摸球、垫球、传球等比赛活动,加强学生的技能训练,营造良好的排球活动氛围。对活动中涌现出来的能力强的学生,学校还会大力表扬,颁发"快乐排球宝贝""排球小明星"等奖状,从而进一步激发学生对排球运动的喜爱之情。

此外,结合学校环保特色及小学生的年龄身心特点,学校体育教师充分发挥自身专业优势,在健美操的基础上融入排球基本动作,编创了学生喜爱的排球操。每天大课间时间,学生们整齐划一的动作不仅巩固了排球垫球、发球等基本技能,丰富了校园文体活动,而且强化了学生自我锻炼的意识,展现了学生积极向上、健康活泼的精神风貌,成为学校一道亮丽的风景线。

3. 成立排球社团,加强校本教研

根据中央文件精神,结合学校艺体培养目标,我校积极开展"体艺2+1"活动。学校充分考虑学生的兴趣爱好,打破年级界限,组建了排球社团,通过开展一系列的排球活动及编写校本教材等措施拓宽了排球教学的深度和广度,为学生提供了个性发展的舞台。以《快乐排球》课程为例,它通过走进排球历史、排球基本技能、排球小游戏、走进排球赛等课程内容的编排,集知识性、趣味性、活动性于一体,让学生深入了解排球运动,感受排球魅力,享受排球运动的乐趣,保证了课程的有效实施。

一分耕耘,一分收获。近年来,我们的积极努力与实践下,排球运动取得了可喜的成绩。2014年11月,学校获得环翠区小学女子排球比赛第二名,男子排球比赛第一名的好成绩;2015年10月,男排和女排均获得第一名的好成绩。学校在做好排球训练工作的同时还积极承担各级比赛项目,先后承办了两届环翠区中小学排球赛及环翠区教职工排球赛,在收获比赛成绩的同时也扩大了学校排球运动的知名度,促进了全体师生运动水平的提高。如今,排球运动已成为我校特色办学的新优势。相信,随着以排球运动为切入点的校园艺体教育活动的蓬勃开展,这必将进一步增强学生体质,促进学生健康成长,为学校特色创建注入澎湃动力!

生态教育　让生命绽放美丽

我校自建校以来一直秉承着"生态立校,和谐发展"的办学理念,不断探索生态教育特色之路,让学生在有活力、有魅力、有潜力的校园氛围中学会"珍爱生命、学会共处、健康生活"。

一、打造生态课程,静等生态学生如花绽放

结合学校实际情况,通过优化、整合、拓展、开发,建立了"生态教育三级课程体系":一是国家课程校本化实施。在找准学科知识与生态教育最佳契合点的基础上开设拓展课程,以点带面,以面促点。如语文学科的拓展课程是生态阅读,英语学科是生态手写绘,体育学科是"四球健美"等;二是校本课程个性化实施。将国家课程的综合实践和地方课程中的环境教育、海洋文化等内容进行融合、增补、重组等,整合成以自主性、实践性、开放性、生成性为主要特征的特色校本课程《我与绿色同行》,整合后的特色课程还将家庭、社区都纳入了课程体系,邀请家长、社区中的专业人士作为课程实施者,在丰富课程内容的同时,也丰富了学生的环保知识,提高了学生的环保意识,从而引导学生过快乐的校园生活、绿色的家庭生活、多彩的社会生活;三是主题活动课程化实施。学生的能力是在活动体验中形成与发展的。今年的活动主要以环保为主题,并针对活动逐日开展了丰富多彩的校内外环保实践活动,使环保实践活动课程化,同时让学生在活动中获得环保体验,提高环保意识和能力。

作为"生态教育"具体落实的核心,生态课程体系的建立为学生提供了"珍爱生命、学会共处、健康生活"的机会,搭建了更丰富的成长平台,提升了学生校园生活品质。

二、关注专业发展,喜盼生态教师闪亮登场

教师是一所学校内涵发展与进步的灵魂所在,学校特色理念能否落实,学校特色建设能否推进,教师起着至关重要的作用。为了保证生态课程的顺利开展,我校成立了"教师发展学校",开辟了生态课堂、环保驿站等九个培训内容,以学习菜单的形式推动和引导教师自主发展,以尽快建立起一支"善于引导学生感受人与自然和谐共荣""长于引领学生投身环保公益、体验人与社会和谐发展""勤于营造生态型人际关系的和谐包容"的"生态型"教师队伍,引导学生在积极参加丰富多彩的环境保护活动中学习做人、学习做事、学习探索、学习发现、学习健体、学习生活、学习交往、学习合作,在将个体生命积极融入群体与社会中传播和享受生态文明。

三、实施生态德育,推动生态家庭开花结果

为了更好地发挥学校的"专业引领"作用,通过家长学校、学校开放周、校长接待日、班级QQ群、家长驻校、爱心家访活动等,将我们的教育过程延伸到家庭,教育理念渗透到家庭,教育方法指导到家庭,教育成效影响到家庭,我校积极发现、培植、开发和利用社区教育资源,做到教育活动依托社区,教育实践服务社区。家庭环保习惯的培养、"生态型"校外实践活动的常态组织、社会环保习惯活动的开展等都体现着家校合作的力量。

如今,生态教育的"幸福元素"已经辐射到家庭,弥漫到社区,浸润到职后,影响到未来。我们期待在学校生态教育的特色理念引领下,每个家庭都成为生态家庭。

四、创建生态校园,期待生态学校扬帆远航

校园文化是一个学校所具有的特定的精神环境和文化气氛,为了突出学校"生态教育"的育人氛围,从今年起,我校便把校园文化建设的任务交给了全体在校师生。从学校大门的宣传栏到校园的一个小拐角,再到教学楼各楼层的环保主题作品的一系列长廊,处处可见我们师生自己动手利用废物改造、创造而成的环保作品。温馨的环保标语、善良的环保标志、教学楼走廊的环保纸雕塑和故事布贴画,以及学校创意环保服装展厅等,既展现着学生的卓越才情,也体现出生态教育的丰硕成果。

我们希望生态教育下的校园,勃勃生机、书香濡染、艺术怡情,并能引领着广大师生清心静性、呵护环境、勤学乐学、爱护资源、追求幸福。

纸雕塑美术特色的尝试与研究

纸雕塑区别于我们常见的平面或立体纸雕,隶属于雕塑范畴,制作材料主要是废旧的报纸、纸箱、厨房用纸、白乳胶等,制作形式可以是半立体也可是立体。和泥塑相比,它具有轻便、不易损坏、不受重力限制的特点。

纸雕塑的制作方法简单而灵活多样,在锻炼动手能力的同时能够充分调动学生的创造积极性。它塑造的形象生动可爱,制作原材料廉价而容易获取,非常适合小学阶段学生的年龄特点。其原材料主要是废旧物品,符合我校"生态立校,和谐发展"的办学宗旨。基于以上两点考虑,本年度我校将"纸雕塑"设立为美术特色学科,展开了一系列的探索与研究。

一、实施理念

1. 内容生活化

美,源于生活,服务于生活。当空泛的美术与生活相联系时,便被赋予了新的生命力,更能激发学生的创作热情。纸雕塑特色教学注重与生活实践的联系,强调将教学内容生活化。生活化的纸雕塑作品,如垃圾桶、CD架、相框、大象便利贴等,可以装饰在家里、校园、班级的各个角落。在这一理念的引导下,我校五年级四班的同学就利用纸雕塑制作了一个足球版的"2015",并在学校运动会进行展示,令现场的观众眼前一亮。巧妙的运用让纸雕塑服务于生活,这展现了孩子们无穷的创作力,也是纸雕塑社会价值的最好体现。

2. 形象儿童化

生活中的真实物体是非常复杂的,如果要真实地表现物体,难度太大也缺少了趣味性,因此,我们把形象塑造得简单化、儿童化。那些夸张、拟人化的手法生动幽默,不但容易制作也有利于学生创新能力的培养。如在剑鱼的制作中,有的学生为它添加了眉毛和眼皮,让鱼儿有了人类的表情,增强了作品的层次感,也使剑鱼的形象更加惟妙惟肖、趣味横生。儿童化的形象塑造适合小学阶段学生的年龄特点,纸雕塑教学应注重培养学生的儿童化塑造,让他们创作属于这个年龄段的艺术作品。

3. 由模仿到创作的蜕变

举一反三式的模仿是最初的教学策略。一开始,对这个艺术形式一无所知时,模仿是最好的学习方法。我们找来网上的"艺术创想"栏目观摩学习,并在此基础上进行改编,创作出属于自己的艺术形象。例如:在"昆虫"这一主题中,网上视频是用气球的方式制作蜜蜂,我就由此引导孩子们进行举一反三,思考同样的方法还能做出哪些形象,于是,就诞生了苍蝇、跳蚤、蜻蜓、瓢虫、蚊子等各种有趣的昆虫形象。模仿也是制作方法的一种学习,在模仿中掌握技能,积累经验,并探寻新思路,能够收到意想不到的良好效果。

量积累到一定的程度必定产生质的改变,在模仿中积累了充足的经验,再加上教师的适当引导就能迈开创新的脚步。创新源于生活的归纳与提炼,是思维的拓展与联想。如在"长颈鹿"一课的教学中,我先引导学生从观察长颈鹿的真实照片入手,归纳出它的形象特点,再让学生欣赏一些卡通画、漫画版的长颈鹿,引导学生思考如何改变能让长颈鹿变得生动有趣,哪些地方进行了夸张或拟人的手法,是否有更好的主意。在循序渐进的引导下,学生在观察思考中迸发出创新的火花。

4. "四人帮"小组合作模式

鉴于纸雕塑制作的烦琐性,基于学生合作能力培养的考虑,在具体教学中,我采用了"四人帮"小组合作的模式。这种模式由四个同学为一组分工合作,构图能力好的同学负责轮廓的绘制,认真细致的同学负责色彩的涂抹,动手能力强的同学负责"肌肉"的制作,在合作中孩子们学会了计划、分工、组织、领导,四人互帮互助,取长补短,共同提高,制作效率也大大提高。

二、实施措施

1. 社团小组,开拓引领

本着"让少数人先做起来,带动大家一起做"的原则,我校首先组建了一批"专业化队伍"——纸雕塑社团小组,以开拓者的身份率先进行了纸雕塑的研究与探索,积累经验,寻求有效简便的方法,多角度地探寻新思路。在"开拓者"的引领下,我校的纸雕塑迈开了具有历史意义的脚步,为全校的普及与顺利开展奠定了基础。

2. 巧妙整合,面向全体

美术特色学科开展的最终目的不是培养一部分学生的特长,而是面向全体学生,让所有学生都能掌握知识技能,在活动中培养创新能力、提高美术素养。纸雕塑的制作方法虽然简单,但是非常耗时耗力,大约四节课才可以完成一件作品,在美术课堂上很难抽出这样大量的时间来完成,因此,我们采用了与综合实践课有效结合的方法。小学综合实践活动课课标的前言中写道:"综合实践课的主导价值是展示学校的办学宗旨和特色,要求充分开发和利用当地的课程资源,帮助学生理解知识的丰富多样性,提高学生的实际生活能力,培养他们自主、自立、自信的精神。"美术特色学科纸雕塑与综合实践课的巧妙整合,让学生在亲身体验中深刻理解"生态立校"的办学宗旨,树立废物利用的环保理念,在动手实践中了解美术形式的多样性，注重与生活实际相结合，在一个个成功的喜悦中，培养创造力和乐观自信的精神。美术与综合实践的整合，让全校学生全面参与纸雕塑制作成为现实。

3. "美综"同步教学，打造完美整合

纸雕塑课程根据学生的年龄特点，在不同年级设立了不同的教学主题：一年级生活用品，二年级蔬菜水果，三年级昆虫爬行类，四年级海洋动物，五年级陆地动物。为了确保纸雕塑特色项目的顺利开展，我们制定了"美术、综合实践同步走"的战略方法。也就是，美术课上针对不同年级的主题，美术教师引导学生进行各种形象的简笔画造型训练，让每个学生头脑中都充盈着对美好形象的遐想，期待着将它们变成真实的物体，丰富学生思维的同时最大程度激发学生的创作热情；综合实践课上，老师则带领大家将各种想象通过"骨骼—肉—皮肤—色彩"四部曲，用纸雕塑的形式真实地展现出来。美术课与综合实践课的紧密结合，是美的创想与动手实践的完美结合，也是兴趣激发与创新创造的激情绽放！

4. 美术培训基地，为整合保驾护航

要想制作高质量的纸雕塑，首先要打造一批专业化的教师队伍。我校的美术教师只有三名，而综合实践老师没有学过美术知识，缺乏美术素养。面对专业知识不足的现状，我们组建了一个由美术老师引领的"美术培训基地"，从纸雕塑制作方法、层次感的表现手段、色彩的完美搭配、形象夸张生动的表现等方面对综合实践老师围绕纸雕塑进行全方位和系统的培训。同时，各位综合实践老师也将自己在教学过程中遇到的问题及时反馈，大家共同研讨、集思广益。"美术培训基地"让老师们朝着专业化的道路发展，让纸雕塑在"美综"整合中扎实前行，打造有效教学。

三、成果展示，体验成功

成功的体验是创新的原动力，只有品尝了成功的喜悦才能更好地激发学生的创作热情，所以作品展示也是纸雕塑特色的一个重要环节。我们定期举行小型的作品展，让学生用纸雕塑作品装饰校园，在运动会上精彩运用，进行社区活动交流、制作五月份艺术节的大型作品……学校将教学楼四楼的大厅打造成大型的纸雕塑展区，分立"海洋生物墙"和"动物王国"两个主题。湛蓝的大海里遨游着可爱的小丑鱼、海马母子、一对螃蟹情侣、剑鱼、海豚、慢悠悠的乌龟……陆地上的动物王国里生活着猩猩、长颈鹿、骆驼、昆虫等各种动物。学生们通力合作、亲手制作的作品将在这里进行展示,在美化校园的同时,也为学生搭建了一个展示的平台,有利于增强他们的自信心,激发他们更大的创作热情。

走近纸雕塑的艺术殿堂,在摸索中叩开了它的大门,我们惊讶于它的生动,赞叹它的魅力,惊喜于它的创造。我们收获成功的同时也发现了一些不足,如:太多的支撑点制约了作品的创作。下一步我们准备进行用木质骨架作为支撑的尝试,既可以缩小支撑点让作品更自由灵活,也可以进行大型纸雕塑的制作,这将是一个新的领域。

丰厚生态校园底色,促进学校和谐发展

"顺木之天,以致其性"是树木的大道;"天命之谓性,率性之谓道,修道之谓教"是树人的至理。我校从2012年9月建校至今已两年多的时间。我校借助威海市生态立市大环境、张村镇幸福宜居小镇小环境日益凸显的有利形势,加之自己已经敏锐地意识到保护环境、生态发展的重要性,全体教师也认同学校教育是培养孩子生态理念的主阵地,确立了"生态立校,和谐发展"的办学理念,并开始了生态理念文化、环境文化和课程文化的打造与实践探索。学校一方面通过环境教育在学生心中播撒保护环境、关爱自然的绿色种子;另一方面通过广义的生态教育,培养学生良好的学习习惯、思维品质,为学生终生、全面、和谐、可持续的发展奠定坚实的基础,如今已初见成效。

一、润物无声,构筑环保教育基石

我校以创设绿色的校园环境为载体,校园内,每一种花草树木都有自己的名片,每堵墙壁、每块绿地、每个角落都体现生命的气息。学校还开辟了"生态实践基地",让学生通过参与种植、管理、采摘活动,体会劳动的艰辛与参与的喜悦,对于他们品性的修养、人格的发展起到了润物无声的作用。

学校在教学楼大厅内建立了"海洋生态角",养殖了珊瑚、海草及各种热带鱼类。同学们可以到这里观察和探究,有了疑惑,通过询问老师、到生态图书角查询资料、网络求助等方法解决,从而使海洋生态知识储备更加丰富,实践能力也得到长足发展。

教学楼里开辟了生态文化走廊,凸显"珍爱环境、爱护家园"的文化氛围,从"生态之美"到"生态之忧""生态之行""生态之愿",使主题呈现序列化,让学生处

处受教育,时时受启示。

我们还建成了"生态培育中心",开设了水培花卉、水培蔬菜、基质栽培农作物等项目。学校每月进行生态班级评选活动,征集学生种养殖的动植物,展示特色成果。迄今为止,水培中心动植物种类达40余种,积累的观察日记和照片不计其数,生态特色班级氛围创设浓厚,生态校园特色日趋鲜明。

二、水过无痕,打造环保教育课堂

学科教育是塑造学生良好行为的主渠道,我们注重把教材中有关环境教育的内容与社会现实联系起来,进行课程整合及渗透性教育,同时开发打造环保特色校本课程。

1. 利用课堂教育,多学科渗透环保

我们从细微之处培养学生的环保意识,收效显著。如语文学习中在欣赏祖国迷人风光的同时,与生活中日益遭受严重破坏的环境进行对比,激发学生爱护环境的责任感;数学课上为学生创设生活化的问题情境,渗透环保知识,解决实际问题;音乐和美术课上,教师会把学生带入美丽的大自然中,激发学生对自然环境的热爱;科学课上,学生明确了如何和动物交朋友……

2. 开发校本课程,主渠道宣传环保

本着"节约资源,变废为宝"的原则,我们充分挖掘课程资源,开设了手工制作一系列校本课程。在普小校园,随处可以发现变废为宝、化腐朽为神奇的创意。低年级开设树叶画、剪贴画课程,高年级用废纸、瓶子等废品组合物体。我们还创编了一系列生态教育校本教材,如《生态美——奇妙的树叶画》《生态记——别样的观察日记》《生态秀——手与脑的智慧》等。

三、大道至简,环保教育活动踏石留印

丰富多彩的活动可以净化学生心灵,促进学生良好行为习惯的养成。我们借助相关节日、主题活动等形式,使孩子们在喜闻乐见中接受教育,从而养成保护环境的好习惯。

1. 环保节日序列化

每年的十多个环保纪念日是对学生进行环境教育的最好载体:植树节、地球日开展"我为地球添新衣"活动;世界动物日开展"我和动物交朋友"活动;"六五世界环境日"开展"比武做鸟巢,给小鸟安家"活动;结合国际生态学校创建活动,组织开展"节能减排,垃圾减量"等主题实践活动……孩子们在实实在在的生活情境中加深了对绿色文明、低碳环保等基本概念的理解和认同,逐渐学会用自己的理性去认识分析生活中很多破坏环境的现象,养成了良好的绿色文明行为。

活动结束,师生们的环保行动却不会停止,而是以更积极的态度行动起来,把每一天都作为环保日,为真正实现节能减排而贡献自己的力量。

2. 主题活动常态化

我们借助于每年的生态节、科技节、收获节等节日为学生搭建起丰富多彩的绿色环保教育平台,使学生在参与活动中提高认识,形成能力。

生态节中,同学们参加了不同主题的活动:观看生态环保影片、了解无土栽培知识、亲身参与废物分类、生态知识闯关、"物物交换,变废为宝"物品换购、"快乐采摘,开心买卖"菜园收获、认识不同的植物与农作物及标本的采集和制作……每学期,学校都会举行很多这样的环保活动,学生在参与中逐渐使生态文明行为成为一种自觉,增强了学生的环境忧患意识,也带动更多同学以自己的行为改变他人破坏生态的不文明行为,共同保护我们的和美生态。

3. 亲身体验促强化

明确"环保教育从身边抓起",将环境保护、合理利用和节约资源的意识、行为渗透到学生的日常学习生活中,全面培养学生的绿色生活习惯和消费观念,一直是我校环境教育的重要组成部分。

教师们以身作则,不仅做家庭中绿色低碳生活的积极倡导者,也是学校的"绿色使者",通过构建数字化办公系统,减少纸张、油墨等用量,潜移默化中也影响了孩子。大家自觉地把废弃的笔芯送到回收中心"有害垃圾"的"家"里,一起送来的还有孩子们分门别类整理好的废纸。学校通过倡导生态节俭理念,综合比较班级的纸张使用量,鼓励学生最大限度地利用每一张纸。分类投放后,不仅减少了教室内的垃圾,而且工作人员定期回收,还可为班级换回一笔班费呢!所获得的资金则用于学校生态培育中心及班级水培所需营养液、种子的购买,最大限度地实现了环保和生态的良性循环。在这样的环境中,全校师生的环保素养得到了极大提高,低碳节能、环保实践已成为一种自觉行动。

4. 普植绿色延伸化

课内外的渗透教育,大大增强了学生的环境忧患意识。学校成立环保小分队深入社区开展清除白色垃圾活动,不仅要求学生自己做环保小标兵,而且带动身边人,倡议家长去超市尽量少用塑料包装袋。我们积极倡导"生态行"实践体验活动,学校通过三级家委会联动,先后开展了"童眼看生态""稚手画生态""童心拍生态""原生态采摘"等社会实践活动,心手相连,使家庭和社区成员环保意识进一步增强。

四、相得益彰,实施生态银行评价

为培养学生的"生态文明好习惯",使其内化为自觉的行动,我校成立了"生态储蓄银行",将孩子的好习惯以生态币的形式存入存折,从而提升学生的自主管理和自我教育能力。

生态储蓄银行总行负责全校的运行情况;班级设立分行,管理学生的储蓄工作;每个学生是储户,生态存折记录着好习惯足迹和生态币收入情况。当孩子的好习惯得到认可后,就可获得生态叶或不同面值的生态币奖励。孩子们可以定期到"生态储蓄银行"换取各种喜爱的小礼物。生态评价系统的实施,将学生的习惯教育要点化大为小,层层递进,是学校生态体系建设的补充和延续。

"登山则情满于山,观海则意溢于海。"我校在生态特色深入开展的过程中,正是有了全体师生锐意进取的拼搏精神,才使特色创建工作一年一个新台阶。在今后的工作中,普小全体师生将以环境教育为平台,以深化内涵为契机,将特色建设与素质教育有机结合,以扎实的作风,务实的干劲,逐步做亮生态环保这个特色品牌!

触摸语文课堂环保教育的"穹顶"

前段时间,一部深度调查雾霾的纪录片《穹顶之下》将"环保"这个话题再次引爆。看了报道,我的心情久久不能平静:为穹顶之下挣扎前行的生命而心痛,为赖以生存却堪忧的环境质量而忧虑,同时,又为学校生态特色定位的高瞻远瞩而欣喜。

课堂是进行环保教育的主阵地。作为一名语文老师,我知道,语文教学中在落实工具性目标的同时,借助教材内容,在孩子的心田撒下环保的种子,我责无旁贷。纵观小学十册语文教材,蕴含着丰富的环境教育内容,与生态环保相关的课文俯首即是。我们统计了一下,大约有二十多篇课文涉及了这一题材。读着这些文字,流连于《桂林山水》的百里画卷;痛心于《大瀑布的葬礼》的奄奄一息;感动于《燕子专列》瑞士人民拯救燕子的博大爱心,也不免为《一个小村庄的故事》痛心疾首;陶醉于《美丽的小兴安岭》的四季美景,不禁为《清澈的湖水》被垃圾污染而惋惜。课文中的环保教育契机纵横交织,我们积极挖掘教材,引领孩子遨游在环保教育这篇广阔的天地中,做了以下尝试。

一、品读文本,唤醒意识的交响曲

我们把课本中有关环保题材的内容做了梳理,大体有以下几类:

反映祖国美好自然风光的,如《草原》《鸟的天堂》《九寨沟》《桂林山水》;

反映生态平衡、和谐共生的,如《红领巾真好》《松鼠》《老人与海鸥》《翠鸟》《路旁的橡树》;

还有发人深思,警钟长鸣的,如《只有一个地球》《大瀑布的葬礼》《清澈的湖水》等。

有些题材是显而易见的,有些则是隐性渗透的,我们努力挖掘教材中的人文因素,将环保教育的点放大,使其闪亮,抓住重点词句引导学生反复品读。在真实可感的环境中使学生走进文字,感同身受,他们自然就会明白环境保护与美好生活是息息相关的,会产生危机意识和忧患意识,进而增强环保意识和责任感。

二、拓展资源,内化感悟的协奏曲

为充实语文教学资源,给学生最直观的情感体验,在教学中,我们还会借助信息技术,辅以图片、补充阅读资料及影视作品等形式,拓展教学的深度和广度。

我们为学生截取了反映环保的电影《2012》《可可西里》《长江七号爱地球》《狐獴家庭》等片段补充到课堂中,让学生跟随影片领略自然的博大富饶之美,探讨人类与动物的相互依存,感受地球毁灭时的满目疮痍,近距离开启一段触动心灵的环保之旅!环保教育从书本走向生活,从抽象变具体,增强了学生关爱家园、保护环境的意识,让环保理念生根发芽。

三、言为心声,丰厚体验的奏鸣曲

读文悟情可明理,通过"我手写我心""我口说我心"则可以实现从认识到行动的转化。教材中为我们提供了很多环保题材的口语交际训练内容,如《保护有益的小动物》《我们能做点什么》《说服爸爸不要打鸟》等话题,为学生创造了畅谈感悟、分享收获的机会。我们还挖掘教材中能进行环保意识培养的关键词句做"补白"训练,通过课堂小练笔、仿写、续写等方式,既锻炼了学生运用语言的能力,又提升了学生的思维含金量,做到了文道结合。

四、活动引领,彰显魅力的圆舞曲

我们在保持学科固有特点的同时,准确把握实际,巧妙结合,环保让学生在充满活力的广阔空间中潜移默化地去体会,做到水乳交融。

我们经常开展一系列语文实践活动增强学生的环保意识。"环保宣传语征集""环保诗文朗诵""水污染情况调查""走进家乡看环保"等活动全方位地提高了学生的素质,延伸了语文课外学习活动,拓宽了环境教育渠道。"生态行"实践活动后,学生将心中情感抒发于笔尖,获得了立体、多层面的感受,自觉投身到保护环境的行动中。

柴静说:"每个人的头顶上都有一个穹顶,而我们习惯了低头忙碌地过自己的生活,从不抬头仰望一下头顶上那片最美的天空。这个世界与我们有关,未来的世界也与我们息息相关。"我们会继续在学校生态特色的引领下,携手前行,以滴水穿石之功,触摸课堂环保教育的"穹顶",为生态环境建设尽绵薄之力!

纸雕塑塑出美的真谛

漫步于普陀路小学四楼的文化长廊,你是否会为映入眼帘的那一个个活灵活现的海洋生物和森林动植物而惊叹?这些形态逼真的动植物正是我们的学生利用综合实践课程和美术社团活动探究制作的纸雕艺术作品。在学校"生态立校,和谐发展"的特色理念指引下,我们尝试在综合实践学科和美术学科教学中开发纸雕塑创作。

一、依托资源,稳固课程羽翼

纸雕塑的主要材料是纸,单色或彩色都有,一般体量不是很大,比较精巧,非常适合培养小学生的动手创造能力。为了打造纸雕塑实践课程,我们采取了三项措施。

1. 师资打造三步走:第一步,聘请社区有经验的阿姨讲述具体的操作步骤及注意事项;第二步,自学相关纸雕的制作方法;第三步,教师比武,互相提建议,力争人人精通纸雕塑。

2. 课程建设两步走:第一步,挑选心灵手巧的孩子们组成纸雕社团,培养一批纸雕塑特长生；第二步，编写教材，为全校开展此活动奠定基础。

3. 课程推动一步走：每周面向全体学生开展一节必修校本课程，达到全校普及。

二、加强整合，生成课程雏形

为了让纸雕创作深入孩子心间，我们发挥美术课和综合实践课的重大作用。

美术课，利用课前五分钟引入简笔画构图技巧训练。根据不同年级孩子不同的年龄结构特点，我们选取了递进式的研究主题，通过简笔画的形式进行纸雕塑骨架的打造：一年级的水果，二年级的蔬菜，三年级的陆地动物，四年级的海洋动物，五年级的组合构图。

综合实践课中，教师带领学生将美术课做好的骨架利用废旧报纸、白乳胶等材料进一步加工，填充上丰满的骨肉，粘贴皮肤，一步步精细地手工制作，锻炼了学生的动手能力，也培养了学生的空间立体想象能力。

最后，回归到美术课堂，教师带领学生进行色彩训练，将半成品涂上颜色，最终完成创作。

后期，我们又将纸雕塑创作和课堂教学进行了紧密的整合。根据语文、数学等不同学科的特点，我们共同结合了几个主题，一年级的《菜园里》，二年级的《坐井观天》等，让他们通过课堂上的学习，想象场景，制作美丽的纸雕塑作品，将课堂教学拓展到课后的制作想象，培养学生的空间想象能力。

三、注重评价，助力课程翱翔

在课堂教学、社团活动中，我们注重过程性评价和终结性评价，同时加强学校、教师、社区、家长的共同评价。

在活动过程中，低年级一般采用表格式评价来评价出小朋友们参与活动过程的情况。根据年龄特点，我们会指导孩子们用笑脸或哭脸来表示参与活动的心情和对自制纸雕塑作品的满意度。中高年级则采用讨论式和表格式相结合的方式，先在讨论中进行自评或互评，然后再在表格中具体体现出来，一般会用评星级，即按得星多少来评价出此次活动过程中的个人情况。

在此基础上，我们还举行了丰富多彩的评价活动，有效地促进纸雕塑创作的发展。例如：我们利用"校园艺术节"开展了纸雕塑创意大赛，同时，评选出"心灵手巧小达人""创意想象小达人"等。丰富多彩的活动，多元化的评价，有效促进了学生的潜能发挥,让每个学生都能够体会到成功的喜悦,激发了学生的活动积极性和主动性。

纸雕塑创作是结合我校"生态立校"这一特色设立的一门课程,不仅培养了学生的动手实践能力和艺术审美能力,对学生的生态环保意识、同学间的合作意识及空间想象能力的提高都有较大的帮助。我们的纸雕塑创作才刚刚起步,我们会在不断的摸索中继续前行,努力打造成既能适合学生的年龄特点,又能充分体现学校特色的一项活动,让纸雕塑的美,浸润每个孩子的心灵。

一路实践,一路收获

实践是学生健康成长、成才的必由之路,也是提高学生动手、动脑能力,培养团队合作意识的重要途径。

——题记

"咦!泡在水里的萝卜居然能开花?"一个不小心遗落在水池的萝卜长出了花蕾,引发了学生极大的兴趣。是偶然现象还是另有原因?借助社团活动,我带领孩子们一起踏上了无土栽培的实践探索之旅。

一、引领中,蹒跚起步

起初,学生对无土栽培了解甚少,对于什么是无土栽培,怎么进行,大家还模棱两可。因此,我们邀请了专业人员到校,从水培入手,讲解什么是水培、水培的基本操作流程、经济价值及应用前景……

同时,还为学生提供了大量水培植物的录像、视频网站,让学生全面了解水培的基本操作流程,便于他们在实践中解决随时遇到的问题,增强对实践活动研究的信心。

二、探究中,初遇挫折

了解了无土栽培的基本方法和一般的步骤,明确了无土栽培所需要的条件后,大家个个跃跃欲试,想大干一场,我们首先从水培绿萝入手。

学生们小心地把绿萝拔起,用自来水冲刷掉根部的泥土,将其固定在水培机上。本以为可以看着水培机上的绿萝健康地长大,谁知道移栽后绿萝就出现少量绿叶变黄、植株不断干枯的现象,甚至死亡,最后仅仅剩下一两株。第一次实验以失败告终,孩子们尝到了失败的苦涩滋味。于是,大家一起分析实验中出现的问

题,寻找导致问题出现的原因:

1. 可能是因为植株过大。因为水培的时候,植株主要靠根系去吸收营养液中的养分,植株过大,会影响驯化效果。

2. 可能是移栽时损坏了根上的根毛。应该把植物的根放在水盆里浸泡,等根上的泥土慢慢脱落才行,不能急于求成。

……

在"发现问题—解决问题—学以致用"的探究过程中,学生们不仅仅积累了翔实的第一手资料,增长了知识,而且自主思考、独立实践的能力也得到了锻炼,这正是我们希望看到的!

三、实践中,执着前行

进行了水培"自助餐"之后,我们还积极引导学生尝试多种植物品种的水培。由小型的花卉、吊兰、铜钱草、滴水观音等拓展到蔬菜类、木耳菜、生菜等,水培的品种越来越多。由单一地培育一个品种到同时在一个容器中进行两种植物的组合栽培,再到水中饲养鱼类,组建小型生态系统,除了要注意栽培技术的要求,还要关注植物的穿插摆放、鱼类的监督管理,这更培养了学生的审美、观察能力。学生的动手能力越来越强,自信心也更足了。

现在,我们已经将无土种植经验推广到全校每个班级,鼓励学生从家里带来各种小绿植放在营养液中进行培植,由班主任指导学生进行日常管理,如清除腐根、检查是否有病虫害等。同时,我们还做到与学科相融合:数学课堂中,教师们将勾兑营养液的情境融入到知识的习题中,体现了数学来源于生活、服务于生活的理念;在研究过程中,学生的观察日记、活动感言等则为语文的写作拓展了思路、提供了素材;调查报告、小论文的撰写更是来源于学生细致观察的结果,使习作教学"有米可炊"。通过对植物的零距离观察,更是为科学课的教学内容注入了活力。

四、延展中,拓展提升

经过前期的研究,一盆植物的栽培在孩子手里已经驾轻就熟。我们继续发挥学生创造力,通过展示废旧塑料瓶修整制作的花瓶作品,鼓励学生寻找身边可以用来回收的废品,动手制作个性环保花瓶,如塑料花瓶、椰子壳花瓶、罐头花瓶……孩子们的创意设计加上精心打造的水培植物,使培育中心成了学校一道亮丽的风景。

实践中成长,活动中收获。特色实践活动,为孩子们推开了一扇探究的窗,他们在活动中获得了新知,张扬了个性。期待我们的特色实践活动能开启育人的新篇章,期许一个个新活的生命能在实践中成长,迎着初升的太阳,绽放无边的绿意……

小小微电影,撑起绿色梦

"这些纸张都揉成球了,需要展开,这样摞起来。"几个五年级学生在对废品进行整理、回收,记录员写下:10月17日,二一班,废纸1.5 kg。这是每周五定期在普陀路小学回收亭上演的一幕。

"生态立校"是从建校起就确立的特色,两年多的时间里,我见证了学校特色发展的历程。但是,孩子们成长的路上依然闪现着不和谐的音符,纸张浪费、乱扔垃圾,单纯的说服教育似乎效果不大。起初,一台摄像机悄然出现在学校餐厅,将学生洗手、倒剩菜的过程拍成了"餐厅微视频"。班会上,当学生从镜头里看到自己的行为时,羞愧不已。随着微视频不定期上演,浪费现象越来越少。于是,我们萌发了录制微电影的念头,随着反映学生浪费纸张现象的首部生态微电影《纸去哪儿了》在校电视台上映,一石激起千层浪,一股环保之风在我校吹起。

一、争当演员,实践中历练

开拍以后才发现,反复修改剧本、一遍又一遍的NG是我与孩子们的家常便饭。因角色需要,小菲不得不退出表演,她伤心地哭了好久。懂事的她悄悄写了一封信:宋老师,我不是因为不能上电视才哭,是因为我准备了很久,想帮大家出谋划策,宣传环保。小羽是小演员中最勤奋的一个,她每天回家都对着镜子练习台词,为了达到最佳拍摄效果,她更是不厌其烦地教大家怎样面对镜头把台词说好,表情、动作她都亲自示范,俨然成了一个小导演……

这些事,这些人,我看在眼里,更记在心上,正是这一个个小故事让我看到了孩子们的真心与用心。

二、本色出演,见证中成长

拍摄前,我们进行了电影演员的公开选拔。报名时,能歌善舞、多才多艺的学生大有人在,但总觉得这些人来演反面角色不够真实。小聪这个"调皮鬼"的出现,使这个难题迎刃而解。在剧中,他"本色出演"一个浪费纸张的孩子,最终在同学的劝告下认识错误,学会节约。

没想到,拍摄结束后受到教育的不仅是剧中的他,现实中的他也"改邪归正",变成了伸手弯腰的代表,还提醒周围同学不乱扔垃圾。这一行为也延伸到了校外,他的身后经常跟着一群随手捡拾路面垃圾的"小跟班"。原来他偷偷告诉身边的同学:"只要你们和我一样做环保宣传员,我可以和老师商量让你也演电影。"嘿,这小鬼头,还敢自作主张,不过你的榜样力量相信大家都看得见。

三、畅谈收获,镜头中圆梦

电影《纸去哪儿了》的上映,引来了不少媒体的争相报道,不断有记者来采访这帮"小明星",他们争先恐后畅谈收获。小羽说:"自从拍了电影,我时时严格要求自己的行为,见到垃圾主动捡起,因为现在大家都在看着我们,模仿着我们,我必须给他们起表率作用。"淘气的小聪也凑到了镜头前:"在我的带领下,我们班现在节约意识可强了,本子都用正反面,家里的垃圾也学着分类。老师奖励了我们很多生态币,你看!"他把自己获得的生态币骄傲地举了起来。电影的拍摄不仅让他们体会了一把做演员的辛苦与荣耀,更通过自己的力量带领大家践行环保,他们是校园里真正的明星!

校园里花红柳绿、姹紫嫣红,到处干净整洁、一尘不染,每个角落都散发着绿色的气息。如今,第二部以生态回收亭、植树造林为主题的微电影《"我"长大了》也已出炉。在学校前期拍摄经验的带动下,同学们以班级为单位纷纷投入到微电影的拍摄中。叫上小伙伴,请爸爸妈妈助阵,孩子们自编自导自演,《我给垃圾找个"家"》《废品变新苗》等微电影相继诞生。

春光正好,我们继续怀揣美丽的绿色梦,昂首阔步向国际化生态校迈进!

国际生态校为威海蓝增色

作为全国首批国家卫生城市、国家环保模范城市和优秀旅游城市,红瓦绿树、碧海蓝天已然成为威海的典型标志。2015年威海蓝天白云天数为342天,空气质量七项指标全部获得全省第一,幸福宜居、文明和谐的城市名片更加靓丽。

令人称羡的成绩背后是几代威海人和历届政府一以贯之的生态优先理念,而环翠区作为威海市的中心城区,在生态环境打造方面,一直走在全市最前列。这其中,我校在生态教育方面的一些做法可圈可点。学校以"生态立校"为办学理念,经过近四年在生态理念文化、环境文化和课程文化方面的实践探索,取得了可喜的成绩,先后获得"威海市绿色学校""威海市环境教育基地""威海市科普教育基地""威海市花园式单位"等荣誉称号,2014年荣获"全国环境教育示范学校"荣誉称号。我校依托"双基地"建设,开展丰富多彩的环保实践活动,校内校外实施"双线"强化,做大做强学校生态特色。学校先后成功承办了由团市委、市环保局、市教育局等主办的威海市青少年绿色联盟成立仪式、"手拉手与绿色同行"青少年生态实践活动启动仪式等活动,引导青少年环保社团积极参与生态环保志愿服务,号召家长、孩子、老师齐动手为绿色校园、绿色生活贡献自己的力量。

教学中,学校从生态课程的打造入手,编写了环保教材《我与绿色同行》,创造性地使用教材与其他课程资源,打造生态课堂,指导学生敢表达、会思考、会合作、会探索。社团活动中,孩子们巧手变废为宝,用废旧报纸、旧布条、蛋糕盘、瓶盖、光盘等为原材料,对废旧物品加以改造,加入自己创新的元素,废纸变雕塑、废品变衣服、废布变贴画;生态节上,孩子们进入生态园快乐采摘,用平时积攒的生态币互相买卖;走进养殖园,孩子们用生态币换购牧草,喂养小动物,还和新生小兔进行亲密互动;走出校园,孩子们在老师的带领下到社区、马路上对居民进行环保宣传,家长志愿者与学生们一起参加"环保DIY"、我是环保小能手等活动,家长、孩子密切配合,在游戏中增长环保知识,收获制作环保作品的技巧。

春风化雨育秋实,生态育人谱华章。我校不断做大做强的生态教育特色,赢得了社会各界的广泛好评和争相报道。全国人大常委、九三学社中央副主席丛斌,中华环境保护基金会副理事长李伟,环保部环境发展中心主任宋铁栋,中华环保基金会表彰部主任武书芳等领导先后对我校进行了实地调研,他们纷纷对学校的生态建设给予了充分肯定。今年4月1日,中央电视台少儿频道摄制组走进普陀路小学,针对学校的生态教育进行专题录制,并在"新闻袋袋裤"节目中播出;新华社山东站记者也走入学校,围绕"生态教育"这一主题,分别从生态环境教育是怎样具体实施的、学生是如何理解"生态环境"教育、一系列的环保举措对学生有怎样的改变三方面进行了全方位拍摄报道。

如今在环翠区,像我校一样重视生态、践行环保的学校还有很多。据统计,环翠区31所中小学中市级以上绿色学校占15所,占比48%。"小手拉大手,同心护环境""垃圾分类""变废为宝"在师生中已成为一种时尚的生活方式。

2016年,我校被环保部宣教中心授予"国际生态学校项目绿旗"荣誉,成为威海市区第一所国际生态学校。学校将继续发挥引领作用,在学生心中播撒热爱自然、学会共处、感恩社会的绿色种子,也将继续引导全体师生树立节能减排新理念,倡导校园低碳生活,让爱护环境、崇尚节约、珍惜资源成为一种素养,让国际生态校为威海蓝增色!

【备注】国际生态学校是国际环境教育基金会在全世界范围内专为学校设计的,倡导实施节能环保行动,开展环境管理并授予"国际生态学校绿旗"的荣誉称号。

孩子,你慢慢来

我,坐在斜阳浅照的石阶上,望着这个眼睛清亮的小孩专心地做一件事;是的,我愿意等上一辈子的时间,让他从从容容地把这个蝴蝶结扎好,用他五岁的手指。孩子慢慢来,慢慢来。

——龙应台

无意间从书摊中看到一本书,瞬间被这本书的封面吸引。那是一个看上去两三岁的小男孩,身穿蓝色小风衣,红色的裤子,配上一双运动鞋,一个人安然地走在铺满了红枫叶的道路上,神情认真,步伐坚定。目光触及之处,我看到这本书的作者与名字,龙应台的《孩子,你慢慢来》,就此与这本书结缘。

龙应台,著名作家,被誉为华人最有力的一支笔。《孩子,你慢慢来》这本书是从一个母亲的角度,以细腻的文笔,真实的故事,生活化的语言写出的散文,讲述了自己和儿子华安相处的点点滴滴,用平凡的故事讲出不平凡的道理,用真实的故事引发人们在对孩子教育方面的一些思想共鸣。

看了这本书之后,我受益匪浅。作为教师,我们一直在强调学生是一个独立的整体,我们要关心爱护学生,要因材施教。尤其是对于小学阶段的教师来说,我们又何尝不是扮演了半个"母亲"的角色?那么在学生做得不够好的时候,我们有没有给予足够的爱心,呵护孩子的小小自尊?在孩子做得不够完美的时候,我们又有没有给予足够的耐心,告诉他——孩子,你慢慢来。

一、关爱学生,呵护幼苗

龙应台在书中写道:脚踏车经过一片花开满地的平野,将车往草地上一倒,就坐下来,蒲公英年年都有,孩子那样幼小却只有一次。

这句话让我想起前几天朋友圈疯传的一条文字:你教室里的每一个学生,都是一个家庭世界的全部。现在教师的社会声望大不如从前,电视上经常可以看到关于老师虐待、猥琐学生的新闻,不禁想问问,我们的教师队伍怎么了?教师是一个何其神圣、何其高尚的职业,为何如今却备受诟病?我想这和极少数教师缺少职业道德,对孩子关爱的缺失有着直接的关系。学高为师,身正为范。作为教师,我们教书育人,首先我们就要立己,并尊重学生,关爱学生,然后我们才能把知识传授给学生,把人品濡染给学生。丰厚的学识和正直的人品,这是我们每位教师都必不可少的品质。尊重和爱护学生,则是我们肩上义不容辞的责任。

二、多点耐心,静候花开

龙应台说:"从妈妈的角度看孩子的世界,不难;难得的是妈妈会蹲下来,保持和孩子一样的高度看世界……我们是一样的生命,我们彼此尊重,我们一起成长。"是啊,长大之后,我们总是太自以为是,用成人的标准去评判对错,多了份严格,少了份悲悯,多了份冲动,少了份耐心,习惯了这种生活方式,却忘了自己也曾经是个孩子。多点耐心,请蹲下来,从孩子的角度来看世界,用心浇灌,静候花开。

开学之初,我的班级中曾经有这样一个孩子,他叫林。他十分调皮,上课说话,下课打架,顶撞老师,欺负同学,这样的事情在他身上都发生过,毫无疑问,这是我们眼中的问题学生。作为班主任,在几次教育未果的情况下,我只要一有时间就和林面对面谈心,我问他的生活,问他的习惯,问他的想法,试着去理解他、了解他。抛开纪律,抛开学习,我发现林其实是一个很聪慧的学生,和我说话的时候反应非常快,逻辑十分清晰。经过多次谈话,我了解到这其实是一个很要强,很渴望关注的学生,因为在班级中被打上了"坏学生"的烙印,所以只能故意和老师对着干来刷存在感。于是我鼓励他,让他做小组长,让他体会被同龄人信任的感觉,让他领读,使他体会成功的喜悦,在他取得成绩的时候肯定、鼓励他,在他再次犯错的时候给予适当的批评、一定的包容,耐心地和他讲道理。几个周下来林变了,不仅上课认真听讲,积极发言,在班级事务上也变得积极负责,慢慢地成了我的得力小助手。林身边的同学,林的家长,教过林的老师都诧异林的变化,但是只有我知道,在这颗小种子长大、发芽、开花的过程中,我浇灌了多少耐心和爱心。

作为教师,我们应该有龙应台身上散发的爱心和力量,我们也应该有她的那份耐心和从容。

"花绳绕过来,刚好要系上的时候,另一端又突然滑走了。孩子,你慢慢来,在淡水街明亮的阳光里,在石阶上,等你把花束好,用你5岁的手指。"我愿意用一生的时间来等待。

不读书，无以成书

——读韩兴娥老师的《踏上阅读快车道》有感

在读韩兴娥老师的《踏上阅读快车道》这本书时，我的头脑中经常响起苏霍姆林斯基曾说过的一句话："让孩子变聪明的方法，不是补课，不是增加作业量，而是阅读、阅读、再阅读。"是啊，我们要教给孩子的不仅仅只是课本上的内容，我们更要"交"给他们通向一个新世界的"钥匙"，而这把钥匙，就是"阅读"。

"知其然，知其所以然"，我们首先要明确的是为什么要让孩子们去大量地阅读。所谓茫茫书海，如弱水三千，待习作之时，我们的学生须从中取一瓢而饮。故若想使其有水可饮，必令其积"三千弱水"在先，正所谓"不读书，无以成书"。

积累，对于写作而言，是极其重要的。若生饱读唐诗宋词，则其见美景，可言"落霞与孤鹜齐飞，秋水共长天一色"，而非一"美"以蔽之；若生通晓古今史记，则写作便可引经据典，以古写今。有所读，方可有所积，方可有所写。阅读，是积累的重要途径。这就要求我们要通过阅读开拓学生的视野，丰富学生的内涵。正如"一本一本的书，就像一节节的脊椎，稳稳地支持着阅读的人"，一本本的书，支撑起学生习作的脊椎。读书足以增智，足以长才，足以长情。尽管"物是人非事事休"，书籍却永远驻守在那里，不动不移、历久弥新。

而韩老师的"海量阅读法"则能高效地实现我们所期许的这种目标。它体现了孔老夫子所倡导的"有教无类，因材施教"的思想理念。由于每个学生成长的家庭环境不同，后天经历也各有不同，即使是身处同一教室，接受同一位教师的教导，学生学习的速度与质量也各不相同。而韩老师巧妙地从实际出发，根据每一本书的具体情况，制定出不同的星级目标，学生根据自身的水平选择并实现相应的目标即算完成了任务。

如在低年级，一星级目标是读熟课文，二星级目标是认读字词，三星级目标是理解文章大意。而到了中高年级，理解文章大意则变成了最容易实现的一星级目标。正因为每位学生都有自己相应的可以实现的目标，孩子们便可以轻易从书中获得成就感和愉悦感，这也促使他们主动地去挑战一个又一个更高的星级目标，主动地去翻开一本又一本精妙绝伦的书籍。

让孩子自主地、有意识地、有目标地打开书，就是阅读教学成功的第一步。打开书，他们就会打开一个新的世界。书里，有重情重义的一百零八将，有儿女情长的金陵十二钗，有"伫倚危楼风细细，望极春愁"的宋词，有"仰天大笑出门去，我辈岂是蓬蒿人"的唐诗。对于孩子们来说阅读就像是一天也不断流的潺潺小溪,它充实着思想的精华。只有通过不断地读书,才能在写作时左右逢源,游刃有余,才不会将习作当成一种负担。古人言"不积小流,无以成江海;不积跬步,无以至千里",那涓涓细流,终日不断,终将汇成思想的海洋。

有人也许会质疑让孩子读这么多书,他们能记住多少呢?但我们要做的并不是让孩子们记住他读过的每一本书,如同我们吃的每一口食物,大部分也都一去不复返了,但可以肯定的是,它们中的一部分已经长成了我们的骨头和血肉,阅读的意义也在于此。海量的阅读首先要引起的是孩子们对读书的兴趣,接着是要以此使他们获得思想上的改变,让他们终生受益。

海量阅读,并不是要求孩子必须去做的事,而是要使其成为他们想做的事。总而言之,实行海量阅读的目的,不是为了应试,而是要让孩子们成为一个有好奇心、有求知欲、有独立思想的人。今后,在他们的人生路上会遇到很多很多不知道不了解的事物,也会遇到很多美好的无以言表的事物,而此时,幼时培养的好奇心和求知欲能让孩子更好地去看待、去思索这个世界,让他们看到与众不同的景色。

学会阅读,才晓得己身之不足;学会阅读,才会保持一颗赤子之心;学会阅读,才会永远对生活保持热爱;学会阅读,才会对生活处处有疑问,才会不断探寻人生的意义,才会一步一步踏上求知求真的旅途。就连这世上最聪明的智者——爱因斯坦都曾说过:"我看我自己,就像一个在海边玩耍的孩子,找到一块光滑的小石头,就觉得开心。后来我才知道自己面对的,还有一片真理的大海,那没有尽头。"有阅读相伴,"孤单"便不再是"孤独",人生也成了不断发现惊喜的旅途。

总觉得,懂得阅读的人,是"可怕"的,因为他们知道书籍中蕴含的无穷世界与无尽知识。他们争渡,争渡,惊起了无数求知的渴望,他们用在书本中度过的一小时,经历了别人的一生。而韩老师告诉我们,要竭尽全力,让学生变成一个懂得阅读的"可怕"的人。不读书,无以成书,望在以后的教学中,能常与读书声为邻,这也算得上是身为教师的一种独有的幸福吧。

建无土培育基地,扬生态环保之帆

一、问题解读

"顺木之天,以致其性"是树木的大道;"天命之谓性,率性之谓道,修道之谓教"是树人的至理。普陀路小学建校伊始就确立了"生态立校,和谐发展"的特色建设思路,通过以课堂为主阵地,以活动为载体,全方位营造环保教育氛围,使全校师生更加关爱自然、关注环保。基于此,学校开辟了生态种植基地,在这里,学生们可以在教师的带领下,进行农作物或蔬菜的种植与采摘,体会"种"与"收"的乐趣;进行农作物或蔬菜的养护管理,体会养护的艰辛与参与的喜悦,并深入了解各种植物的相关知识,学会爱护植物,自觉形成环保意识。

一个偶然的机会,不小心遗落在水池的一个萝卜萌发了新芽,长出了花蕾,引起了学生们的注意。他们只知道植物的生长需要土壤,因为土壤能够给植物提供生长所需的水和各种无机盐,并起到固定植物的作用。为什么放在水里的萝卜也能正常生长呢?是偶然现象还是另有原因?带着这个问题他们咨询了老师。

教师们立刻意识到,这是拓宽学校生态种植范围的重要渠道:不仅可以解决常规的学校土壤种植基地面积有限、植物生长周期长的问题,而且种植的品种可以更加灵活,不仅可以种植小植株的蔬菜、水果等,还可以种植花卉,由于在室内种植,更便于学生的观察、记录。于是,一个新的课题——无土栽培的实践研究便诞生了,旨在解决以下三个问题:

1. 如何以实践基地为载体,拓展生态种植思路

课题选定之前,通过对学生的需求、兴趣进行调查,我们发现学生对这一栽培方式都有强烈的探究欲望。在学生前期参与学校生态种植基地已有一定种植经验的基础上,加之我校地处郊区,在学生的日常生活中有较多机会接触到农村的蔬菜、花卉的栽植,有实地观察的便利条件,具备了比较熟悉植物栽培的优势,更易于发挥学生的主动性。

2. 如何以多种形式参与活动,提升学生综合能力

活动中我们利用学校丰富的社会资源,在专业人士的指导下研究无土栽培。在动手实践的过程中,要进行观察、绘画、摄影、制作、试验、写作等多方面的实践活动,学生的能力会得到综合性的锻炼和培养。

3. 如何结合学校发展理念,探究学校特色发展的新途径

生态种植是我校生态特色发展的重要内容,作为在种植基地基础上拓展出的无土栽培,既能巩固已有的探究成果,利于学校课程实施的多样化、特色化,又能使生态特色实现新的飞跃,不断丰富学校的办学内涵。

二、成果的意义和价值

1. 通过充分运用各种有效资源,如网络、图书、报刊、身边的专家等多种方式

进行研究,从收集资料,到观察记录,再到资料整理,形成学生对无土栽培的全面认识,培养学生收集、整理信息和动手实践的能力。

2. 通过对植物生长的观察,了解生长规律,培养学生的观察、实践、想象能力,培养他们自己发现问题、解决问题的能力和实事求是的科学态度及知难而进的探索精神。

3. 让学生获得亲身参与观察、思考、实践、操作的积极体验,在研究中形成对科学研究的尊重与热爱,培养学生的动手、动脑能力,同时培养学生的团结合作意识,体验无土栽培成果所带来的艺术和精神享受,提升创新意识和审美能力。

4. 通过研究,鼓励学生大胆开展"植物栽培""树叶贴画""标本制作""变废为宝"活动,了解相关生态知识,提升环保意识,引导更多的同学关注自然和社会。

5. 通过研究,将生态理念延展到家庭,辐射到社区,由校内掌握栽培方法到家庭栽培,学生们融入大自然参与生态活动,形成学校、家庭、社区三位一体的生态网格,使生态理念和认识深入人心。

三、解决问题的有效途径与做法

1. 具体实施策略

学生对课题的自主选择和主动探究是本课题研究活动成功的关键。本次研究的问题来源于学生的求知欲,这有利于学生进一步的主动探究。教师要参与到活动过程中,指导并鼓励大家从实践探究中发现问题,并筛选出有一定研究价值的问题来进行自主研究,学会分析问题、解决问题,并提醒学生时时刻刻把"安全"二字记在心中。本课题的研究初期,我们选择了四年级全体学生为参与对象,成立了由德育处刘爱静主任任组长,科学教师、综合实践教师及全体班主任共同参与指导实施的研究团队。研究分为三个阶段:

(1)准备阶段——走近无土栽培

无土栽培植物的实践研究的大主题确定后,研究的方向明确了。但对于究竟什么是无土栽培,无土栽培有什么优点,无土栽培将对我们的生活产生什么样的影响等问题,学生的了解是非常有限的。对课题的具体内容是什么,怎么行动,大家都还模棱两可。因此我们首先引领学生从基础的无土栽培——水培入手,让学生初步了解水培的相关知识,找准课题研究的切入点并细化研究内容,明确分工,以便为课题研究提供基础和借鉴。本环节主要分三步走:

明确分工职责。我们先让学生围绕研究主题展开讨论,提出自己想知道的关于水培的问题并对其进行了汇总:什么是水培,水培花卉的种植与管理,水培的基本原理及基本操作流程,水培植物常见病虫害的防治,这一栽培技术的经济价值及应用前景等。然后,把每个班级的学生分成了几个小组,根据组员的爱好、特长及其拥有的便利条件进行分工以提高效率;提倡各小组在活动过程中分工不分家,实现资源共享,可根据需要随时交流调查研究的成果,为课题的顺利实施作良好的铺垫。

水培知识大搜索。学校先行建立了无土培育中心,培育了各种不同的花卉、蔬菜等;教师指导学生对无土栽培机、玻璃器皿中的液体和植物进行细致地观察,之后指导学生上网查找、阅读书籍报刊等。孩子们知道了无土栽培可以获得无公害的"绿色食品",认识到它将是生态农业的发展方向,并激发了他们的创新意识,搜集、整理资料的能力在这一过程中也得到极大提升。为了方便大家的相互交流,学生还将收集到的水培资料整理成了手抄报,张贴出来共同分享。

多措并举充足研究储备。我们邀请无土栽培的专业技术人员到校,进行水培知识专题讲座,以便更多的同学了解水培、认识水培、学会水培,为以后开展活动打下了扎实的理论基础。同时,我们还为学生提供了大量水培植物的录像、与无土栽培相关的视频网站,让学生全面了解水培的基本操作流程,有利于他们在实践中随时解决遇到的问题,增强对课题研究的自信心。

(2)实施阶段——亲历无土栽培

本阶段的重点是了解和运用科学探究的基本方法,体验无土培育的基本操作流程,感受无土培育带给我们的喜怒哀乐,它是课题研究的核心。每次活动前,我们都会针对研究内容先给学生上一节引领课。如李成成老师的《走进基质栽培》一课,课前通过微视频让孩子了解基质;上课开始观察、认识桌子上的椰子壳、蚯蚓粪;学生了解基质栽培需要的工具及要求;学生小组进行栽培绿萝;小组展示作品。同时针对实践中应注意的问题,让学生明白应该做什么,具体怎么做。我们经历了以下过程:

①水培花卉入手,初试遭遇挫折

查找资料、聆听讲座后,同学们了解到了无土栽培的基本方法和一般的步骤,同时也明确了无土栽培所需要的条件。研究小组的成员人人跃跃欲试,都想大干一场,我们首先指导孩子从水培绿萝入手。孩子们在教师的指导下亲身体验无土水培技术的一个重要环节——勾兑营养液。活动过程中,孩子们专注地聆听着、好奇地询问着、认真地记录着、仔细地观察着、兴奋地体验着……一切的一切，让同学们在大开眼界的同时，也收获了许多课本上学不到的知识。

一切准备就绪，孩子们满心欢喜地开始了绿萝的水培实验。孩子们按照教师指导的方法把绿萝小心地拔起，用自来水清洗根部，冲走剩余的泥土，拿出已经裁剪好的圆形泡沫板，均匀地扎三个洞；然后，用小块的海绵包住植株茎的底部，再把绿萝根部塞进泡沫板上的洞里，一个洞放一棵，让根须接触到水；最后，倒入营养液，初步工作完成了。本以为可以看着水培中的植株健康地长大，谁知道从移植到出现少量的绿叶变黄，只不过才过了两个星期，植株不断地干枯，最后仅剩一两株存活。第一次水栽培实验以失败告终，学生初次尝到了失败的苦涩滋味。回忆起当时看到小苗枯死的情景，一个孩子动情地说："当进行第一次水培实验时，我们是既兴奋又紧张。我们认真地完成了绿萝的移栽工作，期望它们快快长大。但是后来看到一株接一株地枯死，心里别提有多难过了。老师安慰我们，'失败是成功之母。现在关键的是找出实验失败的原因，下一次实验才有可能成功。'听到这儿，我们才不再沮丧。"之后大家一起分析实验中出现的问题，集体讨论，集思广益，找到解决的办法。这是学生的调查报告及结论：

为什么实验会失败？是不是选择的苗木不太健康呢？是不是虫害引起了植株枯萎？还是有其他原因？

我们上网去查找了相关资料，觉得都有可能。刚开始我们选择了叶子长得比较好的植株做实验，后来才知道，水培的时候，植株主要靠根系去吸收营养液中的养分，所以选择根系比较粗壮的可能更好，但植株不易过大，以免影响其驯化，以小苗最佳。在进行移栽时要注意不要损坏根上的根毛，也就是说不能将植物的根放在水龙头底下直接清洗，而应该放在水盆里浸泡，等根上的泥土慢慢脱落才行，不能急于求成。无土栽培虽然避免了土壤病害的传播，但仍有一些病害能够通过水、种子和昆虫进行传播，我们在实验过程中并没有及时地对各种病虫害进行防治。

及时总结实施过程中遇到的问题，有助于下一次实验的开展，这是孩子们最大的收获。

②成功的喜悦，改进方案有成效

教师的指导并不是事无巨细地告诉，而是要善于发现学生在实践过程中的困惑和困难，留给学生自主思考、独立实践的空间，充分挖掘学生的潜能。特别是在活动过程中发现他们存在的个别问题、困难,要及时给予帮助,保证活动的顺利进行。教师和孩子们一起进行了实验方案的调整,尤其是注意了植物根毛的完整和日常管理。令人欣喜的是改进措施取得了成功。培育过程中,孩子们每天认真观察、测量并记录植物的根、叶及植株长度以及每周更换营养液的情况,积累了翔实的第一手资料,增长了知识,得到了锻炼。

无土栽培观察记录表

小组名称				小组成员		
栽培植物名称				栽培时间		
时间	高度	叶片数	根系情况	栽培情况	说明	

③水培"自助餐",尝试多种植物品种的水培

学生们亲身经历了水培的研究实践,活动过程中,他们把自己所观察的结果用表格等形式记录下来,积累了经验。经过了选株—剪枝—洗根—去根—消毒—移栽等前期准备环节之后,不少孩子培育的植物长势良好。孩子们掌握了无土栽培的一般步骤,同时,经过查阅资料和研究实践,了解了水培植物存活的原因,为下一阶段的实施奠定了基础。与此同时,我们还积极引导学生尝试多种植物品种的水培。

由小型的花卉,吊兰、铜钱草、水仙、碧玉、滴水观音等,拓展到蔬菜类,木耳菜、黄瓜、白菜、生菜等,水培的品种越来越多。由单一地培育一个品种到同时在一个容器中进行两种植物的组合栽培,再到水中饲养鱼类,组建小型生态系统,除了要注意栽培技术的要求,对于植物的穿插摆放、鱼类的监督管理,更培养了学生的审美能力、观察能力。学生的动手能力越来越强,自信心也更足了。

④无土栽培进班级,为生态班级注入活力

经过半年的实践,水培的研究在试验班级取得了较好的效果。接下来,我们又实施了课题的第二步,将无土种植经验推广到全校每个班级。学校为每个班级配备了玻璃器皿及营养液,同时也鼓励学生从家里带来各种小绿植放在营养液中进行培植。种植植物争取达到人手一盆,由班主任指导学生进行日常管理:清除杂草、落叶、杂物,检查植物是否有病虫害等,同时写好观察日记,并将种植情况纳入生态班级的评比之中。

（3）提升阶段——创新栽培形式

①创新水培，变废为宝水培装置"DIY"

经过前期的研究，对于植物的栽培孩子已经驾轻就熟。为更好地利用身边的废旧资源，使学生体会到废物利用的乐趣，我们继续发挥学生的创造力，通过展示一些废旧塑料瓶修整制作的精美花瓶作品，鼓励学生大胆想象，寻找身边可以用来回收的废品，动手制作个性环保花瓶。于是，一件件资源被挖掘了出来，一个个极具创意的作品诞生了：各种造型的塑料瓶制成的花瓶、椰子壳打磨加工制成的花瓶、罐头盒子经过装饰做的花瓶。孩子们的创意设计加上精心打造的水培植物，培育中心成了学校一道亮丽的风景。

②水培生态系统，巧手扮靓"我的家"

课题研究之初，孩子们就被学习资料中鱼花共养的美好生态圈所吸引：植物以水培方式种养在玻璃容器里，水中再放养几条小型的观赏鱼类。静态的植物与动态的小鱼相映成趣，创造出一幅美丽、和谐的画面。这种种养方式对植物的打理以及水中含氧量的要求较高，在注意养好上面花草的同时还要注意水中小鱼的健康。目前这一种养形式正在无土培育中心和指导老师共同努力中尝试进行，经验成熟后将推广到试验班级。

③"我是小小种植家"活动，分享研究成果

每学期学校会组织学生对无土栽培成果进行全面总结，让学生获得一个真实的自我。展示形式包括静态展示，如举行水培作品展，展示在整个研究过程中积累的照片、研究记录、环保小报、小论文等；动态交流包括心得与感受交流会等。

2. 研究保障措施

①设置多元评价体系

评价内容的全面化。为保证研究过程的顺利实施，我们针对活动的每个环节及学生的参与表现都设立了评价表，一看学生在学习过程中的表现，如参与态度、参与状况等；二看学生学习的成果，学生成果可通过实践操作、作品展示、汇报交流等形式进行。

评价主体的多元化。评价的方式有：自评、互评、师评等。我们针对学生个人参与研究的态度、情感体验等进行综合评定，并要求学生如实填写活动评价表。

同时我们借助学校"生态储蓄银行"的评价细则将学生的评价结果与获得生态币的数量相关联，举办"普小园艺师"评选活动，表彰活动中表现突出的学生，将学习、实践与评价有机结合，极大地调动了学生的参与积极性。

②生态回收实现良性循环

学校生态回收中心每周五将班级产生的纸张等废物回收,将所获资金用于学校生态培育中心及班级水培所需营养液、玻璃器皿、种子的购买。学校根据每个班产生的废纸数量、纸张的利用程度,合理发放生态币,通过倡导生态节俭理念,综合比较班级的纸张使用量,鼓励学生最大限度地利用每一张纸。教师和学生可以以班级或个人为单位,到生态储蓄银行用生态币兑换无土培育材料,最大限度地实现了环保和生态的良性循环。

四、取得的成效

迄今为止,我校水培中心种植的植物种类达40余种,积累的观察日记和照片不计其数,生态特色班级的氛围创设浓厚,生态校园特色日趋鲜明。

1. 无土栽培课题的研究丰富了其他学科的教学内容

数学课堂中,教师们将勾兑营养液的情境融入到习题中,通过无土栽培观察记录表的填写,使课堂上度量这一数学知识得到了很好的运用,体现了数学来源于生活、服务于生活的理念;研究过程中学生的观察日记、活动感言等为语文的写作拓展了思路、提供了素材,调查报告、小论文的撰写更是学生细致观察的结果,使习作教学"有米可炊";学生通过对植物的零距离观察,更是为科学课的教学内容注入了活力。

2. 无土栽培课题的研究提升了学生的科学素养

学生在动手中体验,在动手中获得了真知。由于教师始终把学生放在主导地位,激发其参与热情,鼓励他们积极发表自己的想法,让学生体会到自己是活动的主人公,从而激发了学生的主动性、创造性,大大提升了学生的科学素养。

本学期在环翠区科技创新大赛中我校获得4个单项一等奖,7个二等奖,6个三等奖,取得团体第六名的好成绩;在威海市科技节中有1个单项获得一等奖;科学论文项目中,《鲜花喜欢什么》荣获一等奖;创新发明项目中,"太阳能自动浇花器"和"暗环境锁孔指示器"获得二等奖。

3. 无土栽培课题的研究培养了学生多方面的能力

在研究活动中,学生查阅了大量的资料,并进行了整理与筛选,展示内容丰富多样,有网上下载的,有看电视记录的,有收听广播录音的,有收集剪报的,还有拍摄的照片等。从学生能多渠道地获取信息中可以看出,他们已经具有了自我探究的主动性和积极性,提高了收集和处理信息的能力,同时也提高了获取新知识的能力。

在整个活动的展开过程中,有教师的讲解,有个人的独立思考、探究,有小组内的合作、小组间的合作、与种植养殖工作者的交流等,学生交流与合作的能力、分析和解决问题的能力、创新精神和实践能力得到了逐步提高。

正如一个孩子在感言中写道:"我在无土栽培过程中掌握了选苗、培育、管理、配制营养液等各种劳动技能,认识了各种植物的芽、叶、茎以及生长发育过程;知道了要珍惜劳动成果和保护绿色环境、爱护大自然。虽然很累,但看到自己亲手栽下的小苗一天天长大,心里很高兴。"

4. 无土栽培课题的研究助力了学校特色的发展

无土栽培课题的研究促进了学校特色的发展,使学校特色办学成果逐步凸显。在学校生态节活动中,学生的水培作品得到了与会领导、家长的一致赞扬;同时我们还借助"校社联动促和谐"活动,实现资源共享,使社区居民走进水培基地,和孩子们一起学习无土栽培技术。我校也成为社区的实践基地,更丰富了学校特色发展的内涵。

学校成功承办了团市委、市文明办、市教育局、市环保局与市林业局等多部门联合组织的威海市青少年绿色联盟成立仪式,目前我校已获得"威海市绿色学校"的称号,同时2014年年底获得了"全国环保教育示范学校"荣誉奖牌(该奖项是由国家环保部主管,以全国人大、环保部、教育部、国家重点媒体等部门知名人士为主组成的专家委员会评选颁发),我和王晓伟主任被评为"全国环保教育先进个人"。

五、有待进一步研究的问题

1. 如何有效防治无土培育植物病虫害?

2. 怎样激发和维持学生参与无土培育的积极性和主动性?

3. 双休日或节假日,班级无土培育基地的各种植物、动物的管理维护工作如何开展?

……

记得在法布尔的《昆虫记》中一篇叫"荒园有情"的文章中读到这样一块"荒园":"这正是我梦想的一块土地。哦!这是我的钟情之地……我可以亲密无间地与蜂儿们交谈,可以进行各种实验,可以记录下每时每刻观察而得的成果。"

我们普小校园的实践基地和水培中心正是这样一片"荒园",在师生的开垦下，成为我们学校学生研究的大课堂，成了学生发挥实践和研究才能的重要舞台，也成了教师完善自身知识结构、提高实践能力的重要场所。随着研究的不断深入，我们培植的物种将更加丰富，生态实践基地将更好地为教育教学服务。

第三章

采撷生态　生态校园绿意盎然

　　走进位于全国首批"美丽宜居小镇"张村镇的普陀路小学的校园,浓浓的生态气息扑面而来:校内散布的垃圾箱,形象地标明了可回收、不可回收两类;绿化带里,每种花草树木都有自己的名片,孩子在与它们的亲密接触中了解了不同物种的特性;教学楼内,"师者拍生态""童眼看生态"摄影作品的展示、校园内随处可见的变废为宝的环保作品都在无声地向师生渗透着环保理念。

第一节 生态环境文化

校园生态长廊已经成为学校生态文化的一个标志，凸显了"珍爱环境、爱护家园"的文化氛围。从一层的"生态之美"到二层的"生态之忧"、三层的"生态行动"，再到四层的"生态愿景"，宣传版面图文并茂而又发人深思，每一个板块都侧重凸显一个环境教育的主题，让学生处处受教育，时时受启示。校园内处处可见变废为宝的装饰作品，每个楼层的主题不同，二楼是"纸雕长廊"，三楼是"布贴画"，四楼是"木的世界"。

纸的天地：

纸雕塑作品的原料来源于废旧报纸、纸箱、厨房用纸等，它的制作方法简单而灵活，塑造形象生动且原料廉价容易获取，能激发孩子们无穷的想象。海洋生物纸雕世界以海洋动物为创作背景。蔚蓝的大海里遨游着各种海洋生物，将引领孩子们探索和发现海洋世界的无穷奥秘，倡导学生爱护和尊重它们，也传达了人与海洋和谐相处的理念。

纸浆画则是将报纸撕碎、浸泡、拧干后，用染料染色，再用白乳胶将它们粘贴在构思好的作品上，经过一个星

期左右的时间晾干即可。这一楼层展示的是孩子们喜闻乐见的来自语文课本的故事:《浅水洼里的小鱼》《爷爷和小树》《小熊住山洞》,既有趣味性,又充满着浓浓的与自然和谐相处的理念。

布的长廊:

布贴画作品的原料来源于生活中各种废弃的布料,它是以剪代笔,以布为色,充分利用布的颜色、纹理、质感,通过剪、粘、折等方法巧妙裁剪、创意粘贴而成的一种装饰画,在锻炼学生动手能力的同时,能增强他们的环保意识。

故事主题布贴画以学生喜闻乐见的故事为创作背景,引导学生自己制作布贴画。学生在动手操作的过程中不仅培养了想象能力、审美能力,更能体验到用自己的巧手变废为宝、装扮生活的快乐,而且能从小故事中体会到其中蕴含的深刻教育意义。

木的世界：

教师与孩子们共同制作的"木的世界"

四楼"木的世界"长廊文化的所有材料都来源于师生野外收集的树枝、树皮、野草等。在师生的巧手创意下，这些原本枯朽无用的树枝，在孩子们手里重新焕发光彩，变成了造型独特的盆景，变成了小鸟的家园，变成了古朴的装饰画。名为"哭泣的森林"展区，表达的主题是由于人们滥砍滥伐，森林中的"木"日益减少，沉重的十字架既是对森林资源濒于枯竭的警示，又仿佛在控诉着人类对大自然无节制的索取。这一作品的材料同样来源于校园中枯干的银杏及桃树树桩，以及师生一起收集的树枝等。这既向孩子们传达了爱护森林资源的理念，又做到了废旧资源的循环再利用。

海洋生态角：

步入教学楼的海洋生态角，一股热带风情迎面扑来：湛蓝的天空，细软的海滩，仿真的椰子树栩栩如生，最引人注意的就是那个大鱼缸了。这是二年级的一个孩子在观察后写下的感受："海洋生态角有各种各样的鱼，有电鱼、小丑鱼，还有身上带刺的鱼，更有很多我叫不上名字的。它们颜色各异，看得我眼花缭乱。除了鱼，还有各种各样的珊瑚。听老师说，珊瑚对环境的要求是非常苛刻的，也是有生命的。没错，我发现珊瑚挥动着触角在和我打招呼呢！"字里行间透露着对这片小天地的惊奇与向往，这也是学校的生态实践基地之一。根据年级特点，教师会有针对性地指导孩子写观察日记。一篇篇充满了孩子真情体验的作品，既培养了孩子的写作能力，又让孩子在与这些海洋生物的亲密接触中增长了见识。

生态培育中心：

生态培育中心里培育了水培花卉、水培蔬菜、基质栽培农作物等项目，主要就是通过无土栽培技术进行植物的培育与种植。学生每周二和周四中午都会来这里为这些植物换水，清理腐根，并对花瓶进行消毒。孩子们在参与无土培育实践活动的过程中，不仅锻炼了动手能力，而且还收获了许多关于动植物养殖、种植等课本上学不到的知识。学校每月进行生态班级评选活动，征集学生种养殖的动植物，展示特色成果。迄今为止，生态培育中心培育的动植物种类达百余种，积累的观察日记和照片不计其数。

光伏发电站：

学校的光伏发电站,是利用 12 块光板将太阳能转化成电能的,转换成的都是直流电,这些直流电再通过后边的这根铜管传送到交配箱里,变成交流电。孩子们每天会利用平板电脑监控发电站的发电情况。夏天天气晴朗、光照足,发电大约 20 度左右,冬季晴天 10 度左右,阴天也就 4 度左右。我们的发电站现在已经和国家电网相连接,以后在发电量多的情况下还可以卖给国家。

生态科技馆：

在市区科协、区教育局、广泰公司等单位的大力支持下,学校新建了生态科技馆,面积约 260 平方米。科技馆包括生物标本展示区、神奇的世界体验区、开心创客空间等几部分；此外,还引进了山东省校园流动科技馆设备,目前这在威海市也是第一家。孩子们可以在这里感受大自然的奥妙,感受科技的魅力,感受人与动物的亲近,这也更好地诠释了我们的育人目标"热爱自然,学会共处,感恩社会"。

第二节　创建生态校园，打造生态特色班级

生态特色班级建设

为实施有效德育，进一步提升学校德育管理内涵，促进班主任专业成长和班级个性发展，构建优质特色班集体，形成良好班风、学风和校风，我们着力于打造生态特色班级，在全校开展"一班一品"的创建活动，让生态教育在普小这片沃土中生根发芽，茁壮成长。

通过个性化的特色班级建设，以及开展富有特色的班级活动，让教师和学生的能力能够得到锻炼，努力实现学生的主体地位，创设自我教育、特色教育、实效教育的空间，让学生们在富有特色的班级文化建设中，通过亲自参与制定班规、班训，打造班级文化环境，制定实施方案等，开展品牌班级的争创活动，加强学生的自我约束力，增强集体荣誉感，逐渐形成良好的班风，使全校形成健康向上、秩序井然、生动活泼的喜人景象。

一、创建依据

让教室成为一个生态环保的天地；

让教室成为一个平等对话的空间；

让教室成为一个挑战自我的场所；

让教室成为一个展示才华的舞台；

让班级成为一个有精神的集体；

让班级成为一个师生共同耕耘的园地；

让班级成为一个凝聚力量的支柱。

二、创建内容

特色班就是品牌班、个性班。创建"一班一品"的生态特色班级，要立足于学校的办学特色，充分挖掘班级特色文化，树立班级特色品牌，形成鲜明的班级文化标志，真正形成"一班一品"的特色教育品牌。

1. 一班

各个班级要选取一个特色主题项目,可以从观念意识、行为活动、学习习惯、能力培养、才艺特长等方面确定创建目标和内容,形成创建主题。

行为规范特色:包括仪容仪表特色、环境卫生特色、班级活动特色。如:文明礼仪特色班、学雷锋特色班、安全文明特色班、卫生清洁示范班等。

学习、才艺特色:阅读写作特色、琴棋书画特色、球类特色、国学特色等。如:有的班主任在书法方面有自己的专长,整个班的书写水平比较好,也可以把书写作为自己的特色,创建特色班级,取名"墨韵中队"。

班级文化特色:结合学校的育人目标——热爱自然、学会共处、感恩社会,创建温馨教室,如:书香班级、爱心班级、诚信班级、感恩班级、绿色环保班……

各班可以根据以上项目选择班名,也可另行确定班级特色。各班特色项目的确定要结合办学特色,立足普及,鼓励参与,结合学校实际,注重实效原则。此外,还要设计好班风、班规、班徽、班歌,组织学生学习班名、班徽的深刻内涵,理解班级精神。

2. 一品

"品"即班级的核心精神。各班要用简明扼要、含义深远的核心精神来凝聚班级所有学生,制定出具有概括力强、震撼力强、号召力强的核心精神,让它无形地赋予班级一种无尽的自豪和长足的干劲!

具体要求如下:

(1)班级静态文化氛围布置活动

布置好生态角、卫生角、班级名片、后墙宣传板块、回收角等学校统一的和具有班级特色的文化园地。要求:特色班级的建设,都要体现自己独特的班级文化。在布置时,都应该紧紧围绕特色,达到形式与内容的高度统一,力求班级布置和创建主题紧密结合,凸显特色。各班要根据班级特色和班训、口号、目标等,布置班级文化特色墙。教室装饰全部以变废为宝的手工作品为主!

制定切合实际的、大家共同认可的评价细则,用好"评价板块",结合自己班级的评价可以改变成长树的使用方法,但要注意美观及循环使用。

(2)班级动态文化教育活动

有班委会和家委会,要发挥小干部和优秀家长的模范引领作用,对班级实行民主管理。

积极参与学校组织的各项活动,活跃班级氛围,增强班级凝聚力,促使学生全面发展。

3. 一特色

围绕本班的特色,以活动为主要形式,每月定活动主题,开展相应的特色中队主题活动,以培养学生的良好习惯为根本目的,丰富和提升班级文化内涵。

要求:要走进学生的生活实际、选题要小、实效性要强、形式要活泼新颖。

2月,生态特色班级创建计划展评;

3月,生态特色班级氛围创设评比;

4月,生态班级内涵文化积淀初级展示;

5月,班级氛围创设、内涵文化综合展示;

6月,成果汇报。

三、创建标准

1. 能根据班级学生的兴趣爱好确定特色训练的主题,并且按照主题按时开展活动。活动有记录,有台账,有成效。

2. 学生有良好的习惯,班级内普及推广,形成集体氛围,在学生发展中发挥积极作用。

3. 班级特色外显效果突出,能代表学校参加各种竞赛,成绩好。

4. 每学期能够邀请学校的领导参加班级特色汇报主题会,或在合适的时间向家长、社会开放。

四、实施步骤

要把"一班一品"生态特色班级的创建工作贯穿于本学期的班级工作中,并作为一项长期的工作坚持做下去。学校对申报"一班一品"的班级实行动态管理,每学期都对创建班级的情况进行核查,确保创建工作持续有效进行。本学期的创建工作主要分以下四个阶段进行。

1. 学期初组织申报(2月13日—17日)

根据活动方案的指示精神,各班根据学生特点与特长,结合班集体在日常管理或活动中形成的优势内容,召开班委会讨论,在调研论证的基础上确定本班的创建特色,制定相应的创建目标与创建方案(名称、口号、目标、具体措施),并填写申报表,经学校审查合格后进行创建实施。

2. 实施创建(2月20日—5月31日)

确立创建目标后,各班在日常管理和开展班级活动时,应将"一班一品"的创建作为班级管理工作的目标,制定相应的实施方案、具体措施,并组织开展相关活动。创建过程中要发动全班学生积极参与,充分吸纳学生意见,调动班级学生的积极性和自主性,通过特色创建达到班级自我管理的目的。在开展创建活动的同时,要注意积累各种相关活动资料,如班级成长故事、作品集、各种展览展示、特色班级主题班会教案记录、精彩瞬间、照片等系列材料,做到活动有记录,有台账,有成效。这些资料还要和校园网建设相结合,将活动资料及时在校园网班级活动中展出,提高资料的传阅性,加大宣传力度。

3. 期末审核阶段(6月1日—9日)

制定"一班一品"评选标准,通过班级自评、学校评议等方式,对各班"一班一品"的创建情况进行评审和认定。

(1)自评。各班对本班创建过程和目标实现情况进行自评,形成自评报告,力求凸显班级特色。(要求上交书面总结,叙述创建过程,并附所有相关资料)

(2)校评。学校根据平时对各班"一班一品"创建实施情况的巡视检查以及汇报、成果展示情况,结合班级学生的日常表现,进行特色班级的评选。

4. 展示汇报(6月下旬)

(1)成果汇报。学校组织部分特色班级进行经验介绍,将优秀班级的特色建设成果,作为宣传班级特色、校园文化特色的窗口展示给全校师生。

(2)颁奖授牌。学校对特色班级进行授牌,颁发证书。

生态特色班级中队名称

班级	特色班级名称	班级	特色班级名称	班级	特色班级名称
(一)1	新氧地带	(二)4	大拇指中队	(四)4	七彩阳光
(一)2	太阳能中队	(二)5	绿竹中队	(四)5	海鸥中队
(一)3	布艺之都	(二)6	青松中队	(四)6	苹果中队
(一)4	叶韵中队	(三)1	翰林中队	(五)1	彩虹中队
(一)5	海之风情	(三)2	小瓶盖中队	(五)2	蓝海中队
(一)6	满天星	(三)3	贝壳中队	(五)3	灿若星河中队
(一)7	五彩莲塘	(三)4	书香诗韵中队	(五)4	新叶中队
(一)8	七色花中队	(三)5	长寿花班	(五)5	七色花中队
(一)9	林之印象	(三)6	幸运星中队	(五)6	稻香中队
(二)1	太阳花中队	(四)1	幸福树中队		

续表

班级	特色班级名称	班级	特色班级名称	班级	特色班级名称
(二)2	向日葵中队	(四)2	阳光少年中队		
(二)3	小蜜蜂中队	(四)3	四叶草中队		

◎"海之风情"生态特色班级案例

"海之风情"中队生态特色班级

一、基本情况分析

我班共有学生46人,一人转走,其中男生22人,女生24人,男女人数均衡。学生来自附近的村庄和小区。具体情况分析如下:

1. 班主任方面

今年是我第五年当班主任,也是第一次当低年级的班主任。虽然有了第一个学期的工作经验,但是很多时候仍然力不从心。孩子小,有各自的性格,遇到的情况也比较多。因此在班主任工作方面仍需要进一步地学习和实践。

2. 学生方面

品德方面:本班学生热爱学校、班集体,团结上进、思想端正、遵守纪律、尊敬师长、热爱劳动。但个别孩子身上存在着以自我为中心、纪律观念淡薄等问题。

学习方面:本班学生热爱学习,有良好的学习习惯。大部分学生上课专心听讲,发言积极。个别学生学习习惯不好,上课不能集中注意力听讲,需要进行个别辅导和特别的关注。

行为方面:学生爱学习、守纪律。男生活泼、好动,爱表现;女生文静、可爱,不爱张扬。总的来说,班级特点比较稳,但稳中有活。

二、工作目标

1. 教师方面

努力积累经验,积极向他人学习,丰富底蕴,提高自己的班主任专业能力,凸显班级特色,以便于能为今后的教育事业提供更好的服务。

2. 学生方面

(1)班风形成目标:营造健康、团结的班级精神。班级即我家,我们都爱她。打造学生之间良好的团结互助、兄弟姐妹般的亲情关系,打造师生间亲如家人的和谐关系,使班级充满浓浓的亲情。形成诚实、团结的精神,构建积极向上、民主和谐、充满浓浓家庭亲情的现代化新型班级。

(2)自主能力目标:形成较高的自主管理能力、形成较强的自主学习能力,较好的自主生活能力,学会自主管理、自主学习、自主生活。

3. 班级创建目标

通过一系列的"保护环境、创造绿色"的实际行动,不断提高同学们自身对环境保护的认识,其次要改善班级的卫生环境、校园的卫生环境,同时让同学们的环保活动走出校园,走向校外,为社会大环保贡献一份力量。通过同学们力所能及的努力,增强他们的自身责任感,做热爱生活的美好少年。

三、生态特色班级创建及工作计划

1. 一班

为打造"保护环境、创造绿色"的生态特色班级,我班以"海之风情"为班名,以"礼貌待人 诚实做事 用心学习"为班训,以"静心、包容、团结"为班风,以《生态普小》为班歌。同时,还制定了严格的班规:在学习方面,奖励积极发言、会学习的同学;在卫生方面,要求衣着整洁,早晚刷牙、漱口,勤剪指甲,不乱扔果皮纸屑,按时做好值日等;在纪律方面,做到楼道

班徽

内不打闹,校园内不疯跑,上下楼梯靠右行等;在举止文明方面,做到不打架、不骂人、学会礼让,见到教师主动敬礼问好等。

2. 一品

(1)静态文化氛围布置

静态文化氛围分为两部分:一是教室的布置;二是班级特色作品搜集。

班级教室布置:班级名片,以"沧海一粟"为主题,设计班级学生名片,包括生日、兴趣、评价,名片形状似于水滴;生态角,以"踏海拾贝"为主题,将平时大家废弃的各种海鲜壳搜集起来,并用这些壳拼一拼、摆一摆、粘一粘,制作成立体工艺

品,悬挂、摆放或种植花草放于教室内。初步设想如下:

   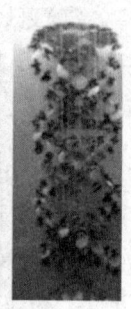

摆放　　　　　　　种植(后面柜子)　　　　　悬挂

特色作品搜集:以"学海无涯"为主题,带领孩子一起认识各种海洋生物,制作成儿童读物;后墙板块以"四海一家"为主题,将搜集的贝壳制作成平面工艺品,展示在后墙,或者是集成收藏册。

 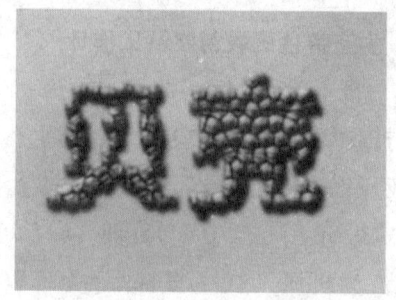

(2)动态文化教育活动打算

班委会:通过奖励措施,充分发挥孩子们的力量,几个人为一小组,利用课余时间,制作作品,每制作一个作品,奖励一枚生态币。

家委会:鼓励孩子和家长一起进行亲子实践活动,每个作品,奖励一枚生态币。同时,与会长配合,组织班级环保体验活动,将搜集到的壳类制作成工艺品。

3. 一特色

计划开展符合班级的特色活动:围绕班级特色,每月一次活动。

三月:天气越来越暖和,正是个踏青的好时机,与家委会活动结合,来次海边踏青,顺便采集贝壳。

四月:和孩子们一起将搜集的贝壳制作成平面工艺品,并和家长一起设计立体工艺品的造型。

五月:以"学海无涯"为主题,带领孩子一起认识各种海洋生物,制作成儿童读物。

六月:通过家委会活动,制作立体工艺品。

四、其他常规工作

1. 卫生方面

进一步对卫生小组长进行培训,指导他们如何进行分工,责任到人,增强小组意识,起到模范带头作用。

卫生委员分工明确,检查教室内外卫生,有大问题及时向老师汇报。

每天由卫生委员检查个人卫生。

综合各方面表现,结合卫生委员的记录,每周评选一次"卫生标兵"。

2. 行为方面

给到校、课堂、课间、两操、放学等方面表现好的学生发小奖章,不好的适当减扣小奖章,由每组的组长记录。

定期对学生进行道德行为的教育。

利用"优秀小组"的评比,要求小组中的每一位组员都要规范行为。

3. 路队方面

当集合铃声响起时,全体学生迅速有序地走出教室,来到指定位置整队(指定班干部负责整队),做到快、静、齐。

班级路队必须由路队长带队,路队长按要求手持班牌,并能以身作则,起带头示范及管理作用。

行进时,队伍保持整齐、安静,学生双眼正视前方,不东张西望,抬头挺胸,便步行进,队伍横向对齐,纵向保持一条直线。路队上下楼梯靠右慢行,不推不挤,有序紧凑,没有猛跑现象。

4. 课前准备方面

听到上课铃声,停止一切活动,立刻收起活动器具,快速走进教室,不奔跑。如上楼梯必须加紧脚步,但避免连跨台阶。不和同学拉扯或讲话,及时坐回自己的座位上。

5. 学习用品的准备

认真检查学习用品,及时摆放整齐,书本整齐地摆放在桌子的左上角。

只要我们充满爱心,关心和爱护学生,并严格地要求和教育他们,爱中有严,严中有爱,爱严结合,细致入微,尊重孩子,宽容孩子,我们就能找到开启学生心灵的钥匙。

"海之风情"中队静态文化

一、班风

静心、包容、团结

【释义】

之所以选择这三个词语当作班级的班风,原因有二:一是平静的大海带给我们的是一种恬静、一种惬意,是一种平实的、心平气和的心态,"静心"二字凝聚了大海的这个特点;二是大海辽阔、宽广,海纳百川,有容乃大,"包容""团结"两词充分概括了它的这个特点。这三个词,正是教师对孩子们的殷切期望。希望在我们"海之风情"这个大家庭中,每个孩子在学习、生活中能够做到静心修身,在与同学、朋友等的交往中,能够做到包容、团结。

二、班规

1. 学习方面

上课能积极发言的同学给予红花奖励。

上课认真听讲、会学习的同学给予小贴画奖励。

作业写得干净又整洁的同学给予小红花奖励。

2. 卫生方面

个人卫生:要求衣着整洁,做好"三勤",桌箱勤清,物品勤摆,两操勤做。

班级卫生:每天早、中、晚分派值日生清扫,设立卫生监督岗,进行检查与监督。对于主动、及时打扫卫生的同学或小组,进行奖励。

3. 纪律方面

课间做好课前准备,由班干部进行管理,教师辅助管理。

课间做到三轻,队伍做得快、静、齐,两操认真的同学可以得到小红花。

培养学生在楼道不打闹,校园不疯跑,上下楼梯靠右行,轻声慢步进课堂,上学放学排路队的好习惯。

4. 举止文明的习惯

认识国旗,知道爱护国旗,能分辨是不是国歌,升旗时要安静站好。

见到教师主动敬礼问好。

不打架、不骂人、不争抢东西,要学会礼让。

别人讲话时,不乱嚷嚷,不随便插话。

5. 讲究卫生的习惯

讲卫生,在父母的指导帮助下早晚刷牙、漱口,饭前便后要洗手,勤洗头洗澡、勤剪指甲、勤换衣服。

不随便乱扔果皮纸屑。

不在墙壁上乱写乱画、乱贴乱挂。

学习做值日。

6. 遵守秩序的习惯:

上课铃响,要立即进教室坐好,不下座位,不打闹,认真听讲,读书写字姿势要端正。

上学遵守路队要求进入校门,放学集合好按路队顺序走出校园。

升国旗、参加学校大会,做到安静整齐,遵守大会秩序。

三、班徽

【释义】

"海之风情"中队,和"海"有关,所以我们的班徽以"大海"为景韵,而孩子们则像一颗颗闪亮的"星星"。海上跳跃的亮光是一个个顽皮而又懂事的精灵,它们像萤火虫,闪亮自己的亮光,照射别人;它们像一盏盏灯光,点亮他人的心声,点醒他人的沉醉;它们像金色的橘子,呼唤丰收的喜悦。它们是那样的淘气,让人摸不着,捉不透,但是它们对于我们来说,是那样的熟悉。它们就是——星星!也是我的一群可爱的小宝贝们!希望我们班的小宝贝们开开心心每一天。

四、班歌

"生态教育"是我们学校的办学特色,学校以全方位的校园生态文化为引领,使生态教育下的校园,不是花园似花园,不是乐园似乐园。在生态教育下,孩子们有了热爱自然、学会共处、感恩社会的意识和行动。

因此,我们的班级以"生态"为主题进行了各种活动。为了让孩子们更加热爱自己的学校,更能将"生态"意识牢记心中,我们选择了《生态普小》这首歌作为我们的班歌。

五、生态口号

"好好学习,天天向上",出自《毛主席语录》,也是我们耳熟能详、天天挂在嘴边教育孩子的话。我们班把这两句话分别贴在前门和后门的上方,时刻提醒孩子们要好好学习。

六、特色板块

这两个墙面以"贝壳"为主题,将贝壳、小海螺等壳类串联在一起,组成一个个美丽的墙帘。同时,为了使墙面更加生动、美丽,墙帘下面又配以美人鱼、小海鱼等贴画为背景,让单调的白色贝壳更加丰富起来。

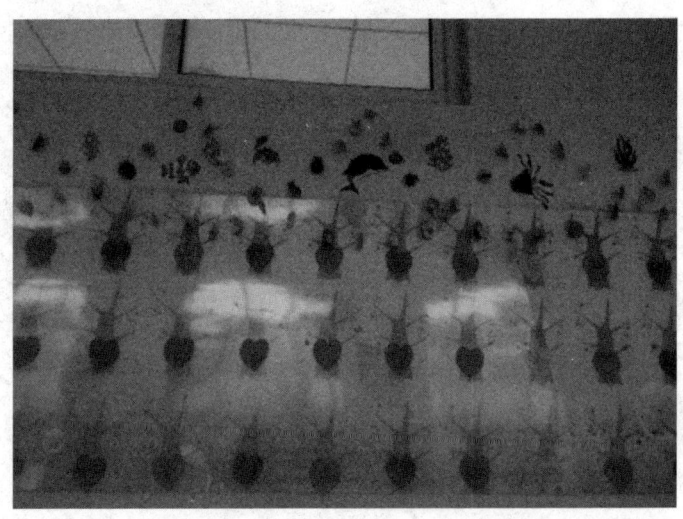

成长树设在教室的北墙上,在这一板块上制作成长树,一人一棵,每棵树干上写上学生的名字,贴上照片,写上自己的理想;树杈用来贴平时取得的"星星"小贴画。在适合学生操作的范围之内,让学生看得见,够得着,随时起到激励、启示的

作用。为了更好地衬托出成长树,我们在上面贴上了海洋生物贴画,又将贝壳装饰品呈波浪型悬挂在上面,生动活泼。

生态角是我们的主角,在这里孩子们利用手中的洗衣液瓶、矿泉水瓶等废弃的瓶子,经过设计,制作成了一个个漂亮的花瓶。同时,为了与班级特色相呼应,孩子们在每个瓶子上,黏贴上了贝壳,形成了不同的花瓶图案。课余时间,孩子们欣赏着他人的设计,照顾着自己和他人的环保花,在这种氛围中,提高了环保意识和审美情趣。

"美的欣赏"这一板块主要是孩子们利用一些壳类,制作成一幅幅美丽的立体图案,供其他孩子和老师们欣赏。因为贝壳几乎都是白色的,所以再用彩笔点缀一下,就成了一幅五颜六色的图了。这个板块让孩子们发现世上没有绝对的废物,废物加以利用同样可以是一份财富,更深入地提高了学生变废为宝的意识。

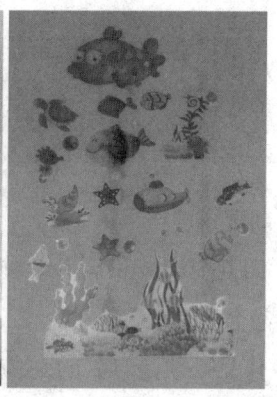

"海之风情"四个大字,贴在后墙的最上面,一进教室就呈现在眼前。除了有贝壳、海螺等生物外,还有海豚、海草等生物。这些生物就以贴画的形式装饰教室,让我们一(5)班这个大家庭,更像大海,我们就是海洋中的生物。

"海之风情"班级校外活动

活动目的

"变废为宝"活动通过利用废旧材料自制作品的方式,倡导学生节约资源,合理运用自己的头脑,开发思维,体验创新设计的乐趣。活动内容来源于生活,在"垃圾"到"玩具"这一变废为宝的过程中,孩子不断创新、大胆尝试,使孩子感受到能源的有限性以及废旧物品是可以循环利用的,培养了自己的观察能力、推理能力和组合创新能力。

活动对象

一年级(5)班家长、学生。

活动时间

2017年3月5日。

活动地点

雯惠家。

活动材料

贝壳、海螺壳等壳类、宽胶、热熔胶、版纸。

活动要求

1. 四五个家长和学生组成一个小组,设计作品。(在作品背后注明班级、姓名及作品名称。)

2. 作品必须是自制的,主体由贝壳等废弃的物品构成。

3. 作品属于生活用品或工艺品等,具有一定实用价值;作品要注意精致、美观、牢固。

活动注意事项

1. 注意安全

在活动中,一定要注意安全隐患,要文明活动,严肃制止破坏设施等行为。

2. 遵守纪律

全体同学一切行动听指挥,不得单独行动。

3. 讲究卫生

本次活动中,同学们需带塑料袋回收垃圾,保持卫生干净,维护学校良好形象。另外要管好自己的衣物,以免遗失。

"海之风情"一组活动设计

作品设想

"好好学习,天天向上"八个字。

材料和工具

贝壳、彩笔、塑料板、热熔胶。

制作步骤

1. 把贝壳洗干净、晾干,从中挑出形状特别而且完整无损的贝壳。

2. 用水彩笔在贝壳表面涂上各种颜色。
3. 按照设想,把带有颜色的贝壳拼图 DIY 做成各种形状的动物或者风景。
4. 用热熔胶把拼好形状的贝壳粘在塑料板上。
5. 用彩笔装饰一下作品边缘,即可完工。

作品展示

"海之风情"二组活动设计

作品设想

4幅墙帘。

材料和工具

贝壳、海螺、贴画、竹竿、热熔胶、小电钻。

制作步骤

1. 把贝壳洗干净,晾干,从中挑出形状特别而且完整无损的贝壳。
2. 合理分工:两人挑选合适的贝壳和小海螺;一人用小电钻钻眼儿;两人负责将钻好眼儿的贝壳、海螺串连起来。
3. 按照分工,开始行动。
4. 将串连好的墙帘悬挂在竹竿上。
4. 准备好墙帘,需要一些与"海"有关的贴画加以映衬。

作品展示

"海之风情"三组活动设计

作品设想

3幅拼图。

材料和工具

贝壳、塑料板、热熔胶、小电钻。

制作步骤

1. 把贝壳洗干净,晾干,从中挑出形状特别而且完整无损的贝壳。
2. 设计好所要拼的图形。用铅笔在塑料板上画草稿,初步设计一下布局。
3. 根据设计,将贝壳、小海螺等所需材料粘贴在塑料板上。
4. 给贝壳涂上美丽的颜色。

作品展示

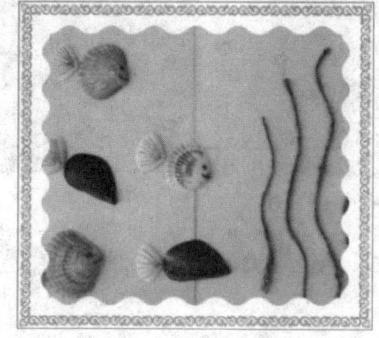

"海之风情"和谐图

为了班级特色,大孩、小孩一起上。大家齐心协力,谱写出和谐的乐章!

"海之风情"展示图

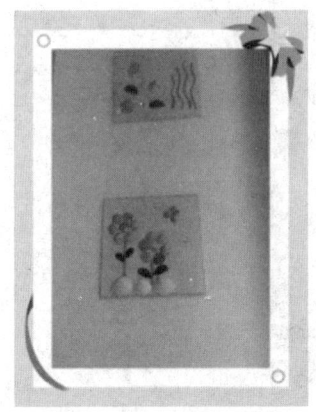

美不胜收！漂亮的教室装饰,更能激发学生们的环保意识。在美的环境中学习,真舒服啊!

"海之风情"班级校内活动

一、主题背景

环境和资源是人类发展面临的重大挑战,社会的协调发展、可持续发展已成为人们关注的话题。对儿童来讲,要从小养成保护环境、珍惜资源的文明习惯,需要我们给予具体的引导。本次活动从贝壳、小海螺等废旧物品的妙用入手,引发儿童节约资源、珍惜资源的体验和情感,启蒙他们的环保意识。

二、活动目标

1. 了解海洋中我们比较熟悉的生物,增强热爱自然的情感。
2. 通过本次活动,引导学生发现废物利用的妙处,激发废物利用的欲望。
3. 增强环保意识,养成保护环境的行为习惯。

三、活动内容

1. 欣赏教室生态文化。
2. 阅读班级创建的海洋生物绘本。

四、活动地点

一年级(5)班教室。

五、活动对象

一年级(5)班全体成员。

生态视野　绿色情怀　>>>

班级创建绘本

"海之风情"班级校内活动掠影

宝贝们在互相欣赏大家制作的贝壳花瓶

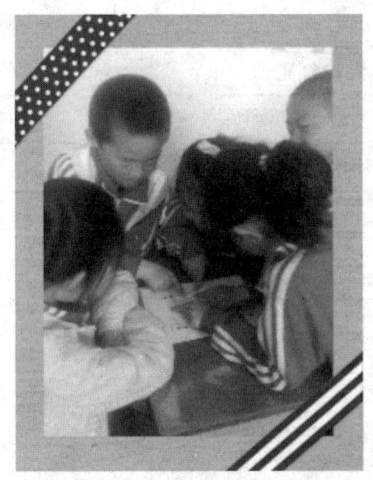

宝贝们在一起阅读班级创建的海洋生物绘本

"海之风情"班级特色评价细则

评价目的

随着社会的发展、人们生活水平的不断提高,随之产生的废物垃圾也越来越多,不但影响环境而且不利于学生学习。在此,我们发掘和利用这些废物存在的价值,将其变废为宝。这样不但可以节省资源,还可以保护环境,因此,我班决定制定详细的班级特色评价细则,以此增强保护环境的意识。

评价内容

座位附近的卫生、各自负责的卫生区域、桌椅摆放、绿色植物的照顾、变废为宝的创作。

评价项目

考核要素	评价细则	得分
座位附近卫生	不乱丢杂物、座位附近干净、不乱画书桌	2印章
卫生区域	每天按时打扫卫生,要求干净、整洁	3印章
桌椅摆放	课余时间桌椅摆放整齐,桌垫干净	2印章

续表

考核要素	评价细则	得分
绿色植物照顾	按时给植物浇水，照顾好植物	3 印章
变废为宝	作品从壳类等废物中选材，美观、大方、实用	1 生态币

（备注：10个小印章可换得一枚生态币）

"海之风情"特色班级排行榜

凌一萍，班长。说话、做事利索。平时特别注意环保节能。有一次，一位同学顺手把矿泉水瓶扔进垃圾桶里。她看到了马上说："不能把矿泉水瓶扔进垃圾桶里，要放在回收箱里；瓶盖送给老师，我们可以用它来装饰校园。"

段嘉怡，恬静、善良的小姑娘。在日常生活中总把纸屑、果皮、塑料袋统统扔进垃圾桶。对树木、鲜花、草坪也非常爱护，节假日出去游玩的时候，只要看到有人践踏草坪等公共设施，都会上前制止。

姜子恒,热心社会公益活动,由于表现优异,被同学们评为"生态小明星"。他常带领队员们去社区捡拾白色垃圾;去街坊邻居家宣传环保常识,宣传绿色奥运。由于表现优异,我班的"节纸天使小队""生命之绿小队"被评为优秀创新小队。

宫晓晨,从自身开始,从小事做起,认真进行环境保护,不管是在学校还是在其他公共场合,她从来不乱丢垃圾,发现别人丢垃圾,她就主动捡起来。在家里,经常和妈妈一起利用垃圾制作小工艺。你看,她制作的花瓶多漂亮。她常带领队员们去社区捡拾白色垃圾;去街坊邻居家宣传环保常识,宣传绿色奥运。

亲们,谢谢你们

——特色班级创建故事

一年级的家长,对于班级工作都是比较支持的。这也是我第一次感受到家长的力量,尤其是家委会的力量。由于工作的原因,平时我与家长们接触得比较多,所以大家互相了解得也比较多,说话自然更亲近一些,有什么事情,和他们一商量,马上就开始行动。也正因为如此,班级的各项工作都进行得又快又顺利。

当特色班级创建工作布置下来以后,我首先和会长商量,选择什么特色更好。会长一个个的捋、一个个的排除,最后我们决定以"海"为主题。主题确定了,接下来的工作就开始了。

会长把这一想法和工作告诉了家委会,大家又在家委会群里讨论需要准备什么、做什么东西、如何组织大家一起活动等问题。还不停地督促我:"什么时候开始行动?""确定下来了吗?"他们比我还着急。你说,有幸遇到这么一群聊得来、能大力支持自己工作的家长们，我能不感动吗？

其实，让我最感动的还在后头呢！"万事俱备只欠东风"，为了节省时间，快速地创建特色班级。我们班家委会决定先去捡一些贝壳。原本确定下来捡贝壳的那一天，我却临时出去学习了。我告诉他们不行别去了，改天吧。那天还特别的冷，大家一开始也同意了，就各自忙去了。9点左右，会长突然在群里说，微信里看到别的班级都在行动，咱们也别落后。那么冷的天，大家不听我的劝阻，放下自己手中的活，骑着电动车就去了海边……亲们，一切尽在不言中，谢谢你们，有你们真好。

捡回来的贝壳需要洗一洗，晒一晒。我说这项工作由我来做，但是会长不同意，她说你有孩子，哪有时间去干这些活，再说这些贝壳、海螺的味道太大了，孩子小，闻到不好……姐姐，你还让我说什么呢，我只能告诉自己：你遇到了这么一群好家长，一定要好好教育孩子、对待孩子，就因为这群好家长，你也没有理由不好好工作。贝壳洗干净了，晾干了。我们大家在会长家开心地把班级特色创建好了……

有人说："赢得一位家长就等于赢得了一百位家长"，何况我有那么多家长的支持，我相信在我们大家共同的努力下，孩子们也会越来越优秀。每每遇到一个人，我总想把我们班家长的故事告诉他们，不仅仅是创建特色班级这一个故事，班级里还有好多感人的故事。"物质"上的，比如：爸爸妈妈出差回来买的好吃的，宝贝们总要拿回来给我尝尝，不管我怎么推辞，让他们自己吃，可他们就是不同意；"精神"上的，每次遇到什么困难，家长都会提前提醒我，比如：前段时间让家长下载优课，出现了很多问题。有家长怕别人问我时，不知道怎么回答，在自己亲自验证了如何下载后，qq提醒我，当有人问这个问题时，该如何解答……我们班呈现了很多类似感人的故事。当然，我也会在大风、大雨等需要我提醒的时候，提醒家长，孩子们。

正是与他们之间的这些故事，时常萦绕在我的心头，让我尽享快乐与幸福。我爱他们，相信他们同样也爱着我。亲爱的大朋友、小朋友们，谢谢你们，我爱你们！

这条路一直很干净

——特色班级创建故事

生态特色班级创建完了,为了更好地引发学生节约资源、珍惜资源的体验和情感,启蒙他们的环保意识。我们在班级里举行了两项活动:一是,欣赏教室生态文化;二是,阅读班级创建的海洋生物绘本。不能只让"生态""环保"停留在这段时间里,因此,在班级中,我大力宣传环境保护,承诺孩子们捡一次垃圾就加两个小印章。

一开始,孩子们可能真是受了小印章的"诱惑",纷纷去捡垃圾。为了验证是不是因为小印章,孩子们才去捡垃圾,于是我故意慢慢地就不再加小印章了,没想到孩子们竟然一如既往地拾碎片、捡垃圾。一到放学,我们班的队伍就散了,虽然看上去不好看,但我对孩子们捡垃圾的行为进行了肯定。于是,"捡垃圾"成了我们班一道美丽的风景线。

在美丽的校园中,当有的同学将手上的包装纸随手乱扔的时候,我们班同学马上就会主动地捡起来,嘴里还嘟囔着:"真不讲卫生,不讲文明。"记得有一次,我们班志豪同学看见一个大哥哥随地乱扔纸屑时,便走过去,严肃地劝阻他。谁知道那哥哥看着他小,竟然骂他。这时,志豪一点不胆怯,他一直和那个大哥哥讲道理,直到最后大哥哥把纸屑捡起来丢在垃圾桶里才算完。回到班级以后,其他孩子告诉了我这件事,我在班级里大肆宣传,表扬孩子,发给他生态币。全班孩子看在眼里,记在心里,看见垃圾,不论在哪里都能主动地捡起来。在他们心目中,学校是他们的家,保持学校、班级的环境清洁就是他们的责任和义务。

我们班的学生时时刻刻都在严格要求自己。不论是谁,什么时间走到我们班级,卫生从来都不是问题,地面从来不会有垃圾,这就是孩子养成习惯的结果。每天早晨来到班级后,谁来了就会主动地打扫教室卫生。每次在清理教室前面的垃圾篓时,孩子们都能分类回收垃圾,将可以回收的废纸等杂物放到废纸袋里。每次我们出去上体育课或去参加升旗仪式的时候,班干部总会最后一个离开,因为他们要检查一下教室的灯是不是已经关了。地上有了小纸片,他们会弯下腰捡起;教室的饮水机脏了,他们会拿起抹布擦干净;身边的小伙伴们如果乱踩草坪,他们会进行耐心地劝说……有时候,他们也会有些小埋怨:"老师,我们班一直都在捡垃圾,为什么每次都不给我们加分。"(孩子们的集体荣誉感很强烈)我笑着对孩子们说:"加不加分没关系,我们捡垃圾的目的不是给他们看的,也不是非要为了加分才去做。只要我们坚持捡垃圾,他们也一定会看到我们,给我们加分的。"

可以说本次创建生态特色班级,对我们班孩子来说,是一笔不小的财富。他们提高了保护环境的意识,并且用行动验证了这一切。也正因为班级孩子们主动捡垃圾的这种风气,所以我们班级后面的这条小路一直非常干净。我相信只要有我们一年级(5)班在这里,这条小路会一直干净着……

三月班级氛围创设

三月,我们根据班级特色举行了一次活动:贝壳作品制作。

我们通过利用废旧贝壳、海螺自制作品的方式,倡导学生节约资源,合理运用自己的头脑、开发思维,体验创新设计的乐趣。在活动中,大家自己准备了一些材料:贝壳、海螺壳等材料,宽胶、热熔胶枪、版纸等工具。家长和孩子们一起在开心、快乐的活动中,谱写出一幅美丽的画面。

在活动前,家长和孩子们一起利用周末时间,去海边捡了一些贝壳、小海螺等材料。在这里还发生了一件令我们每个人感动的故事:班级文化创建的一天,风很大很大,天特别特别的冷。恰巧贝壳不够用了,而这个制作又特别着急,怎么办呢?我跟家委会说:"算了吧,等着再说吧。"而他们却不听,有的放下手中自己的活,骑车就去海边捡贝壳了……回来后,手和脸都冻麻木了。就是这样的家委会,才让我们的班级如此优秀。

活动中,我们主要利用贝壳、海螺壳等材料来制作作品。我们把回收来的材料洗净后,经过晾晒、涂色、串连等环节,一步步制作出了美丽的作品。在整个活动过程中,家长和孩子合理分工,小孩干一些简单的、力所能及的事情,比如:洗贝壳、挑选贝壳;大人则有的用电钻钻眼,有的将钻好眼的贝壳串连起来,经过一天的辛勤劳动,在大家的齐心协力下,我们完成了一个个美丽的作品。

最后,制作完成之后,我们将制作好的作品,放置在教室里。当看到悬挂着的这些作品时,我们心里有一种说不出的感动。

通过本次开展的环保实践活动,我们收获了很多,一方面,我们锻炼了班级孩子和家长的合作能力,在实践中成长;另一方面,我们为保护环境做出了自己的贡献。环保是我们经常挂在嘴边的话题,但是能真正做到的又有几个人呢?只有从观念上解决这个问题才是我们的根本出路,否则环保将只是拿出来作为装点门面的话题。本次活动让大家都认识到"爱护环境,人人有责"这个环保责任,环保从人人做起,再上升到一个家庭、一个集体,再到一个国家,直至全球。如果我们人人都从身边的小事做起,我们将拥有一个美丽的家园。同时,此次具有特色的班级文化布置,发挥了学生、家长的创新才能,提高了学生的动手能力,增强了绿色环保意识,培养了合作能力,让教室不仅充满了学生的笑声、朗读声,还充满了绿色环保气息。

四月内涵文化积淀

四月份,我们班级组织了两次班级文化积淀活动。一是带领孩子们一起欣赏了大家制作的贝壳类小作品,并引导学生说一说看完的感受;二是通过上网搜索一些壳类生物,了解其特点,搜集整理,打印成册,制作成班级特色绘本,进行阅读。具体情况如下:

欣赏"创造美"

作品挂到墙上,不用说学生们也会欣赏。但是,他们会欣赏到什么、会有什么想法、想说点什么等,我们让他们欣赏的目的是什么,学生们并不了解。因此,为了更好地引导学生们正确地欣赏,提高他们保护环境、增强废物利用的意识,我们班举行了欣赏"创造美"的活动。

首先,请学生们说一说,废物是从哪里来的?这些废物如果不加以利用的话,会出现什么后果呢?学生们的想象力特别丰富,纷纷说出了很多可能的后果。有的学生还感慨地说道:"幸亏我们人类聪明,知道可以加以利用。不然的话,我们的生活环境太可怕了。"在引导学生们认识到这一程度后,接着我引导学生们欣赏班级里的作品,和他们一起回忆制作过程,最后加以总结:"你看,我们平时产生的废物,经过简单的加工就可以创造出美丽的东西。希望咱班学生能够继续加油,创造出更美的东西。"

阅读"绘本美"

"最是书香能致远,读书之乐乐无穷。"为进一步激发学生的环保意识,同时激发学生读书的热情,活跃班级文化,树立正气,营造良好的班级文化氛围,老师和同学们一起探讨了想了解的贝类生物,并且搜集相关的资料,打印成册,编成了我们班级的特色绘本。本学期我们开展搜集资料、读书活动,亲近书本,喜爱读书,营造了生态特色班级。

深入宣传,营造良好氛围。按照活动方案,在三月底,我和同学们一起探讨了想了解的贝类生物,比如:迷你象拔蚌、蛏子皇、薄壳乡螺等各种壳类生物。接着,大家分类、分任务,回家利用电脑搜集每种生物的特点;最后,教师收集整理,打印成册。同时,引导学生们课余时间可以几人一起,互相看绘本,同时也可以学习到新字。通过强势宣传营造班级文化氛围,提高学生的思想认识,为深入落实读绘本活动奠定了坚实的基础。

教师以身作则,带头读绘本。要想让学生爱看书,教师就必须先爱读书。因此,我利用这次的机会,掀起一阵交流贝类生物的潮流,为我们的学生树立了榜样。课余时间,让同学介绍自己知道的海洋生物,他们个个都畅所欲言。通过此次交流会,同学们互取所长,学到了更多知识。

这个月的活动,积淀了班级文化的内涵。

第三节 播种绿色希望,放飞生态梦想

寓教于乐,保护生态环境

春风吹散了寒意,春雨滋润了大地。春天,是一个播种希望的季节。我校三年级(1)班是一个向日葵中队,每年春天,班主任都会带领学生播种向日葵。可是种子成功发芽得却很少,师生为此十分烦恼,为什么播下的种子就发不了芽呢?为此学生求助我。我便抓住这个教育契机,决定在春意盎然的日子里开展"播种绿色希望,放飞科技梦想"的生态种植活动。活动意在让孩子们亲历向日葵从选种到收获的过程,感受生命的萌发、成长,在具体体验的过程中学习成长,感受小组合作的力量与快乐。

一、活动启动

活动前让孩子搜集了有关向日葵的资料并互相交流,讨论种植向日葵需要准备什么?学生们提出要准备向日葵的种子、育苗箱、种植工具,还提议用收集的废旧塑料瓶和泡沫箱加工成育苗箱,既经济又环保,同时根据学过的《土壤的种类》,选择适合向日葵生长的土壤。恰逢学校社区开放日,我们邀请了种植经验丰富的社区居民为我们讲授种植技术,社区居民从土壤的选择、浇水、播种的技巧等方面进行了详细指导。

二、活动实施

我带领孩子们挑选出个体饱满的葵花籽作为种子,将挑选出来的种子晾上2天,以增强种子的生命力,并清除寄生植物的种子。让孩子们从家中搜集了各种废旧泡沫箱和塑料瓶,专门请美术老师来到课上进行手工制作指导。孩子们对育苗箱的设计大胆新颖,在学生们的巧手雕饰下,原本破烂不堪的废旧物品绚丽重生为美轮美奂的育苗箱。通过学生亲身参与设计创作与实践的过程,能更好地激发出他们的主人翁意识,深刻了解环保的紧迫性,不仅对学生进行了环保教育,而且锻炼了学生的动手能力及创新能力,使学生的艺术特长得以充分发展。

 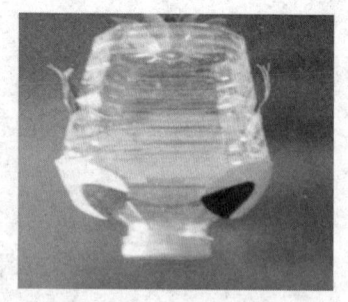

　　一切就绪,我们便开始种植,向日葵种子头尖的一头朝上,再覆盖上1厘米厚的土,轻轻压实用水浇透至湿润。根据向日葵的向阳性,我们将育苗箱搬到了光照条件好的阳台上。种子播下后,孩子们每天中午都去浇水、晒太阳。功夫不负有心人,种子在孩子们的精心呵护下顺利发芽,尽管只冒出稀疏的几棵,但孩子们看到娇嫩的幼芽仍激动不已。为了把向日葵的成长点滴记录下来,便邀请了语文老师来给我们进行观察日记的专项指导,从此孩子们有了一个专题日记——向日葵成长记。从发芽的第一天,孩子们就开始坚持观察记录,观察细致到每天长了几毫米,叶子的颜色变深了一点点。精彩的日记片断比比皆是,比如:"幼芽刚冒出来的时候它的芽特别的娇嫩,被葵花籽壳紧紧地包裹着,像母亲用温暖的怀抱紧紧地拥抱着自己的孩子,长大后的种子就像我们长大后不再需要父母的呵护、要离开父母一样。"随着幼苗长大,也到了履行使命的时候。移植时孩子们小心翼翼的生怕损伤一点,细心地浇水、围埂,为每一棵幼苗布置了温馨的家。移植到种植园后,孩子们的脚步并没有停下来,而是持续观察、除草、施肥、定期交流。如今,向日葵取代了孩子们的小人书、科幻卡片,成为学生们的讨论热点。

三、活动拓展

　　从最初的小组长学习技术,到小组长带领组员种植向日葵,到现在孩子们都来种向日葵,孩子影响了孩子,孩子影响了老师,师生共同体验到了种植的乐趣,又促进了学生的种植活动。种植向日葵的星星之火掀起燎原之势。孩子们已经不满足于培育向日葵了,跃跃欲试种植其他植物,种葫芦、生菜、花生的都有。以种植向日葵为契机,建立了小组、班级、辅导老师的三级联络制度,定期交流经验和解决种植项目的问题。学期末我们班还评选出种植小达人,在全校表彰。

寓教于乐的活动方式激发了孩子们对未知世界的探究热情，使他们从小就善于观察和发现问题。育绿、养绿已经成为学生的兴趣热点，学校里的每一个角落都蕴含着教育的力量。课间，孩子们追逐打闹等不文明的现象少了，取而代之的是蹲在班级的生态角进行观察。孩子们珍爱生命、保护环境、团结友爱、互帮互助、文明礼貌的和谐校园新气象正在逐步形成。学生科学学习的情趣更加浓厚，独立思考、解决问题的能力得到进一步提升。当然，活动过程中也存在不足，例如：孩子学会简单的种植后，兴趣正在逐步减退，急需新的兴趣点和更有挑战的项目；对过程性的资料搜集也不够及时。

第四节　生态种植观察

大蒜观察日记

今天,我发现大蒜终于发芽了!大蒜刚长出来的嫩芽是嫩黄色的,不过,几天后嫩芽长长,就变成嫩绿的了。大蒜的嫩芽不大引人注意,但它长大后的蒜苗就十分吸引人的目光。这些蒜苗绿得那么新鲜,看着非常舒服。蒜苗一根根向上长着,有的长到一定高度,就弯曲了;有的一直笔直地向上长,直到发黄、枯死;还有的则和其他蒜苗盘起来一起生长,像两根盘旋上升的绿丝带。以前我也种过大蒜,但只知道蒜能发芽,并不知道大蒜有根,可是,我想,植物没有根,怎么能生长呢?这次,我注意到,原来大蒜是有根的。大蒜的根长在芽的另一端。这端的里面发出十几根枝状的细丝,这些细丝像蜗牛的触角。细丝是白色的,微微有点发黄,这就是大蒜的根。大蒜的根起先只有不到一厘米长,后来随着芽的生长也逐渐长长了。不要瞧不起这些白色的根,只有这些根吸收了充分的营养,蒜苗才能生长得那么快。

(五年级(6)班　黄天泽)

水培地瓜观察日记

一周过去了,在我的精心照料下,终于第一株地瓜苗长出了茂密的绿叶,最长的茎有 12cm,最大的叶子也有 3cm 宽。再观察其他两棵,原以为不会成活的两个地瓜居然也已经发出芽了,一棵长出了 6 根白色的根,另一个除了长出了 2 根长约 3cm 的根外,还发出了约 4cm 长的芽。看着这些根、茎、叶,它们很有活力,让我的心中有了一些满足感、成就感,同时也更有信心养好它们。

(三年级(4)班　王子暄)

红豆观察日记

首先,我们挑了个大的花盆,在盆中铺上厚厚的土,其次,我先用小铲子把土挖出一个一个的小坑,把红豆种子一粒一粒小心地放进小坑中,然后把小坑一个个填平,洒上水就 ok 啦!

虽然我知道红豆发芽会是一个比较漫长的过程,但是我会耐心等待,悉心呵护。过了一周红豆终于发芽了,哈哈!我终于等到红豆发芽了!远远望去,在土层上边略微可以看到绿绿的一层,看来这些天我每天给它浇水的功夫没有白费。如果要仔细看它的芽和细根,那还得翻开土,今天我想看个究竟。我在盆中选了一个小角落,用铲子小心翼翼地把土刨开,忽然,我发现了白白的根须,显然种子已经长出了根。那根看上去就像小姑娘的辫子,弯弯的、翘翘的,不过,我说它更像是字母"a",可爱极了!

(四年级(6)班　孙恺)

对小麦的观察日记

我抓了一把小麦放进水里,泡了10个小时后,再把它们从水中捞出来,并把它们放在阴凉的地方让多余的水分晾干,我发现没泡水的时候只有米粒一般大小,泡水后已经像个"大胖子"了。最后,把它们放进泥土里等它们长大就行了,我希望它们快快长大成熟。今天,小麦终于发芽了,它们可是在泥土里"住"了两天两夜,现在破土而出了,钻出了一个个嫩绿色的小苗,好像有许许多多的小脸蛋在好奇地看着这个美丽的世界。但还有一些小麦不肯伸出头来,藏在厚厚的泥土里,应该是外面太亮了,它们还不愿睁开眼睛看看吧。这些长出来的小苗像一根根针尖,密密麻麻地插在泥土里,不知道还要过几天才能长大。

(三年级(1)班　刘畅)

校园里的兔子

我们学校养殖园里有几只小白兔,它们的毛是白色的,眼睛是棕色的,鼻子是粉红色的,个头非常小,只有一只老鼠那么大。

小白兔很聪明。有一次,我喂它东西吃的时候,发现它不是把嘴直接放在食物上面吃,而是用前爪把食物紧紧抱住再吃。吃完后,它还把嘴放在地上擦一擦。还有,它每次走到台阶边缘时,从不会掉下去,因为它总是先看一看有没有危险,然后再做出相应的对策。兔子的性格非常温顺。在自然界,它对其他动物没有什么伤害,也不侵犯人类,但是许多动物都欺负它,狼、虎、狮子等都想吃它,鹰也想叼它,甚至人也开枪打它……但是兔子始终没有被消灭。为什么呢?因为它能顽强地保护自己:它跑得很快,见到狼、虎、狮子等,就飞快地钻进洞里;如果鹰来叼它,它就会仰面朝天,用四条腿去蹬鹰;自然界的野兔子有一身保护色,躲在草丛里,连人类也不容易发现它。正是有这种顽强精神,才使兔子这个大家族经久不衰。看了可爱又调皮的小兔子,我非常开心,可是我想要的不只是在笼子里才能看到小动物,而是能在大自然中随时随地都能看到它们。这有多好呀!我以后要更加爱护小动物们。

(三年级(5)班　唐颖)

我的小兔子朋友

　　今天我到学校养殖园来看小兔子,它有一身雪白雪白的绒毛,摸上去又软又滑,看上去好像披了一件洁白的雪衣;耳朵又长又细,由粉色与白色两种颜色组成,平时它的耳朵是平着的,但是周围一有动静,它的耳朵马上就会竖起来;一对红宝石似的小眼睛也会马上注意起周围的环境。小兔子最与众不同的地方就是它的嘴,因为它的嘴是三瓣的,吃起东西来,速度可快了。一片菜叶瞬时就没了。我还发现小兔子尾巴短且上翘,前肢比后肢要短,适合它奔跑和跳跃。它的模样真是可爱,一对长耳朵粉嫩粉嫩的,淡淡的红色血管在耳朵上十分清晰,一双红眼珠像瑰丽的红宝石一样镶嵌在脸上,颜色很淡很淡的粉红大鼻子下面紧挨着颇有特点的三瓣嘴。

它不大有表情,看起来,一副呆呆的模样,可是腿脚灵活着呢!它的窝是一个足足有它身高两倍的纸箱子,就算它站起来,用两只脚支撑身体,也只有前爪和头能勉强露出来。可是,我刚刚还看见它在窝里,才一会儿工夫,它就不知用什么办法从窝里出来了,满世界乱蹿呢。

(三年级(6)班 于子航)

第五节　生态教育特色掠影

生态艺术教育　为生命着上阳光底色

我校于2012年建校,在四年多的办学实践中,学校始终践行"生态立校,和谐发展"的育人理念,坚持"鲜明艺术特色,普及艺术教育,提升艺术品质,涵养幸福人生"的艺术教育发展目标,通过开展全校性的艺术活动,凸显生命的灵动,焕发生命的活力,让校园中的每一个生命都绽放出"生态生命"的个性色彩。

一、强化基础保障,在建章立制上下功夫

我校一直重视艺术教育,牢固树立面向社会、全面育人、全面发展的教育观,把艺术教育作为提升办学品质、创办特色学校的有力抓手,高度重视学校艺术教育工作,成立了以分管领导为组长,艺术教研组长为主要成员的学校艺术教育工作领导小组,合理分工,责任到人,负责对学校艺术教育工作的规划、实施、后勤保障等进行指导和管理,同时通过定期召开工作例会,通报情况、研究问题和组织理论培训,加强了学校艺术教育工作的组织领导。

为保证学校艺术教育有序开展,每学年初,学校艺术室就要制订年度计划,年末进行专项工作总结,保证了艺术教育工作有组织、有目的、按计划实施。同时学校建立了相关工作制度,完善了艺术教育奖励激励机制,每学期都要评选特长生给予表彰和奖励,既规范了工作,又调动了师生工作、学习的热情。

二、强化队伍建设,在提高底蕴上下功夫

"教而不研则浅"。教育科研是教育教学发展的力量之源。为了充分发挥教育科研对艺体教学的指导促进作用,我们狠抓常规教研,通过艺体教研组坚持每周二的教研例会,组织教师学习交流,同时认真落实学校校本教研与艺体教育专题研究。学校建起以分管领导负责,教研组组织,教师具体实施的三级校本教研网络。此外,学校还积极引领教师实行个性化成长。根据每位艺术教师各自的专业特长,继续制订个性化课程计划。如:王文娟老师致力于生态纸雕和泥塑的研究和落实,周静老师对版画有一定的研究,焦家媛老师的曲艺指导有独到之处,张文超老师的合唱深受师生的喜爱……通过举办培训班、技能竞赛等多种形式,让每位执教教师学习一项专业技能,提高教师的艺术修养。

三、强化课堂教学,在全面普及上下功夫

我们以"生态教育"的核心理念为出发点和落脚点,以"生命绽放"为艺术教育成效的评价标准,进行高效课堂研究。让每个学生在每一天的每一节课中都能收获自信,感受成功。

首先,开展"学习名师系列活动",提升艺术教师"尊重生命"的教育意识。活动有:每位老师自主的"名师研究"、全校一致的骨干老师课堂欣赏与思考等。这些活动,让艺术教师明白:尊重生命是教育的本质规律、是生命成长的自然规律。

其次,针对艺术课堂教学目标确立不全面、不明确、不准确,导致课堂活动方向不明、效率不高的问题,学校开展"生态课堂"活动效率研究,统一了"依据三维目标备课、上课、评课"的研究思路,引领教师走上正轨,并通过校内"立标——研标——学标——达标"等活动,深化"尊重生命"的艺术课堂模式的研究。如今,艺术学科均已构建起自己的学科模式。

美术学科秉承学校的生态环保理念,根据学生的年龄特点、不同年级设立了不同的教学主题:一年级,废纸手工、毛线贴画、树叶贴画、蛋壳画;二年级,纸盒巧变身、布贴画、铅笔屑贴画、蛋糕盘的世界;三年级,旧报纸显身手、布贴主题画、环保铅笔、小瓶盖大精彩;四年级,环保服装、布偶缝制、冰棍棒巧加工、唱片大变身;五年级,纸雕塑创作、旧衣加工厂、小木块大世界、饮料瓶大变身。孩子们由课堂内延伸到课堂外,在享受美的同时,涵养了自身"热爱自然、学会共处、感恩社会"的情怀。我们的艺术课堂不仅成为孩子们获取知识的殿堂,更让学生体会到了进步的乐趣、成功的快乐,从而自信面对每一天。

四、强化课外拓展,在艺术实践上下功夫

每一个"我"都是独一无二的"我",每个有梦想的人都了不起。在保证课堂授课质量的基础上,学校为师生搭起多彩的特色成长平台,既丰富了校园文化生活,又陶冶了师生的艺术素养。

1. 学生为主体的活动

绽放源自锤炼。每年6月份的"普陀路小学生态节",都是一次秀出自我风采的盛会。每年的六一儿童节都有精彩的社团活动展示和孩子们的自由节目展示,真正实现了"人人参与、人人成长";一至五年级的班级合唱比赛,让全校1700多名同学都成为演员,秀出自己的艺术潜力;10月份"环保小卫士"绘画比赛……丰富多彩的活动平台让每位同学都能在参与中感受"大家不同,大家都好;人人不同,人人精彩"的深刻内涵。此外,文明礼仪漫画,科技节里的科幻画、电脑绘画大赛、现场命题绘画比赛等也让爱好美术的孩子有了施展才华的舞台,我们努力透过多彩活动的开展,关注每一个生命个体,给每个孩子的潜力开辟天地,给每个孩子展示自我的舞台,从而唤醒他们对生命价值的深切感悟,使他们懂得在创造生活的过程中,享受幸福的人生。

2. 教师为主体的活动

为提高我校教师的艺术素养,努力营造健康、高雅的阳光环境,学校还倾心打造"教师发展学校十大站点",其中和艺术有关的站点有"艺术殿堂""健康快车""环保驿站"等,丰富多彩的生态活动,赋予教师"心情自在,身心健康"的阳光生态气质,从而为学生的生态发展奠定坚实的基础。在浓郁的艺术教育氛围中,教师用自己的教育热情点燃孩子们的激情和梦想。

五、强化全程激励,在尊重生命上下功夫

1. 过程性评价着眼每一个

我们关心每一个学生的发展,除了评价学生知识与技能的学习成果,更注重评价其在艺术教育中能力提高、情感提升、习惯形成等过程。孩子们灿烂的笑容使我们深深体会到:教育是心灵的唤醒,而唤醒需要生命与生命的交融、心灵与心灵的沟通。学生们在实践体验中不断激发内在潜能,乐观向上,主动发展,为使自己更加优秀而努力着。

2. 终结性评价成就每一个

一年一度的生态节、生态银行兑换活动,作为一学年学习的终结性评价,让每个学生向"最好的自己"发起挑战。此外,每周的教师社团评价、每学期"社团之星"评选和人人参与的"生态银行兑换活动",真正实现了"人人不同,人人精彩"。

学校把握住让"每一个孩子都自由绽放本真生命"的理念,让不同基础、不同个性、不同需求的学生都得到发展。同时这也得到了领导和社会的广泛认可,多篇文章在省市级刊物中发表,在全省青少年纪念抗日战争胜利70周年书画大赛中,两位美术教师获"优秀辅导教师"称号。美术论文获山东省威海市环翠区第八届小学同研优秀成果一等奖;美术优课获环翠区二等奖;环翠区美术教师现场书画比赛荣获二等奖;科幻画《雾霾杀》荣获威海市青少年科技创新大赛三等奖;环翠区师生现场书画大赛,两个学生荣获国画类一等奖,一名学生荣获二等奖;器乐演奏《拉德斯基进行曲》、舞蹈《麦田童话》获环翠区中小学生第四届"时代之声"器乐、舞蹈大赛二等奖……

我们将在今后的艺术教育工作中继续努力,不断提高自身对艺术教育的认识,我们将反思昨天、把握今天、奋斗明天,把艺术教育工作做得更好,让艺术之花在孩子们的心田里盛开,为校园里的每一个生命着上阳光底色。

点石成金　绿色同行

我校于2012年9月建校,学校秉承着"生态立校,和谐发展"的办学理念,不断探索生态教育特色之路,让学生"珍爱生命　学会共处　健康生活",把学校建设成有活力、有魅力、有潜力的生态校园,是学校的发展目标。

一、课程引领,为特色发展指路引航

学校教师创编了生态特色校本教材,分别是低年级的《绿色伴我行》和高年级的《我与绿色同行》。每本教材分为环保知识和变废为宝两大版块,在变废为宝这一板块下,又包括了纸的世界、布的天地、木的世界、塑料天地四大主题,最终形成了一套完善的教材体系,为美术特色教育的全面开展奠定了坚实的基础。

在课程实施方面,我们依托美术课程、综合实践课程以及社团活动,共同打造生态教育理念下的美术特色,合力夯实学校特色建设。

综合实践课程,全面引领。我们挖掘综合实践课程中的"动手操作思维拓展"内容,与"变废为宝"实践操作相结合,使美术特色能够面向全体学生全面的开展。

美术课程,拓展提高。美术课堂是美术特色教学的主阵地,教师从美术教材中选取与废品制作相关联的内容,进一步挖掘、细化教材,深入进行"点石成金"的创意制作研究。

社团课程,搭建平台。根据美术特色的四大模块,我校成立了纸、木、布、塑料四个社团小组,由专业老师任教,进行专项研究与制作,打造精品,促进提高。

三大课程联手共同打造出"纸、布、木、塑料"的创意制作王国。这四部分立足课堂,延伸课外,参与面广,连通了课堂教学与校园活动,为学生的无限创意打开了想象之门。

二、创意制作,为特色实施保驾护航

我校的每个班级、办公室都有一个"废品回收箱",师生们对日常垃圾进行分类,并定期送往学校回收站。孩子们在教师的指导下从废品中"淘宝",点石成金,把废品变成精美的创意艺术品。通过废旧物品的利用和再加工,培养了学生的动手创新意识,树立了与大自然和谐相处的环保理念。

1. 纸雕塑的世界——立体创意造型

纸雕塑作品的原料来源于废旧报纸、纸箱等,制作方法简单,塑造形象生动,深受孩子们喜爱。纸雕塑社团由学校美术教师开发,主要进行了半立体海洋动物、立体动物、头像壁挂和平面纸浆等方面的尝试研究。通过"搭骨架""填充肉""贴皮肤""着色彩"四个环节来实现立体纸雕塑作品的塑造。

纸雕塑社团是个实现梦想的地方:孙小栋同学就通过纸雕塑创作实现了自己的"足球梦"。他酷爱足球运动,一次意外摔伤了膝盖,修养期间没法踢球了,他就和小伙伴们一起制作了一只"拄着拐杖的大猩猩","大猩猩"胳膊里夹着足球,胸前挂着一块"闪闪发光"的金牌。孙小栋同学用纸雕表现了自己对足球梦的执着。

2016年6月,我校的"纸雕塑"作品代表威海市参加了在济南举办的山东省少年儿童环保创意展活动,省委副书记龚正、省团委书记张涛等领导参加了活动,对学校环保特色活动给予高度评价。

齐鲁少年报的小溪姐姐,看到我们学校的纸雕塑作品后非常喜欢,对学校相关领导、教师、学生做了采访,在齐鲁少年报中做了头条报道。

2. 布的世界——美丽的缔造者

瞧,多么炫酷时尚的服装。孩子们洋溢着自信的微笑,演绎着精彩人生,这就是普陀路的孩子们用废旧布料及其他回收来的废旧物品制作的环保服装,一针一线无不闪现着孩子们创新的火花。

布的创意制作还包括用旧袜子和棉花缝制的玩偶和布贴画的尝试,在教学楼三楼悬挂着布料粘贴的成语故事:盘古开天、滥竽充数、龟兔赛跑、井底之蛙……孩子们用布贴画的形式将一个个成语故事演绎得活灵活现。

3. 木的世界——奇妙的创作之旅

四楼"木的世界"长廊刚刚落成,新颖的创意,美丽的视觉效果,惊艳着人们的眼球,你一定想不到,这些都是由师生在山上捡拾的树枝、树皮、野草等物品设计制作的。孩子们在教师的指导下先创意构思,再设计样稿,小组分工合作,这些原本枯朽无用的树枝,在一双双巧手下变成了造型独特的盆景,变成了小鸟的家园,变成了古朴的装饰画……重新焕发出生命的光彩。此外,牙签和雪糕棍的制作成品也是精彩纷呈。

4. 塑料的世界——点亮我们的生活

在学校的水培中心和教室里都摆放着孩子们自己种植的花草,而这些花的花盆都是孩子们用废旧的塑料瓶制作成的,这也成了普陀路校园一道独特靓丽的风景线。吸管、瓶盖……孩子们也能"手到擒来",用自己独树一帜的创意把它们变成宝贝。孩子们在动手中体验到了变废为宝、装扮生活的快乐。

三、硕果满枝——为特色深入锦上添花

创意环保的种子已经在孩子们的心田悄悄生根发芽,春色满园之际,笑看硕果满枝香满园。"伐木人的思考"是孩子们的创意作品。车慧恩说:"校园里的一棵银杏树枯死了,我看到后很伤心。怎么让小树起死回生呢?和同学们商量后,我们用废旧报纸做了一个拿着斧头皱眉思考的'伐木人',希望能用这样的形式引发人们对环境保护的思考,时刻提醒大家关爱大自然。"我们学校的谷梓禾同学,一个矿泉水瓶不让扔,变废为宝做了一个笔筒,这表情杠杠的,小笔筒也很实用!像这样的例子还有很多:校园光盘行动、社区里清理小广告、打扫卫生……看到孩子们的创意,看到"思想者"的思考,看到我校生机盎然的生态环保,我们知道"点石成金"的美术特色已经根植孩子们心中,多家媒体对我们的环保纸雕塑做了专题采访。这也成就了一批专业能力突出的教师团队:美术教师有10余篇文章发表在《山东体卫艺》中,多幅作品获区、市、省级奖项……研究还在继续,孩子们的环保行动还在继续,人类美好的绿色梦还在继续,环保你我他,行动在大家,让我们大手拉小手,共筑碧海蓝天!我校也将秉承着"生态立校,和谐发展"的办学理念,不断探索生态教育特色之路。

"光伏科普"先行　开启"节能减排"新主张
——威海普陀路小学光伏示范电站举行揭牌仪式

为积极响应国家提出的"节能减排"号召,缓解能源供给与环境保护的压力,5月13日下午,普陀路小学举行了"光伏示范电站"揭牌仪式。威海市科协主席王麦壮、环翠区科协主席王妙娟、环翠区教育局副局长杨亚辰、环翠区科协副主席黄伟莉、环翠区科技馆馆长于淼涛、威海英利广泰能源开发有限公司总经理陈江岸以及爱心企业、周边社区居委会主任、居民、家长和班级生态委员们参加此次活动。

首先,光伏发电研究小组组长姚子茹向大家简要介绍了光伏发电的相关知识,让大家了解了如何将太阳光能转化为电能,细致讲解了其节能减排的意义;其次,由学校生态委员会成员赵文霆宣读"科技在我身边,低碳与我同行"倡议书,倡导每一位同学用科技武装自己,携手低碳,让我们的生活变得更美好;最后,到场领导与学生代表一起为光伏电站揭牌,共同开启普小"节能减排"生态新基地。

仪式后,大家还参观了相关的科技社团活动,废报纸创作的海豚、大象等纸雕动物栩栩如生;同学们的赛车、机器人足球及遥控飞机玩转科技;同学们发挥聪明才智,实现废品再利用,创新的点子、新奇的构造让人拍手称奇!

本次活动不仅向来宾、家长、社区人员宣传科普及科技环保知识,而且进一步推动了普小"生态学校"的创建工作,为着力打造学校的生态特色奠定坚实基础。

启动仪式全景
学生们在观察太阳能发电板

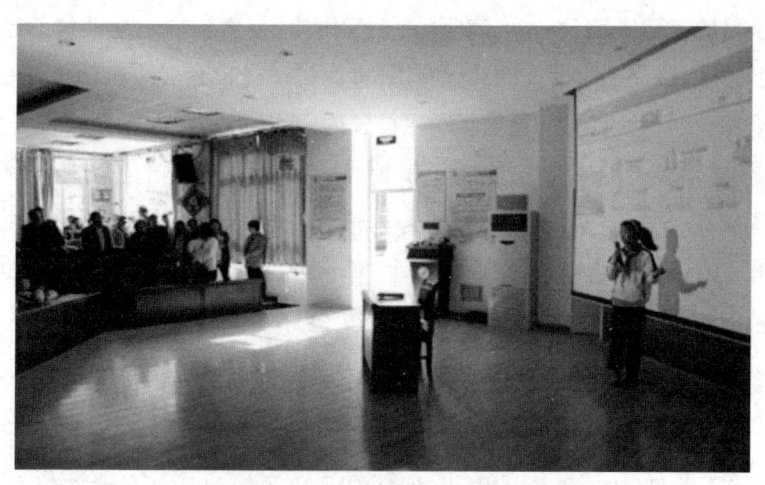

姚子茹向大家简要介绍光伏发电的知识

新闻1+1：英利广泰威海市普陀路小学光伏科普示范电站简介

项目位于威海市普陀路小学东南侧，普陀路小学致力于打造生态环保校园，该项目由学校发起和倡议，由爱心企业威海禄来摄影专业设计有限公司出资，威海英利广泰能源开发有限公司承建，项目得到了威海市国家电网和威海发改委的大力支持,享受国家和山东省新能源的基金补贴,2015年4月建成并网调试成功。

该项目利用校园内闲置空地40平方米左右,铺设英利250W,光伏组件12块,主要由水泥墩、光伏支架等支撑系统,光伏电池板,光伏交(直)流箱,光伏并网逆变器以及光伏监控系统等组成。

本项目投资约2.78万元,该系统寿命25年,寿命期内,日最高发电量可达18度,日平均发电量约10度,年平均发电量约3600度。项目采用"自发自用,余电上网模式",并网项目享受国家补贴,光伏每发一度电,国家补贴0.42元,山东省财政补贴0.05元,年可享受政府补贴近1700余元;学校平均电价0.52元/度,每年可为学校节省电费1800余元,项目年收益约3500元,经济效益显著。另外,本系统25年总发电量约90000度,可节省煤约36吨,减排二氧化碳93.6吨,减排二氧化硫0.79吨,减排氮化物0.36吨,减排粉尘约0.61吨,每棵树每年可吸收18.3千克二氧化碳,相当于植造了5114棵树木,具有良好的环境效益和社会效益。

本项目的成功实施,一方面,在广大小学生中,加大了绿色新能源的宣传、教育和科普力度,增进了小朋友的环保意识,进而推动全社会对绿色新能源的关注、生态环境保护的重视;另外,该项目利用校园内闲置空地,吸取社会富裕资金投资建设,有效地整合了优势资源,实现了学校、社会和投资主体的三方收益,创造了一种光伏支教、捐资办学的新模式,非常具有借鉴意义。在此基础上,威海英利广泰能源开发有限公司将启动"阳光校园"工程计划,为更多的中小学校园安装光伏科普示范电站,让绿色清洁能源走进千家万户。

光伏电站进校园　环保行动做示范

我校以"生态立校,和谐发展"为办学宗旨,在践行素质教育大方向不动摇的前提下,建设"生态教育"的学校品牌。在争创国际生态校的目标引领下,学校各项工作扎实推进,努力打造出具有教育影响力的生态特色教育氛围,创建了一条适合学生成长的德育教育之路。

太阳板,新朋友

我校在学校的东南侧建立了一处光伏发电站,该发电站是由学校倡议,爱心企业威海禄来专业摄影设计公司捐资,威海英利广泰能源开发有限公司承建,于

2015年4月建成并网调试成功。本项目投资近3万元,系统寿命25年,共有英利光伏组件12块,装机容量3KW,占地40平方米,是学校规划的一处生态环保教育场所,与学校生态种植园、水培中心、生态养殖园、生态回收亭并列为普陀路小学五大校内生态环保教育场所。

能发电,很环保

不要小看这12块黑色带着银边的光伏发电板,根据测算,在这12块光伏电站寿命期间,年平均发电量约3600度。光伏发电项目采用"自发自用,余电上网模式",因为是并网项目,所以享受国家和省财政补贴,这套系统25年总发电量约9万度,可节省煤约36吨,减排二氧化碳93.6吨、二氧化硫0.79吨、氮化物0.36吨、粉尘约0.61吨。如按照每棵树每年可吸收18.3千克二氧化碳,这相当于植造了5114棵树木。每当看到这一系列数据,总会让人不禁联想到:"这可真环保,要是每家每户都可以用上太阳板,那会使我们的生态环境变得多么美好!"

我管理,有门道

光伏电站建立之初,学校就本着学生自主管理这一日常管理原则,尽量做到:老师培养一批电站管理者,电站管理者带动一批科技爱好者,使光伏电站的知识真正为学生所了解,而不是成为静静躺在一角,做一个默默付出的角色。看学校的第一任光伏电站管理员正在为来参观的同学介绍电站运行的情况:"老师,您看就通过吸收太阳光,当日电量17.2千瓦,五月电量359.16千瓦……从这些数据中,我了解到光伏发电的优点有很多,比如说,太阳能无枯竭危险,并且还安全可靠,无噪声,无污染排放,绝对干净等。"

来参观,增见识

自从光伏电站在我校安家,可忙坏了我校这些科技、环保爱好者们,他们积极报名参加生态委员会,进行光伏发电与节能减排的研究,这不,从光伏电站的入住,到现在为止,我们收集到的数据有:电站累计发电量603.4千瓦;相当于减少砍伐树木1.65棵;累计减排二氧化碳0.6吨……小小光伏发电站,不但激起了普小学子对科技的研究兴趣,更让普小学子深入了解了节能减排的更多方法,在普陀路小学生态委员的倡议下,一定会有更多的同学加入到节能环保的队伍中来,为建设环境优美的家园积蓄力量。

光伏电站进校园成为"绿色"风景线

"装机容量为3千瓦的光伏发电机,投资额为3万多元,每天可发电20度左右。每天在12:00—13:00时段发电最强……"威海市普陀路小学校园内,阳光强烈,李景意同学骄傲地介绍起了学校的光伏示范电站。一年多以来,他和学校一帮小伙伴的"事业"就是自主管理这台将自然光转化为电能的发电设备。

"你知道吗?今天科学课的时候,老师告诉我们,咱们学校每个月的用电量高达1万多度,这得多少树木和煤炭啊!""是啊,要是我们自己能无污染发电就好了。"一段无意中的对话,却让刘晓波校长听到了心里,是啊,生态环保、科技环保何不从无污染发电开始?于是校长四处奔走,通过与社会合作在校内建起了小的光伏发电站,让清洁的电力呵护每一位孩子的成长,培养他们低碳环保的意识,光伏发电首屈一指。

电站管理自己来

光伏示范电站很快顺利揭牌,可谁来管理如此高科技的产品呢?学校决定成立光伏示范电站管理小组,科学老师、大队辅导员进行技术指导,由学生自己来观察、记录、研究、维护我们自己的发电站。

小组成员最初只是几个"科学精英",很多同学只能远远看着。后来,通过培训、选拔,管理小组将范围扩大到班级轮流管理,由学校管理小组带动班级管理小组,给每一个有兴趣的孩子一个亲身接触的机会。科学课上,老师带领全班同学到光伏示范电站进行观察记录,由班级管理小组进行讲解。

我们与光伏电站的故事

要说对科技的兴趣,五年级(3)班的李景意那可是响当当的。科学课上,他是问问题最多的一个,经常跟老师一起切磋"技艺",平常也爱鼓捣一些小发明,所以成立电站管理小组的首选成员就是他。不过,管理光伏示范电站可不是简单的事,作为威海市第一所建起光伏发电站的小学,几乎所有同学都是第一次见到这个"大怪物"。大家在感叹它神奇的同时,却对它知之甚少。要给大家讲解,首先自己要了如指掌。于是,景意开始回家查阅资料,了解如何将太阳光能转化为电能等知识,以及节能减排的意义,最后在举办的小型科技讲座中,小伙子侃侃而谈,俨然一个小科学家!

对于新奇的事物,孩子们总有挡不住的好奇心。大家都知道太阳光强烈的时候发电量就会高,但是到底每个时间段差多少呢?五年级(5)班管理小组在组长姚子茹的带领下,利用一个周的时间观察、记录,搜集到了完整的观察记录,并重新设计了观察记录表,时间段、太阳照射、发电量、最高时段、最低时段等,如此专业的记录真是让人叹为观止!

光伏发电是新兴能源,为了让更多的人了解它,三年级(3)班的阮飞翔自发组成宣传队,到社区进行知识普及。一开始大人们都是路过,回头笑一笑,但是看到孩子们这么卖力地讲解,聚集的人越来越多,甚至还有家长咨询,打算在自己的房顶上安装光伏发电设备,一起参与低碳环保。

想让更多人感受科技的魅力

对光伏发电,孩子们从最初的陌生到熟悉,到现在可以侃侃而谈,收获真是不少。"小科学家"李景意说:"对于光伏发电的知识,虽然自己是现学现卖,但是听到大家称赞的掌声,我很开心,也更有动力了。"四(1)班的李宇峰说:"我一开始对这种科技的产品并不感兴趣,但是真正参与到其中,还是挺有趣的,每周看着电量的变化,自己详细的记录,真有成就感。"姚子茹带领她的团队对着镜头大声呼吁:"只要你肯动手、动脑,科技就没有那么难,参与其中,你会有意想不到的乐趣。"

光伏电站带来的科技热潮正在校园中蔓延,李景意同学在橡筋动力直升机项目中获得山东省第四届青少年模型锦标赛一等奖,还有二年级(4)班的王子煊发明的循环浇花器,外出旅游再也不用担心家里植物干枯了,还有四年级(5)班匕俊华发明的健康饮水测量仪等。科技之花开满校园,现在孩子们又开始利用种植园研究循环用水及风能发电。

放眼望去,在普陀路小学这个绿色生态的校园里,阳光下一块块太阳能电池板整齐地排列,拥抱着阳光,吸取着能量。一个小型的光伏发电站正在静静地工作,既无烟尘,也无噪声,展示着新能源的魅力。

校园回收亭,废品育"新苗"

"这些纸张都揉成球了,需要展开,这样摞起来。""这些塑料瓶放这边,不要弄混了。"……几个五年级学生一边指导一边帮低年级同学对废品进行分类、整理。清点完毕,两人将这些物品都放进回收亭,修俪苇在登记本上写下:"10月17日,二年级(1)班,矿泉水瓶15个,废纸2.5千克。"这是每周五定期在威海市普陀路小学上演的一幕。喝过的饮料瓶,用完的纸张,看过的旧报纸,很多学校的学生习惯随手扔进垃圾桶,但在这里,这些废品却变成了"宝贝",成了一包包花种、一棵棵小树苗。

学校创建"绿色学校",而孩子们在班级里乱扔纸屑的行为让老师很头疼,校园清洁工爷爷也抱怨每天从垃圾箱或者校园的各个角落捡拾饮料瓶罐。于是,我校大队部为每个班配备了废纸回收箱,开展了"废品育新苗"活动。所有活动都是由学校环保社团的小志愿者们负责,接收、记录、分类、汇总,得来的款项,全部分发到各班级及处室,用来购买树苗、花种,为班级的生态角增添了一抹绿色,更为植树节种植活动贡献了自己的力量。

四年级(2)班的唐伟是做事有些粗心、还缺乏耐心的学生,要让他把用过的纸叠平整放到回收箱,可真不是一件容易的事,常常都是班级小负责人多遍催促才能放好,有时干脆揉成球扔进垃圾箱。说来也怪,当他得知可以用废品来为班级换取花种、树苗时,一向不屑于回收废纸的他竟然开始监督其他同学"这节美术课的废纸大家要放回收箱啊。""塑料瓶给我,我来帮你收着。"正当大家都奇怪他的改变时,他偷偷告诉我们:"宋老师说,如果我能够改变自己,认真参与回收,那班里用废品换来的第一棵树苗就交给我来种,而且还要用我的名字来命名呢!"嘿,好小子,原来你的算盘在这呢!

三年级1班在半学期的资源回收中,表现非常突出,被评为资源回收示范班,赢得了3包花种、6棵树苗。班长李宇峰说:"为了能赢得我们班级的树苗,参与

3·12植树节活动,我们班同学平时废纸和矿泉水瓶都舍不得丢进垃圾桶,都专门留给'废品回收箱'……"是啊,同样是要扔掉的东西,我们为什么不让它更有意义呢?

正当大家都在积极回收废品时,王萌却发现了问题:为了给班级挣更多的树苗,有同学将没用完甚至没用过的纸也都放进了回收箱。"这样就失去了我们回收资源的意义。"她一边想着一边决定要改变大家。她的想法也得到了班主任的支持。她坚持每天检查回收箱,对浪费纸张的同学进行劝说,半学期过去了,因为减量,他们又为班级的"红领巾植树林"赢得了几株树苗。

小小回收亭,为我校的环保文化又添了一道美丽的风景线,不但美化了校园,还培养了学生良好的环保习惯。自建校以来,我校资源回收的款项已经达到了800多元,不仅为每个班增添了30盆花,而且要用剩下的钱全部购买树苗,在植树节的时候一起种到"红领巾植树林"。"植树节那天,可以去种下属于我们三年级(4)班的小树苗啦,真是太高兴了!"听着大家开心的欢呼,看看他们灿烂的笑脸,真是胜过我们千言万语的说教啊!

"科技节"助力校园科技文化建设

我校在第四届科技节活动中,以"科技兴校"战略为突破口,通过一系列精心策划的项目,在学校营造浓郁校园科技活动的氛围,激发学生爱科学、学科学、用科学的兴趣,进一步提高了学生们科技意识和科技水平。

一是全员参与、主动成长。通过多种形式,把科技小发明、小制作比赛和深受孩子们喜爱的现场科普比赛融入一体,在动手与动脑、课内与课外的结合中,点燃了学生们科技创造的激情与梦想,引导小学生更积极主动地投身于科学探究活动之中,每个班优秀的"小发明家"层出不穷,学校为此专设了作品展览区,陈列了从各班选出的一系列优秀作品,像太阳能自动浇花器、分段百叶窗、抬水小助手等创新设计,无不赢得师生的拍手称赞,而越来越多的学生也纷纷投入到科技小发明的行列之中,以一己之力实现科技让生活更美好的目标。

二是形式丰富、促进成长。学生积极参与科技节活动。各种动手的比赛项目,如七巧板、纸飞机竞距、纸船承重、木板飞机竞距和鸡蛋撞地球等活动,各种比赛项目受到了学生们的欢迎,现场气氛十分热烈。而学生也通过种种活动亲身体验了科学知识的神奇,例如:在"鸡蛋撞地球"活动的竞赛现场,为了让鸡蛋从高空坠下依然完好无损,同学们利用气球、塑料袋、三脚架、泡沫等材料,制作了各种奇形怪状的"鸡蛋保护器"。都雨聪同学想的是用气球和泡沫包裹鸡蛋的主意;熊曼钧同学则先用一个不容易碎的瓶子,里面倒上合理比例的盐水,这样把鸡蛋放进去,鸡蛋怎么磕都不会磕到它的面,就不会碎了。而这些方法,都是由学生自己思考所得,通过自身的认真思考,大胆实践,学生们得到了迅速的成长。

三是家校携手,共同成长。在活动之中,学校还特邀家长与孩子一起参与到活动中来,既让家长感受到学校浓浓的科技氛围,同时,也进一步激发了学生参与活动的兴趣,像亲子报纸塔、"飞向未来"手掷纸飞机模型、"小小建筑师"扑克牌叠高比赛、船桥承重、框架桥承重等比赛,家长和孩子们都在参与中充分展示了自己的想象力和创造力,家长们对此类活动也表示极力的赞同。科技节,不仅促进了学生的自身成长,也使得家校联系更加密切。

现在,科技节已经成为我校科技文化建设的重点项目。在培养学生的创新精神和实践能力的同时,也积极推动了校园科技活动的蓬勃开展,让学生在活动中充分体验了学习科学的乐趣,锻炼了实践操作能力,提升了科学文化素养,也进一步推进了学校素质教育的深入发展。

依托"双基地"助力"生态教育"稳步前行

我校立足"生态教育"办学特色,着力生态理念文化、环境文化和课程文化的打造与实践探索,培养学生良好的学习习惯、思维品质,为学生终生、全面、和谐、可持续发展奠定坚实的基础。学校先后获得威海市环境教育基地、威海市科普教育基地荣誉称号。学校依托"双基地"建设,校内校外实施"双线"强化,做大做强学校生态特色。

一是校内多彩实践基地活动,凸显生态特色。学校升级改造了生态种植园,将学校生态种植园的观赏性和教育实践基地的科普性发挥到最大,综合实践课上教师带领学生走进生态园,学生参与种植、管理、采摘等活动,体会到了劳动的艰辛与参与的喜悦;"生态培育中心"开设了水培花卉、水培蔬菜、基质栽培农作物等项目。水培中心动植物的种类达 40 余种,积累的观察日记和照片数量众多,生态特色氛围创设浓厚,生态校园特色鲜明;光伏发电站的设立成了学校特色的新亮点,由学生组建的光伏发电研究小组负责日常的数据记录和管理。

　　二是校外积极对外开放校园,搭建宽阔舞台。我校坚持把校园体育设施及优秀社团活动对周围社区居民开放。社区乒乓球及广场舞多次走进校园,社区居民纷纷走进学校的纸雕塑、茶艺、健美操社团,相互学习切磋。我校举行的"手拉手与绿色同行"青少年生态实践活动启动仪式,号召家长、孩子、教师一起动手为绿色校园、绿色生活贡献自己的力量。

　　我校将继续发挥威海市环境教育基地、威海市科普教育基地的示范作用,引领学生在"学习知识、亲身体验"的过程中,将动手与动脑相结合、学习与体验相结合,进而在生态活动中践行环保、收获快乐。

第六节　学校生态活动展示

威海市青少年绿色联盟成立仪式暨普陀路小学首届生态节活动

一、活动目的

为积极响应国家提出的"节能减排"号召,进一步推进我校"国际生态学校"的创建工作,打造学校的生态特色,营造校园内外的"低碳生活"环境,丰富师生、家长的校园文化生活,更好地展现我校师生、家长的精神风貌,特联合市文明办、市教育局、市水利局、市林业局、市海洋与渔业局、市环保局等绿盟指导单位举行"威海市青少年绿色联盟成立仪式暨普陀路小学首届生态节活动"。

二、活动时间

2014年6月4日

三、出席领导

赵　冰　　共青团威海市委书记
李学波　　威海市文明办专职副主任
于国贞　　威海市教育局副局长
崔爱丽　　威海市水利局党委委员、移民办主任
于智洲　　威海市林业局党委委员、造林科科长
李永仁　　威海市海洋与渔业局副局长
滕夕章　　威海市环境保护局副局长
张　峰　　威海市青少年绿色联盟主席
刘晓波　　威海市普陀路小学校长
卫　玮　　共青团威海市委副书记

四、参会人员

青少年绿色联盟38个社团负责人、媒体记者、普陀路小学师生代表共计1000余人。

五、活动安排

活动流程	活动地点	活动主题	参与人员	负责人	备注
1	办公楼前	威海市青少年绿色联盟成立仪式暨普陀路小学首届生态节活动	全校师生	刘爱静	1. 每个班级最少召集3名家长志愿者协助进行活动的组织 2. 每个活动场地自己安排摄影师进行拍照
2	风雨操场	"物物交换,变废为宝"环保活动	二(5)、二(六)、三(5)、四(3)、四(4)	姜红霞	
3	生态种植基地	"快乐采摘,开心买卖"体验活动	四(1)、四(2)	王晓伟	
4	办公楼、宣传栏前	"生态环保闯关"活动	二(1)—二(4)、三(1)—三(3)	张琳莉	
5	游戏区	"环保礼仪飞行棋"游戏	一(3)	阮清	
6	影剧院	生态知识闯关及影片赏析	一(1)、一(2)、一(4)—一(6)	阮清	
7	生态银行	生态币换购	三(4)	阮清	
8	生态长廊	参观海洋生态角、无土培育中心、学生生态作品	三(4)	阮清	
9	社区	环保知识宣传		阮清	

六、活动具体安排

1. 威海市青少年绿色联盟成立仪式暨普陀路小学首届生态节活动由团市委副书记卫玮同志主持,共6项议程：

(1)威青绿盟主席张峰介绍联盟有关情况;

(2)普陀路小学校长刘晓波同志介绍普陀路小学首届"生态节"情况;

(3)与会领导为绿盟社团代表授旗;

(4)威青绿盟代表发出青少年生态环保志愿服务全国文明城市创建的倡议书;

(5)团市委书记赵冰同志讲话；

(6)与会人员观摩普陀路小学首届生态节"梦之韵"环保健身操展示。(学生退场,各自活动)

2."物物交换,变废为宝"环保活动

(1)"物物交换"

学生将用过的图书、玩具、布娃娃等闲置物品,进行"物物交换",让闲置的物品充分发挥其利用价值,实现资源利用的最大化,减少浪费,并潜移默化地对学生进行节约意识的培养,让他们学会与人分享,学会与人交流,提高社会实践能力。

(2)"商品变卖"

学生提前为变卖商品填写推荐书,并定好生态币数,将其进行变卖。获得的生态币可以用于采购其他商品,也可以到生态银行兑换自己所需的学习用品,借此倡导环保、强化孩子们的节俭意识,减少浪费,实现资源共享。

3."快乐采摘,开心买卖"生态体验活动(生态种植基地)

(1)快乐采摘

学生现场进行蔬菜采摘,并向家长、老师推销自己的产品,所得货款用作生态培育中心购买树苗或购买生态奖品。

(2)开心买卖

学生把利用废旧物品制作的手工艺品进行变卖,在让更多同学知道资源的可重复利用的同时,也为同学们搭建一个将环保意识付之于行动的舞台。

4. 生态环保闯关活动

学生进行走场式环保题目闯关、盖章,最后统计自己的奖章数,兑换生态币。

注:级部设计环保闯关题目、闯关卡及闯关主题,提前将闯关说明及主题上交美术组,制作宣传海报。

5."环保文明礼仪飞行棋"(游戏区)

用桌面环保文明礼仪飞行棋进行小组比赛(胜出一局获奖励),选出最后的四个胜者比赛,其余观看,选出最终的文明飞行棋大赢家。

6. 生态知识闯关及影片赏析(影剧院)

(1)《卧底企鹅日记》影片赏析。

(2)级部现场环保知识闯关游戏。(大屏幕显示题目,选择判断为主,学生现场答题,班主任根据学生所答情况奖励生态叶,够十个当场兑换生态币,用于换购。)

7. 生态银行换购

（1）班级兑换生态币。

（2）学生根据自己的需要换购所需用品。

（3）等待兑换期间，学生可以进行生态长廊赏析，参与海洋生态角、生态培育中心活动，进行观察、浇水、管理等事务性工作，积极参与的学生可获取生态币奖励。

同时，学生也可以参观教师种植养殖区、生态家庭种植养殖区、班级种植养殖区。

8. 环境日校外宣传小队

组建环境日宣传小队到社区、张村邮局对居民进行环保宣传。

青春与绿色同行

——共青团威海市委书记赵冰同志在威海市青少年
绿色联盟成立仪式上的讲话

尊敬的各位来宾、青少年朋友们：

今天，全市39个青少年生态环保社团的骨干成员相聚普陀路小学，共同发起成立威海市青少年绿色联盟，这对于动员、引导全市广大青少年积极参与生态威海建设、打造"美丽中国"示范区具有十分重要的意义。在此,我代表威海市青少年绿色联盟指导委员会,对联盟的成立表示热烈的祝贺!向全市青少年生态环保社团负责人表示崇高的敬意!向关心、支持联盟成立的各级领导、社会各界表示衷心的感谢!

近年来,在市委和团省委的正确领导下,在市直相关部门的大力支持下,团市委以保护母亲河行动为核心,大力开展生态环保理念宣传和青少年绿化基地建设等工作,注重发挥各类生态环保社团的作用,引导广大青少年和更多社会力量投入到生态环保实践中来。大家用青春的激情和生动的创造,诠释了"青春与绿色同行"的共同愿景,取得了社会的广泛认可。党的十八大把生态文明建设纳入中国特色社会主义事业五位一体总体布局。市委市政府把"生态威海"建设放在了重要位置,并努力把威海打造成为"美丽中国"的示范区。我们将认真贯彻关于生态文明建设的重要指示,在深化保护母亲河行动的基础上,将组织开展以"绿色理念宣传、环保实践和力量培育"为重点的青春绿色行动,为推动经济社会可持续发展、实现"美丽中国梦"作出积极贡献。

青少年生态环保社团是参与生态文明建设的重要力量。今天参加联盟成立仪式的都是经各区市、高校团委推荐的各类优秀社团。希望大家能够依托威海市青少年绿色联盟这个载体和平台,积极开展生态环保活动,吸引更多的青少年参与到生态环保、绿色发展的行动中来。借此机会,对联盟下一步的工作提几点希望。

一是希望联盟争做绿色理念的传播者。要充分利用植树节、世界水日、世界地球日、世界环境日、保护母亲河日等重要节日,借助各类媒体,创新表现形式,广泛传播绿色文化,增强青少年和社会公众的绿色环保意识。

二是希望联盟争做绿色实践的倡行者。要围绕生态威海、美丽威海建设,充分发挥联盟的团队优势和带动作用,组织、动员社团成员和青少年积极参与植树造林、涵养水源、湿地保护、节约资源、环境整治等生态环保实践活动,使践行生态文明理念成为广大青少年的价值追求和自觉行动。

三是希望联盟争做绿色发展的推动者。当前,资源与环境已经成为发展的瓶颈和制约。联盟各社团要立足行业领域特点,勇于探索实践,在推动绿色生产、绿色生活、绿色服务、绿色消费等方面,努力创造和形成一批品牌工作项目,为绿色发展加油助力。

四是希望联盟争做绿色力量的建设者。要树立爱国、务实、理性、开放的工作理念,建立健全联盟议事决策、项目承接、活动开展、培训交流等制度机制,努力打造专业化、公益化、长效化的工作团队。

全市各级团组织要切实发挥牵头抓总、服务协调的作用,加强对联盟社团的联系、引导和服务,重视生态环保青年人才的培养,推动联盟可持续发展。

各位青少年朋友,青春与梦想作伴,青春与绿色同行,让我们携起手来,为加快建设现代化幸福威海做出新的更大贡献。

谢谢大家!

绿色环保　青春同行
——张峰主席介绍威海市青少年绿色联盟情况

各位领导,社团代表们、媒体朋友们、小朋友们:

大家上午好!

为深入贯彻落实党的十八大精神,引导广大青少年积极投身到生态环保事业中,搭建青少年参与青春绿色行动和生态文明建设的平台,培育和引导生态文明建设的公众力量,共青团威海市委、威海市教育局、威海市水利局、威海市林业局、威海市海洋与渔业局、威海市环保局决定联合成立"威海市青少年绿色联盟"。

绿盟宗旨是"关注生态、节约资源、保护环境、低碳生活、绿色消费,建设美丽家园、共创绿色未来"。

绿盟口号是"绿色环保　青春同行"。

绿盟采取会员制度,由公益性和非营利性的非政府组织,以及在威海生活、工作和学习的社会环保组织、大中专院校环保社团、青年环保志愿者、社会环保人士、企事业单位和其他社会组织、个人自愿申请加入组成。

　　绿盟主要开展以下活动：一是培育环保力量，构建以绿色联盟为枢纽，以骨干型青少年生态环保社团和优秀青年环保志愿者为网络，辐射带动广大青少年投身生态环保事业的工作格局；二是开展环保公益宣传。做好区域内共同关注的环境保护和生态建设工作，特别是配合政府部门做好流域内空气、水、土地、固体废弃物和大气、噪声等污染治理的宣传教育工作，宣传绿色环保和青年公益，传播青春正能量；三是开展环保创新实践，征集、论证、推介和资助青少年生态环保项目，开展生态环境保护、绿色生产生活等实地调研；四是对外推介，创办威青绿盟新媒体阵地，展示绿盟在参与环境保护和生态文明方面优秀的青少年环保社团、环保志愿者和个人的事迹和成果，引导青年投身绿色创新与创业实践。

　　威青绿盟成立后，将构建起青少年生态环保社团、社团成员与各级环保等相关部门和组织之间沟通的桥梁，通过积极承接政府环保公益项目，广泛组织青少年开展保护母亲河行动和青春绿色行动，热情参与生态文明宣传和实践，推进幸福威海、美丽威海、生态威海的建设步伐。

生态行动，让校园更美丽

——生态节活动校长发言稿

各位领导、老师、同学们：

　　大家上午好！

　　在六·五世界环境日即将到来之际，我校有幸承办了威海市青少年绿色联盟的成立仪式，今天我们还将参与普陀路小学首届生态节的系列活动，在此我代表全校师生对各位领导来宾的光临表示热烈的欢迎，对大家给予普小的关心、支持表示衷心的感谢！

　　建校以来，学校始终围绕"生态立校，和谐发展"的办学特色，以创设绿色的校园环境为载体，着力打造和谐的校园生态文化；学校以"国际生态校"的创建和生态道德教育为两翼，借助每月一节的主题活动，多渠道、全方位营造环保教育氛围，增强师生的生态文明素养；学校致力于生态理念文化、环境文化和课程文化的打造与实践探索，不足两年的时间已初见成效。本学期，注重于学生过程性评价的普小生态储蓄银行建成并投入使用，第一部环保题材的微电影《纸去哪儿了》也已经推出。

本届生态节活动是学校落实环保教育、倡导低碳生活的一次综合性活动，同学们将在物物交换、变废为宝、快乐采摘、开心买卖、环保礼仪飞行棋游戏、环保知识闯关及影片赏析、生态币换购、社区环保宣传等活动中，初步树立起保护环境、人人有责的使命感与奉献精神。同学们，保护生态环境，是我们每个人不容推卸的责任，让我们行动起来，人人为环保做出一点贡献，让我们的校园更美丽，让我们的家园更美好！

最后，祝同学们在本届生态节中收获快乐，收获希望；祝各位领导、嘉宾、老师们工作顺利、万事如意！

倡议书

尊敬的各位领导、朋友们：

大家好！

当威海市青少年绿色联盟的旗帜在我们手中迎风飘扬的时候，我们体会到了一种光荣而神圣的使命感。

同享一片蓝天，同踏一方热土，这是我们生活的城市，是你我共同的家园。创建全国文明城市，建设生态威海，是我们共同的心愿，关系到经济社会的可持续发展，关系到社会的和谐稳定，关系到我们的共同利益，需要全社会的共同努力，需要全民的共同参与，需要你我他的共同行动。为此，我代表全市青少年生态环保社团发出倡议：

一、做生态威海建设的实践者

从衣、食、住、行、用、游、购、玩等各个方面做到低碳生活、绿色生活；举报身边的环境违法行为，如水源地污染、河流污染、工厂废水废气超标排放、秸秆焚烧、噪声扰民等环境违法行为。

二、做文明城市创建的参与者

争做有德之人，以高尚的道德修养和良好的行为习惯，影响和带动广大市民遵守道德；大力宣传创建全国文明城市的重要意义，积极参与志愿服务活动，组织引导广大市民自觉投身到创建文明城市中去。

三、做生态文明行为的传播者

学习、宣传环保政策和法律法规,普及环保知识,强化环境意识;倡导低碳生活方式,弘扬生态文明理念,让生态文明行为成为全社会的共识、风尚和习惯。

在同一片蓝天下,让我们同呼吸、共责任。为了我们的美丽家园,为了我们的健康和幸福,为了我们的子孙后代,让我们团结起来,带动全市人民加入到创建全国文明城市的队伍中来,积极投身到环境保护的伟业之中。让我们携起手来,用实际行动"向污染宣战",从我做起,从身边做起,从现在做起,为创建文明城市尽一份力量、添一份光彩,呵护我们美丽的绿色家园。谢谢大家!

第四章

沐浴生态　生态学子个个出彩

　　学校是滋润孩子们心田的阳光雨露,是呵护心灵成长的蓝天海洋;教师犹如培育"盆景"的园艺师,用生命浇灌生命,用智慧激活智慧,用个性唤醒个性,用人格塑造人格,相信展现在眼前的必定是姿态各异、生机盎然、和谐共生、万木竞春的繁荣景象。

第一节　环保习惯养成，奏响生态学子和谐歌

为构建学校、家庭、社会"三位一体"的教育体系，促进学生环保习惯的养成，我们一直在坚持不懈地探讨实践，三方合力进行了学校环保习惯养成的实践研究，在继续巩固学生环保习惯养成的基础上，我们又把着力点放在家庭和社区，通过小手拉大手活动，让环保理念走进学生家庭和生活社区，环保习惯养成渗透到家庭、社区，使学生生活、学习的大氛围、小氛围处处洋溢环保，习惯自然习得。

一、完善课程，习惯养成浸润心灵

1. 学校课程

在"生态教育"特色学校的创建过程中，我们逐渐认识到：特色理念必须以课程为载体落实到教育过程之中，它的地位才能确立，它的能量才得以释放，也才能与时俱进，得到发展。为此，我们依托《普陀路小学习惯教育养成体系》，结合学校实际情况，通过优化、整合、拓展、开发，打造生态课程实施体系，将环保习惯和学习习惯等习惯充分融合，完善学科德育课程一体化建设，将"生态环保习惯的养成教育"落实到教育教学和管理服务的各个环节。学期初公布，要求各学科教师结合自己的学科特点，将各门课程所蕴含的德育和环保资源进行及时挖掘，制定切实可行的习惯渗透配档，并在备课中加以体现，把课程教学的德育功能充分开发和发挥出来。并通过"环保教育"教案设计比赛、生态课堂教学大赛等途径，促进各学科环保教育理念的不断落实，注重以德育人，切实增强德育的实效性，逐步实现育人工作科学化、序列化，全面落实立德树人的根本目标。

生态环保习惯养成体系

年级	环保习惯养成		
		内容	目标
一年级	学校环保习惯	伸手弯腰	1. 不乱扔垃圾,看见垃圾能主动弯腰捡起,并送至垃圾桶。 2. 关注学校和生活中的环境卫生,向其他同学说明随手捡垃圾的重要性,了解保护环境的重要性。
		节约水电	1. 随手关灯,不点长明灯,知道节约用水、用电的重要性。 2. 节约用水,洗手时要用小水流,打肥皂时要关水。 3. 关注身边水、用电的情况,做一个社会的有心人,做一个宣传用水、用电常识的文明使者。
	家庭环保习惯	节约用水	1. 用水时别浪费,洗完后要关紧;洗米水、洗菜水可二次利用。 2. 知道水在生活中的重要作用,激发学生保护水资源的意识。
		用环保袋	1. 不乱扔塑料袋,方便袋可循环使用,超市购物用环保袋。 2. 知道白色污染的来源和危害,培养学生养成环保意识。
	社会环保习惯	文明出行	1. 文明乘车,礼貌让座;文明出游,不乱写乱画;文明行路,不乱穿马路。 2. 认识到出行不文明会酿成大隐患,共同建造安全和谐畅通的出行环境,共同建设文明威海。
		保护环境	1. 果皮纸屑不乱丢,花草树木不乱踩,水电资源我珍惜。 2. 知道把环保意识落到行动上去,培养学生的环保意识和责任感。
二年级	学校环保习惯	爱惜粮食	1. 就餐时能光盘、吃多少、盛多少、不挑食,不浪费。 2. 知道粮食的来之不易,懂得尊重劳动人民。
		珍惜纸张	1. 一张纸两面用,废纸能回收再利用。 2. 认识节约用纸的重要性,提升生态环保意识。
	家庭环保习惯	勤俭节约	1. 穿衣打扮不互相攀比,不剩饭剩菜,不乱花钱。 2. 认识到身边浪费的严重性,养成勤俭节约的好习惯。
		节约用电	1. 做到人走灯灭,随手关灯,睡觉时保持电视关机,空调为睡眠模式。 2. 增强学生的环保意识,争当节约用电小卫士。
	社会环保习惯	少用一次性制品	1. 少用一次性餐具,减少塑料袋的使用,自带环保购物袋。 2. 认识生活中的一次性用品,养成良好的行为习惯,正确对待生活中的一次性用品。
		拒绝使用餐巾纸	1. 少用或不用餐巾纸,随身携带小手绢。 2. 了解森林与纸的关系,认识餐巾纸的危害,并养成洗手用手绢的好习惯。

续表

年级	环保习惯养成		
	内容		目标
三年级	学校环保习惯	垃圾分类	1. 认识可回收和不可回收标志,垃圾能做到分类投放。 2. 明确垃圾分类的一般方法,懂得垃圾分类的重要性。
		变废为宝	1. 会将废纸、矿泉水瓶等物品变废为宝。 2. 了解变废为宝的益处,树立节约资源和保护环境的意识。
	家庭环保习惯	垃圾处理	1. 垃圾分类处理,生活垃圾、厨余垃圾、包装垃圾归类处理。 2. 了解生活垃圾的危害,引出垃圾分类的必要性,增强环保意识。
		电池回收	1. 废旧电池分类处理,不和其他垃圾一起扔,统一收集。 2. 知道废旧电池的危害,形成环保意识,宣传回收废旧电池的理念。
	社会环保习惯	垃圾回收	1. 区分可回收垃圾和不可回收垃圾,正确投放分类垃圾。 2. 认识到合理处理垃圾,保护环境的重要性,树立节约资源和保护环境的意识。
		爱护动物	1. 不购买野生动物制品,不虐待、不欺辱动物,不干扰动物的自由生活。 2. 了解保护珍稀动物的原因,意识到人与自然要和谐相处。
四年级	学校环保习惯	减少噪声	1. 校园内轻声慢步,不大声喧哗;爱护桌椅,轻搬轻放。 2. 了解校园噪声的来源和危害,共同营造优雅环境。
		爱护花草	1. 不摘花,不随意踩踏草坪,爱护花草树木。 2. 知道花草对人类有益处,培养学生自觉爱护花草的优良品德。
	家庭环保习惯	废物利用	1. 能做到废物利用,如旧衣服变书包,饮料罐、易拉罐变花盆等。 2. 认识可回收利用的物品和材料,能进行简单的回收利用,培养并建立节约资源的意识,树立日常环境保护意识。
		节能环保	1. 人走灯灭,使用节能灯,冰箱少开门,不看电视要切断电源。 2. 了解浪费能源现状,知道浪费能源带给我们的危害,培养节能环保意识。
	社会环保习惯	控制噪声	1. 知道我国关于噪声的法律法规,公共场所不制造噪声或降低噪声。 2. 了解噪声的危害与防治方法,知道人类要与大自然和谐相处,乐于用学到的知识改善生活。
		环保购物	1. 使用低污染消耗物品,进行环保购物。 2. 了解各种污染的危害,能主动环保购物,增强环保意识。

续表

年级	环保习惯养成		
	内容		目标
五年级	学校环保习惯	绿色种植	1. 能按照植物的习性管理、照顾植物,并能自己动手制作环保花盆。 2. 知道绿色种植的方法,养成自觉保护花草树木的习惯。
		生态养殖	1. 知道养殖小动物和常见植物种植的相关知识和方法。 2. 培养学生保护小动物的意识。
	家庭环保习惯	植树造林	1. 爱护花草树木,不踩不摘,参与"我植树我造林活动",节约用纸。 2. 了解树木对我们人类生活的作用,懂得植树造林的重要性,增强环境保护的意识。
		环保宣传	1. 争当环保小卫士,抵制日常生活中破坏环境的现象。 2. 了解环境保护的知识,提高学生环保意识,意识到保护环境的重要性,从自己做起,从身边的小事做起。
	社会环保习惯	清理积水	1. 定期清理阳台积水和给水生植物定期换水,以防蚊虫产卵。 2. 了解蚊蝇给我们带来的危害,探索各种预防及灭蚊蝇的方法。
		低碳生活	1. 节能环保,不乱砍乱伐,随手关灯,少用一次性物品,低碳生活从自身做起。 2. 了解低碳生活的含义,树立认识自然、保护地球的坚定信念,懂得倡导低碳生活就是保护地球,保护我们赖以生存的家园。

2. 家长课程

我校目前外来打工子女占全校学生的80%,由于家长文化素质、家教观念等方面较欠缺,大部分家长不重视也不懂得对孩子进行行为习惯的养成教育,更多家长根本不知如何培养学生。为解决家长的困惑,我校全面开启家长系统培训工作,家校联系群使家长学校各成体系又互为补充,共同打造引领家庭教育的优质品牌。

家长学校工作配档

月份	培训主题	主讲人
三月	让生态阅读走近心灵	向景媛
四月	"小手拉大手 我们一起走"家庭环保知识讲座	向景媛

续表

月份	培训主题	主讲人
五月	如何做智慧型家长	刘爱静
六月	如何培养孩子做好小初衔接	外请
九月	如何快速适应小学生活	向景媛、张琳莉
十月	十年磨一剑，砺得梅花香	向景媛
十一月	家校携手　共创和谐教育	刘爱静
十二月	"心灵环保　家庭和谐"亲子分享会	向景媛

3. 社区课程

我们将学校的生态特色课程对社区居民开放及送课到社区，每月社区居民都积极参与我们的《纸雕创意》《变废为宝》课程学习，在与学生共同学习中既尽享学习之乐，又收获种种变废为宝之妙招；每月我们志愿者也会送课到社区，为那些行动不便的老人或时间有限的居民传授生态环保知识，渲染社区习惯养成氛围。今年，社区参加学校课程近20节，送课进社区8次，校社开展活动达30多次。

二、手手相牵，习惯养成久惯牢成

1. 氛围浸染，助习惯入人心

我们认为生态教育下的学校，是一个生态文化系统，一座生态的、文化的、艺术的校园。学校每一块可人的草坪、每一个怡人的花圃、每一条朗口的标语、每一条人性的道路、每一个环保主题长廊，都是无声的生态育人之师。

在学生用自己创作的环保标志、标语装饰校园的基础上，今年我们又组织广大师生自己动手装饰校园：二楼的环保纸雕塑、三楼的成语布贴画和创意环保服装展厅、四楼木的世界等，现在的普小校园处处可见我们师生自己动手利用废物改造、创造的环保作品。每件环保作品上的小作者介绍，既是对优秀学生的肯定，也是对全体学生的鞭策和感染。

同时，我们还会通过学校开放周（三月和九月的第二周）、校长接待日（每月第三周的周三）、家长驻校、家长会等活动，让家长走进校园，感受生态环保氛围，提高办学透明度，征求家长对学校的意见或建议，家校携手共同创办人民满意的教育。

2. 特色活动,助习惯进家、入社区

（1）小手拉大手,助习惯住家驻社区

为使学生的环保习惯养成无缝对接,更为使学生的环保行为"5＋2＞7",本学期,我们开设一系列的"小手拉大手,全家环保行"活动。

传唱"核心价值观组歌、环保童谣"。校园内全体师生传唱的核心价值观组歌和家庭社会环保童谣,要求学生回家后和家人一起传唱,通过核心价值观和环保习惯童谣的引领,实现家校携手,共同养成环保好习惯,并用照片记录践行过程。

进行"与环保同行·好习惯日志"漂流,学生、家长、老师共同记录下家庭、社会生活中的环保习惯养成成果,小手拉大手,从身边做起,共做低碳生活的倡导者、实践者。

"垃圾分类减量"。让学生们担任家庭回收利用监督员,和家长一起分类回收学校、家庭日常垃圾中的纸张、塑料、金属等可再生垃圾,减少垃圾总量,养成垃圾分类减量的良好习惯;同时还和家人一起充分发挥自己的想象力,将废旧物品通过巧妙的创作和利用,变成花盆、贴画、纸雕塑等生活用品,展现出无限的创意。

（2）"生态行"游学课程

与教学联合开发了《普陀路小学"生态行"校外实践活动课程》体系,在学校研究性学习之后参与"生态行"游学课程,每学期每个班级至少两次,学习＋体验,让"生态行"变得更加"高大上""低奢内";在每次"生态行"体验磨砺活动中,大家都会时刻践行生态环保,小手拉大手一起做到:不随手乱扔垃圾、伸手弯腰捡拾白色垃圾、植树造林、爱护绿水……他们成了名副其实的生态环保的践行者和传播者,带动家庭、社会共同践行绿色发展理念,参与生态文明建设,形成"少年先行、家庭参与、社会联动"的良好局面,为共建美好家园而共同努力。

对于普小学生来说,每一次的校外实践活动,都是一次难忘的经历。"每次参加校外实践活动,我们都会清理活动场所的垃圾,当看到绿树清水,心里就感到很满足。"一位普小学生说。

植树、护水、参加完活动清理垃圾已是"普小雷"打不动的铁规章了。据不完全统计,目前为止普小家庭已经参加了"生态行"活动达100多次,并做到次次活动环保出行、不乱扔主动捡;3月12日当天植树近千棵,日常大家也做到家家种植、养殖,人人参与、管理、维护,爱绿护绿意识深入人心;多次参与全民健步走宣传活动,今年学校参与家庭数竟达70%,大家纷纷表示生活中做到行路不乱穿马路、骑车不走机动车道、开车不占道抢道、不乱停乱放,并践行、倡导绿色低碳出行。

三、特色评价促养成,环保习惯展翅翱翔

为巩固学生、家庭环保习惯的养成,使其内化为自觉行动,学校继续修改完善生态评价体系,以"生态银行""生态超市"为载体,依托每月一评价、每学期一展示、每学年一盘点的方式,激励大家从点滴小事做起,日积月累养成生态环保的好习惯。

1. 每月一评价

遵循"21天习惯养成训练法",我们每个年级每个学期分别进行学校、家庭、社会三个层面的习惯养成训练。每月月初,通知告知当月的训练内容及目标,家长和老师指导孩子进行养成训练;月中,学生自主训练,家长监督,QQ群展示训练成果;月末,家长进行客观评价,借此引导学生养成良好的行为习惯,争做"生态学生"。

2. 每学期一展示

为展示学生在学校、家庭、社区的环保习惯养成成果,每学期我们都会围绕习惯养成训练点进行环保习惯成果展示。展示活动采取现场制作的方式,展示内容自定,家长和学生共同参与展示的全过程。

这种养成成果展示活动,不仅提升了全校师生及家长的环保意识,培养了低碳生活的良好习惯,而且还激发了大家的创作灵感,使大家体验到用自己的巧手变废为宝、装扮生活的快乐,实现"热爱自然、学会共处、感恩社会"的育人目标。

3. 每学年一盘点

为肯定其习惯养成成果,经过个人申报、班级评选、校级评选,我们每年的12月都会评选出普小年度"生态好少年""生态班级"及"最美生态家庭",在期末总结大会上进行表彰,对于两学期都评为"生态好少年""生态班级"及"最美生态家庭"的荣誉者,我们还会在来年6月的生态节上,请市、区环保部领导为其颁发证书。对于这种最具含金量的荣誉,同学们都非常珍惜、向往,并积极努力争夺,获奖者作为榜样引领继续前行;而未获奖者则学习榜样、争做榜样,正如我校家长所言:"为争当生态家庭,孩子家里家外满口不离生态环保。垃圾分类、节约水电、少用一次性用品,现在我都变成了一个地地道道的环保达人了。"

记得叶圣陶先生曾说过这样一句话:"教育是什么?往简单方面说,就是养成良好的习惯。"所以在特色创建的道路上,我们一直坚持为学生的终身发展负责,培养起良好的生活和学习习惯!

第二节　生态微电影，开启生态少年梦

这是我们的微电影

起初，一台摄像机悄然出现在学校餐厅，将学生洗手、倒剩菜的过程录制成"餐厅微电影"。班会上，当学生看到自己和伙伴们的不文明的行为时，惭愧不已，激烈讨论着怎样做到不浪费，纷纷下定决心从自己做起，养成节约水、节约粮食的好习惯。"餐厅微电影"不定期上演，然而浪费现象越来越少，文明节约行为越来越多。

从此，在辅导员的指导下，各班开始拍摄身边的环保小故事并开始设计"微电影"主题拍摄活动。由此，针对学生浪费纸张设计的主题生态微电影《纸去哪儿了》《我长大了》诞生了：这是一部倡导环保节约、资源回收的电影，在剧中，孩子们本色出演，和同伴一起感受环保节约的深刻内涵。一石激起千层浪，一股生态环保之风在普小悄然吹起。

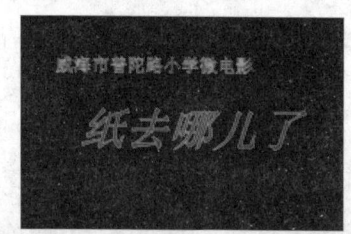

<<< 第四章 沐浴生态 生态学子个个出彩

他们都是身边的小演员

我是来自三年级(4)班的田芳羽,我在为保护环境贡献自己的力量。

我是来自三年级(4)班的都雨聪,热情、开朗的我,愿为环保做自己最大的努力。一起行动起来吧!

我是三年级(3)班的徐莉昕,环保是我们每个人的事,让我们一起努力!

我是辛宇,我爱我们的校园,所以我要好好保护她!

生态视野 绿色情怀 >>>

我是来自三年级(1)班的崔颖,听话懂事的我要成为大家环保的榜样!

我是宋笑甜,我喜欢种花养草,也喜欢和大家一起做环保小卫士!

同学们,让我们一起行动起来吧!

《纸去哪了》剧本

场景一：教学楼外

张睿：今天默写的怎么样啊？还不错啊。(边喝饮料边说,喝完扔到地上)辛宇你呢？

辛宇：唉,又没全对。(把手里撕碎的纸随手扔到地上)

都：没关系,下次努力就行了。(三人一起离开)

徐莉昕：唉,你看这是谁扔的啊,这么不讲文明。

田芳羽：不管是谁扔的,我们先把它捡起来吧。哎,你看,是不是他们扔的？

徐：这是你们扔的吗？

辛：是啊,那又怎么样？

徐：你们这样做是不对的,保护学校环境是我们每个人的责任,不应该这样随意破坏。

田：而且这些纸都是一棵棵小树制成的,工人叔叔造纸也很不容易,我们不应该这么浪费!

辛：我们知道错了,那现在我们去把垃圾扔到垃圾桶里吧。

都(走到垃圾筒旁)：这有两个筒,我应该扔到哪个呢？

田：纸是可以回收的,应该扔到可回收垃圾桶里。

张：我知道了,我的瓶子也应该扔到可回收的里面。

徐：等会,瓶子是可以回收的,我们还可以带回教室的生态回收箱,而且如果是比较完整的纸也要放到咱们班级里面的生态回收箱,进行分类处理。

都：哦,原来是这样啊!那我们一起带回教室吧!

场景二：教室

田：看,这就是我们的生态回收箱,咱们可以把比较完整的废纸放到这里面,并且把它整齐放好。(边说边整理废纸箱里的不平整的纸张)

张：哦,我把空瓶子也放到里面去吧!(边说边把空瓶子放到废纸上面)

徐：不行不行,垃圾要分类,才能实现最有效的回收再利用呢!我们可以把瓶子放在废纸的旁边呀!(边说边把瓶子和废纸分开放置)

辛：原来是这样,原来扔垃圾也有这么多的学问哪!

徐：可不是嘛!生态课上老师跟我们说过,垃圾是放错位置的资源呢!

张、辛(边听边点头,表示赞同):哦。

都:那要是回收箱满了怎么办啊?

田:哈哈,早就想到这个的问题啦!不用发愁,咱们学校有生态回收亭啊!每个周五,我们可以把生态回收箱送到回收亭去,我带你们去回收亭看一下吧!

场景三:回收亭

田:这就是我们的回收亭,看,大家正在排队进行资源回收呢!我们去里面参观一下吧!

辛:哇,好多废纸啊!

都:不光有废纸还有很多的废旧物品呢,废瓶子、废塑料……

张:还有废旧笔芯呢!

徐:每次送来的废旧物品都要先称重再分类放置。

(记录员王梦娇在负责称重读数,另外一名负责学生在教大家怎样分类放置废弃物)

田:学校会定期把这里的废旧物品送去废旧资源回收中心,卖得的钱作为我们的生态基金,去购买花种、花盆等,然后按照各班生态币的获得情况,把花种、花盆发给各个班级!

辛:好棒啊,这样就真正实现了资源的回收再利用!

张:咱们真不愧是生态学校!

徐:是啊,生态学校的建设需要我们每个人的共同努力,所以我们每个人都要保护我们的校园环境。

都、张、辛:嗯,我们知道了,以后我们再也不随便扔垃圾了。

齐:校园环境靠大家,生态普小意义大,垃圾回收再利用,环保节约你我他。

《我长大了》剧本

场景一:从回收亭回教室的路上,都雨聪抱着生态回收箱,路遇宋笑甜、崔颖二人

崔颖:哎,都雨聪,你去送废纸啦?

都雨聪(笑侃):是呀!自从上次被你们几个教育了一番,我现在是彻底"改邪归正"啦,嘿嘿,现在我可是"伸手弯腰,从我做起,垃圾分类,数我第一"!就在昨天,我主动跟老师申请了要当咱班的回收管理员!

宋笑甜(笑着)说:嗯嗯,不错,真是孺子可教也,我说呢,这几天生态回收箱,总是分类摆放得整整齐齐的,原来是你的功劳啊!

都雨聪(得意地):那当然了!难道你没发现咱们班的生态回收箱里的废纸越来越少了吗?

崔颖:嗯,经你这么一提醒,好像真的是耶!

宋笑甜:你又捣什么鬼啦?小心我告诉老师去。

都雨聪:冤枉啊!我能捣什么鬼呀,我是变了小魔法,哈哈!

崔颖、宋笑甜:嗯?魔法?你又不是魔术师!

都雨聪:唉……看在你们曾经苦心劝导本魔法师的份上,就告诉你们吧!Let's go!

崔颖、宋笑甜半信半疑地跟着都雨聪回到教室。

场景二:教室生态角手工制作区

都(领着大家走到教室生态角手工制作区):你们看!

宋:哇,都雨聪,这些都是你做的吗?

都:是呀!

崔:你好棒啊!

都:哎呀,这都是小菜一碟啦!

宋:你怎么突然想起做手工制作了呢?

都:因为我觉得虽然大家已经做到了节约用纸,但是我发现平时回收箱还是会有不少的废品。在校本课上,我学到了一些小手工制作的小技巧,就派上用场啦!

崔:啊,我知道啦!原来这就是咱班废品变少的魔术啊!你还真是个环保魔术师呢!

都(不好意思地笑笑):嘿嘿,还好啦,还好啦!

宋:崔颖,咱们以后也做些好玩的东西来装饰咱们的生态角吧!

场景三:教室,都雨聪兴高采烈地回到教室,招呼同学们

都:笑甜,崔颖,你们快来看!

宋、崔:怎么啦?你大惊小怪的。(边说边凑过来看)嗯?这不是瓜子吗?

都:你们只回答对了一半!这是向日葵花种!

崔:花种?

都:对呀,你们难道忘了吗?咱们学校的生态回收亭,会定期地把废品拿去回收站,做集中处理,卖的钱,就用来购买花种、花盆,这就是我刚才从生态回收亭领取的

生态视野 绿色情怀 >>>

花种!

宋:哈哈,原来这就是我们的废纸卖的钱啊!

都:没错!咱们是向日葵中队,理所应当就分到了这些花种啦!而且因为咱们班每次都是废品最少的班级,所以学校还特别奖励咱们班十个生态币呢!下次咱们还可以拿着这些生态币去生态银行换购更多的花种、花盆。

崔:哇噻,想想就好棒!

宋:是啊!咱们还等什么呢!赶紧把瓜子种下去吧!

都、崔(齐笑说):是向日葵种子!

宋笑说:对对,是我们的向日葵小种子!

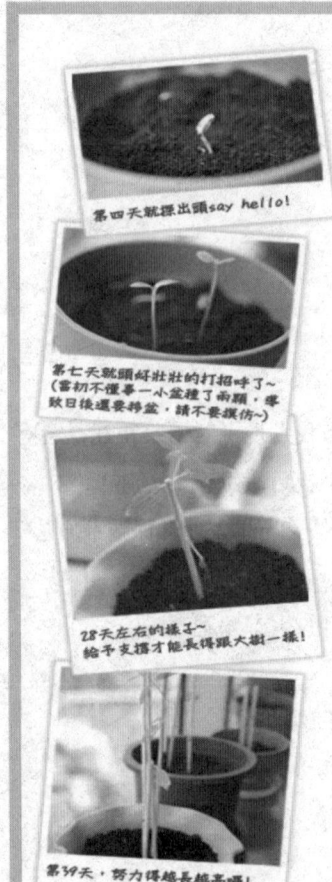

第四天就探出头say hello!

第七天就抬头好壮壮的打招呼了~
(当初不懂要一小盆种了两颗,等秋日后还要移盆,请不要模仿~)

28天左右的样子~
给予支撑才能长得跟大樹一樣!

第39天,努力得越長越高囉!

Step.1 種植前置作業
原則上向日葵是四季花期,不過以春、秋兩季播種最合適;種植前,建議先用溫水將種子浸泡4-6小時,如此一來種子可充分吸收水份,有催芽作用。

Step.2 播種
向日葵需要大量陽光,日照不足葉子會枯黃容易生病,建議可選擇日照充足的地方種植。

若是種植於園圃中,建議種子與種子間保留至少約20公分之距離;若是種植於盆栽中,則視盆栽大小,一盆約種1-2顆較為合適,如此可避免日後過需移盆(向日葵不太喜歡移植),播種深度約1~2公分,並保持土壤濕潤,一週內就會發芽囉!

Step.3 供水
生長期間必須適當供水,保持土壤濕潤,且確保排水良好;花苞出現後,所需水量大增,此時必須增加供水,但切記澆水時不可直接淋在花朵上喔。

Step.4 施肥&給予支撐
向日葵生長快速且需要大量營養,建議可以施少許肥料,讓它快快長大;長高之後要給予支撐,才能防止花莖折斷喔~

Step.5 細心照料
一般來說,一株60-80公分高的向日葵須培育2個月左右的時間,而種植過程最重要的就是充足的陽光和濕潤的土壤,所以,一定要細心的照料,經常澆水和關心喔!

 向日葵有著「愛慕」的浪漫花語,來自一段感人的癡情故事:

希臘神話裡的少女克萊荻亞非常愛慕英俊瀟灑的太陽神阿波羅,可惜落花有意流水無情,傷心的克萊荻亞只好以絕食來博得同情,以露水充飢,以淚水代萊,希望有一天能獲得阿波羅的愛。經過九天九夜不眠不休的盼望,雙腳便變成了根,玉體變成了枝葉,小臉則變成了花朵。克萊荻亞容顏難改,但她的臉龐始終仰望著太陽,阿波羅走到那兒,她的眼神就跟到那兒。這朵癡情花,也就是今天的向日葵。

学生们分花种，各班级同学在生态基地里给花盆装黑土，在家里、学校里种下花种，日复一日地浇水，小种子慢慢发芽、长叶、开花，辅以一个学生边观察边写观察日记的场景，当开花时，孩子们兴奋地指着花又蹦又跳，跑着告诉爸爸妈妈，拉着他们的手去看开花的向日葵。"我"发芽了，"我"长叶了，"我"长高了，"我"长大了！

崔：原来向日葵还有这么美丽的传说呢！

都：我也没想到！听了笑甜的介绍，我终于知道我的小向日葵为什么营养不良了！原来是我忘记多给它晒晒太阳啦。

崔：难怪呢！向日葵可是永远朝向太阳生长呢！当然得多接受阳光照射啦！

都：是呀，你看，同学们的观察日记里也有提到呢！（边说边翻看同学们展示的观察日记）

崔凑过来翻看，边看边若有所思地说：嗯，都雨聪，有时候我觉得我们就像是向日葵宝宝们的爸爸妈妈一样，我们爸爸妈妈细心地照顾着我们，他们希望我们健康地长大成人，我们希望我们的小植物尽快长大，开花结果，这难道不是一样的道理吗？

都：是啊，我们是爸爸妈妈的小宝贝，这些小植物是我们的小宝贝，我们的小向日葵长大了，我们也在不断地成长着。

张：你说得真好，我们和小向日葵一起快乐地成长着！对了，忘了告诉你了，我从网上查到，平时要多给植物擦洗脏了的叶子，这样能够帮助植物更好地呼吸，你也可以回去试试。

都：难怪你的植物长得比我的好呢！看来我需要学习的还有很多。

崔：可不是嘛！种植可是一门大学问呢！

都：还真是！不过，吃一堑长一智，我一定奋起直追，要不崔颖，咱俩比比赛吧，等六月份生态节时，咱们再比比谁的植物长得好！

崔：好啊！我接受你的挑战！

都、崔：让我们拭目以待！（笑着击掌）

微电影的力量

这是一部倡导环保节约、生态绿化的电影,在剧中,孩子们本色出演再次感受环保节约的深刻内涵。尽管已是他们的第二部微电影,由于没有足够的经验,拍摄时很辛苦,剧本反复修改、一遍又一遍的NG,真正体会到了演员的辛苦,但是想到通过大家的努力,能倡导更多的同学保护环境、节约资源,孩子们又继续坚持了下去。整部微电影耗时一个月才得以完成,现在看着已经完成拍摄的生态电影,孩子们既兴奋又欣慰。

在电影拍摄的过程中,发生了很多或感人、或有趣的故事。三年级(3)班的孙雅菲在第一次拍摄之后,因角色变动需要不得不退出表演,满满的热情突然被浇了冷水,雅菲回家伤心的哭了好久,她告诉老师:"我不是因为不能上电视才哭,只是因为我准备了很久,很想和大家一起完成它。不过没关系,机会还有,我会继续努力。我还会继续节约资源、保护环境,让大家看到我的努力"。多懂事的孩子,就像你说的,机会还有,别灰心。

三年级(4)班的都雨聪,是个名副其实的小捣蛋鬼,着实让老师们头疼,当初让他参演微电影,也是让他"本色出演",没想到,这部微电影不仅改变了剧中的他,竟然让现实中的他"改邪归正",如今的他是伸手弯腰的代表,是班级生态评比的小状元。不仅如此,他还提醒周围的同学,注意环保。他偷偷甚至告诉身边的同学:"只要你表现的好,我可以跟老师说说让你也演电影。"嘿,这小鬼头,还敢自作主张,不过你的榜样力量相信大家都看得见。正是这一个个小故事,让我们看到了他们的真心与用心。

这段时间,不断有电视台来采访这帮孩子们,让他们说说拍电影的收获,提提建议。宋笑甜说:"一直觉得电影离我们遥不可及,可没想到我们现在已经拍出了自己的微电影,它告诉了我如何进行环保,相信你也会有收获。"崔颖说:"自从拍了电影,我时时严格要求自己的行为,因为现在大家都在看着我们,模仿着我们,我必须要好好表现,给他们起表率作用。"都雨聪说:"我希望能让更多同学参与到微电影的拍摄中。"说的真好!看来,这一个月时间不仅让他们体会了一把做演员的辛苦与荣耀,更带领大家体会到了环保的重要性。

自建校以来,我校非常重视绿色生态校园的规划与建设,通过扩大绿化面积、打造生态种植养殖基地、开设生态特色课程、开展生态特色活动等途径,不断提升学校特色的办学内涵。生态微电影的拍摄,又是一个新的起点,小电影中有着大志向,他们将大踏步向国际化生态校迈进!

花絮全接触

生态微电影开播啦

孩子们用自己的双手拍出属于自己的微电影

我们的环保行为得到了大家的肯定

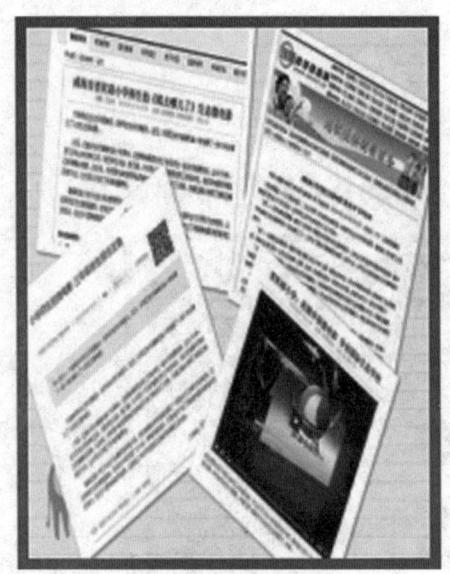

**生态微电影
就在我们身边**

这是一部倡导环保节约、资源回收的电影,在剧中,孩子们本色出演,和同伴一起感受环保节约的深刻内涵。初次涉及影片拍摄,大家没有足够经验,拍摄得很辛苦,剧本被反复修改、每天对着镜子练习台词、一遍又一遍的 NG 演员的酸甜苦辣品尝个遍,但是想到通过大家的努力,能倡导更多的同学保护环境,节约资源,孩子们又继续坚持了下去。整部微电影耗时一个月才得以完成,尽管牺牲了许多课余玩耍时间,但看着完成的生态电影,孩子们兴奋不已!

微电影拍摄后,孩子们都收获不少:三年级(3)班的徐莉昕说:"一直觉得电影离我们遥不可及,可没想到我也能参加拍电影,拍摄过程中我更加喜欢参加环保活动了。"三年级(4)班的王梦娇说:"自从拍了电影,我时时严格要求自己,见到垃圾主动捡起、把废纸放到回收箱,因为现在大家都在看着我,我必须要好好表现,给他们起表率作用。"四年级(4)班凌莉说:"看了微电影,真羡慕那些小演员,我会积极参加各种环保活动,成为环保小明星,争取也当微电影的主角。"

第三节 "生态评价",培育学子生态素养

根据中共中央国务院《关于进一步加强和改进未成年人思想道德建设的若干意见》文件精神,借鉴杜威、陶行知等教育思想及道德心理学、建构主义心理学关于道德形成和发展的规律,我们尝试以学生"生态银行"的运作实践为途径,引导学生进行生态素养的积累,以制定出符合小学生身心发展并对其终生有益的、切切实实的德育目标,创造性地运用并形成重情感、重情境、重实践、重体验的具有鲜明现代生活教育特征的德育生活化方式,为提高学校德育实效,同时丰富德育理念与德育模式服务。

一、界定普小"生态评价"内涵,制定普小"生态评价"设计

传统的学校德育教育,在方法上常常以"禁止""防堵"为立足点,不注意调动学生的积极因素,使学生处于被动地位;在评价机制上,又习惯以简单的知晓程度作为衡量标准,而横向性的道德评价使受表扬、激励的对象总是好学生,大多数学生体验不到成功的喜悦,我校"生态评价"则克服了德育教育在这方面的不足。

我校的"生态评价"包括"生态银行"及"生态超市"两大部分。"生态银行"就是仿照银行储蓄的形式,引导学生把自己的优秀行为兑换成一定的生态币存入"生态银行",每月进行一次结算,并在"生态超市"进行消费的一种体验教育的活动方式。

道德心理学研究表明:人的道德是通过展现人的生活和在人的交往中形成的。近年来,在德育研究领域,许多研究者已深刻认识到德育目标过高、过空,德育内容过于理性、过于抽象,德育途径方式过于单一甚至违背学生道德心理发展规律所带来的严重后果,于是德育需贴近生活,注重道德实践,让学校道德教育从"天上"回到"地面",从政治化、抽象化、空洞化的说教王国里走出来,渐渐成为一种研究趋势。

"生态评价"以积累精神财富并利用一定的途径消费的方式引导学生从身边的小事做起,例如:见到垃圾能够主动捡起,见到老人和小孩学会关爱,别人有困难给以帮助,排队上车、上车能及时给老人、孕妇让座,礼让他人等做起,利用"生态评价"

及时对学生的这些行为加以肯定,使学生认识到自己的优秀行为,并得以强化。

建构主义心理学认为,学习并不是被动地接受过程,而是一个主动接受的过程,即通过内部认知结构与周围环境之间的相互作用来构建新的认识体系。也就是说,道德的发展既不可能是单纯的内部力量的扩张,也不可能是单纯的外部力量的模型。通过"生态银行""生态超市"体验活动,队员将自己优秀的道德行为兑现生态银行存款,并利用存款进行校内消费,让队员体验到了成功的乐趣,实现了道德认识的飞跃。

随着"银行""超市"活动的深入开展,随着队员之间团结友爱、互帮互助、文明礼貌、虚心好学的整体氛围的形成,学生们逐渐体会到"优秀行为"所带来的乐趣,使"优秀行为"逐渐成为学生的自觉行动。

二、成立"生态评价"管理机构,制定各种管理条例

1. 学校少先队大队部成立"生态银行"总行

设总行长、副行长各一名,任期一学年。各中队班级成立分行:设分(支)行长一名,任期一个月;各分行成立监督检查委员会:由班级中负责任的四名同学组成;各分行设记录员2名,任期一个月。各机构成员明确责任、各司其职。其中:

总行长职责:抓好"生态银行""生态超市"的全面工作,监督好"生态银行""生态超市"人员的工作情况,与主管老师一起研究并印发"生态币"。

副行长职责:抓好"生态银行"的全面工作,监督好各分行行长的工作情况;与主管老师一起研究并印发"家庭存储单"。

分(支)行长职责:抓好各自分行的全面工作;监督好各记录员的工作情况;协调好记录员与各储户之间的关系;做好重大事情的裁决;领取由"生态银行"总行统一印发的"生态币"。

记录员职责:要根据存取款须知,把学生的生态行为兑换成生态积分,存入生态银行,每周要记录好本小组各储户每周的存储和消费情况;并协助好分行行长做好各储户生态行为的监督工作。

要求各机构成员本身应该是道德行为优秀的学生。在生态银行刚成立时,我们建议将行长和支行长等职务交给学校及各班优秀学生干部担任,也可以是全班投票推荐产生。一个月后,支行长及各分行记录员就由上月存款较多的几位同学通过竞争上岗,任期为一个月,下月的行长和记录员则由本月存款最多的三位队员通过竞争上岗担任。一个学期后各分行行长根据存款数及平时的工作情况竞争总行行长,如此循环下去。

2. 全校招募"生态超市"管理人员

由"银行"行长负责在全校招募"生态超市"管理人员,"生态超市"由总行管理,但却是独立管理体系,招募人员有:超市经理、采购员(2名)、收银员(2名)。

超市经理职责:对超市工作全面负责,并将收支情况报与"生态银行"行长,支取活动资金,确保超市处于良好正常的运作状态。

采购员职责:负责及时补充超市货物,采购学生所需、所喜欢的物品。

收银员职责:负责学生换购时收取货款,并及时将收入上报经理。

3. 制定制度、职责

制定总行管理条例、分行管理条例、总行行长职责、分行行长职责、记录员职责等。制定"生态银行"生态好习惯转化细则(包括存款标准、消费标准)。(以上制度、职责均张贴于德育处)

三、制定"生态银行"储蓄及消费方法

1. "生态银行"储蓄流程图

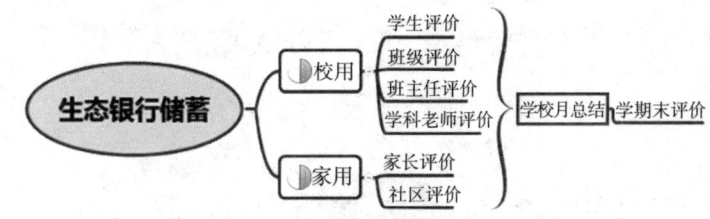

2. 生态好习惯储蓄方法

学校存储:学生各方面的表现分别有小组评价、班级评价、老师评价,然后根据表现,记录在自己的评价榜上,根据班级评价每周领取生态币奖励。

家庭存储:每月下发"生态行为"评价单,当学生养成家庭好习惯时,家长便记录在"评价单"中,由学生带回班级分行,分行根据记录奖励生态币。

3. 消费方法

队员在"生态银行"中积累的生态币每月汇总一次,队员在下一个月就可以利用所存生态币到"生态超市"进行物质方面的消费。而卫生、纪律、学习方面的消费则根据平时的表现随时消费,随时进行统计扣除。各班级也可根据实际情况制定相应的消费标准,并定期进行适当的调整。

4. 生态币存入银行方法

学生所获生态币可以选择直接消费,也可以选择存入银行,存入银行需填写存款凭证,即可享受在 10 生态币每月 1 生态币的利息。

普陀路小学个人业务存款凭证

年　月　日

储蓄信息	班级：＿＿＿＿＿ 姓名：＿＿＿＿＿ 存款数额：＿＿＿生态币 存款时间：□ 2个月　□ 1学期	客户确认	本人已确认生态银行记录正确无误。 客户签名：＿＿＿＿＿
客户备注	分值 | 千 | 百 | 十 | 个	客户须知	1.请仔细确认"生态银行"栏中的内容是否准确,并在"客户确认"栏内"客户签名"处亲笔签名,以表示确认储蓄信息正确无误。签名要字体清晰,易于辨认,不得涂改。签名确认后,请即将凭证交由银行留存。 2.其他事宜按《分行工作条例》办理。

请注意阅读"客户须知"。　　　　复核：　　　　经办：

总之,与以往的德育活动相比,我们的"生态银行"德育活动改变了过去那种脱离儿童的认知和生活实际、空喊政治口号、任意拔高教育要求的"假""大""空"的做法,能更清楚地记录孩子在学校和平时的德育表现,能更完整地反映学生各方面的情况,能更科学地反映学生的综合素质,能更全面地加强家校之间的联系。

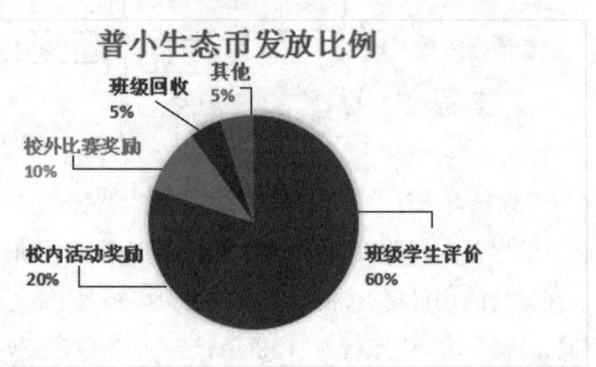

第四节 多彩"生态评价",助力学生多元成长

普陀路"生态评价"为学生成长加油

"忽如一夜春风来,千树万树梨花开。"随着学校生态评价体系的实施,如一缕春风吹遍了校园内外,同学间掀起了"争叶夺币"的热潮。你听,"瞧,这周我不乱扔而是主动捡垃圾,得了7个生态叶,还差3个就可换得1生态币了。""跳绳比赛得了第一名,我得了3生态币。""今天作业完成不够好,被扣了1生态币,以后一定要认真。"……这些都是孩子们谈论的焦点,大家都在暗暗攒着一股劲,你行我更行!为什么会有这样效果呢?当然都是"生态评价"带来的。

我校"生态评价"是以"生态储蓄银行"为载体,用"生态币储蓄"的方式,构建了适合学生发展的综合性、多元性评价体系,引导学生在客观、综合、形象的评价活动中健康成长,不仅体现了"全面、全员、全程"的育人理念,而且有效促进了学生良好习惯的养成和综合素质的提升。

"生态评价"首先根据学生的发展目标及学校特色将学生的素养分为品德、学习、健康、艺术、交际、生活六大板块,把学校的各门课程和各项活动的评价有序地纳入其中,形成了我校的"生态评价"细则表,分别用来评价学生的道德、学习(创新)、健康、审美、阅读、合作、自主等素养。

"生态评价"渗透于学生校内外的学习和活动之中,从周一到周末,从早上到晚上,从一年级到五年级,评价过程具有全程性。如某一板块的争章活动启动时,相关老师可根据该板块素养要求,组织学生开展系列活动,并对活动意义、目标和相应标准做出说明,帮助学生明确争章要求。另外,印发争章活动家长通知书,请家长在家按照要求引导并评价孩子,写出考评意见,这样,被评价者和相关评价主体对评价标准都很明确。

"生态评价"细则表

六大板块	基础评价(生态叶)			发展评价（生态章）	评价主体
	个人	小队	中队		
思想素养	孝顺、文明、环保、自律、安全、服务	文明、环保、自律	文明、环保、自律	文明之星	中队辅导员、品德课教师、少先队大队部
健康素养	体育、心理、排球、绳毽、两操、队列	体健	早操、眼操、队列	体健之星	体育课、心理健康老师、中队辅导员、少先队大队部
交际素养	交流、合作			合作之星	中队辅导员、各学科老师
艺术素养	书法、美术、音乐、毛笔、种植、养殖	才艺		才艺之星	书法、美术、音乐课及社团负责老师
学习素养	语文、数学、英语、科学等各学科	好学		智慧之星	相关学科老师
生活素养	与其他五大板块结合以学生自评和家长考评的方式进行			自律之星	家庭监护人、中队辅导员
生态富翁（卓越牌）	生态少年、生态小队、生态中队				学校中层、少先队大队部

"生态评价"过程注重学生参与，从印章设计到评价细则制定到银行管理，学生全部参与其中。经过全校征集，最后我们设计了三个系列的奖章（基础叶、发展章、卓越牌）和相应的《学生储蓄存折》。三个系列的奖章图案美观、色彩迷人，由于是学生自己参与设计的，所以，对学生有很大吸引力。这三个系列的奖章形象地记录着他们的争章历程，更激励着他们朝着良好的方向发展。

"生态评价"的基础叶是印制的、可回收的各项生态叶（好习惯叶、体育小健将叶、小画家叶等），根据学生在课堂或活动过程中的表现，奖励相应生态叶，通过收集相应生态叶对个人、小队或中队给予激励评价和记录；发展章根据学生各项生态叶的枚数来评定，盖在生态存折的素养板块中，并根据印章数奖励生态币，生态币可每月到生态银行换购学习用品或实现校园愿望，也可留到学期末的生态节、收获节兑换更多有价值的物品，如此既是对阶段性争章的小结和激励，同时也通过这种模拟储蓄的形式，增强学生的理财意识和能力；卓越牌是学生在六大板块都有所获时，通过审核无异议后颁发，是学生全面发展的标志。当学生小学毕业时，还将根据他们五年期间的争章情况评定"优秀毕业生"。

"生态评价"的主体除了学生也包括与之紧密相关的学校的行政、教师、学生以及家长和社区。这样，既尊重了学生的主体地位，又充分发挥了相关育人主体的评价作用，形成了教育合力。

在每次颁牌过程中，每个中队选出的优秀学生都会在全校受到表彰。这些学生的照片、事迹也会张贴在学校的宣传栏上。这样，既激励了获牌同学，又为全体同学树立了榜样，有效地促进了队员不断向上，使他们在积极的评价中快乐成长。

第五节 领悟绿色生态,丰富学生体验

环保你我他

今天风和日丽,阳光明媚,我们来到了威海市城里中学展示我们学校的美术特色。进了展示场地,一眼望去,全都是各种各样的美术特色,有藏书票、田园画、橡皮章,还有国画、书法、漫画等,琳琅满目,到处都散发着艺术的气息。

说到我们学校的特色,那就是"纸雕塑创意制作",它的原材料主要是生活中随处可见的废旧报纸、纸箱等,通过纸箱做骨架、报纸填充肉、报纸和着白乳胶贴皮肤、水粉涂颜色四个步骤做成,有动物、卡通形象、平面纸浆等,既环保又美观,完全符合我们学校生态教育的环保理念。

展示开始了,每个人都在专心致志地干手里的活,小讲解员为我们进行了生动的解说,吸引了很多来参观的人,大家都好奇地围着我们观看制作方法,也为我们生动的作品赞叹不已。最受欢迎的还是手拿斧头的思想者,他是用报纸做成的大型纸雕塑,前面摆放了几个树桩和小动物,而他手拿斧头在沉思,他在思考什么呢?相信大家都有自己的理解。这幅场景活灵活现地表现出了现在的生态之忧,呼吁大家保护环境,爱护动物。而思想者旁边的树桩是学校里一棵枯萎的银杏树,我们用它来创设了这个情境,让它重放光彩。看,变废为宝,多有趣!

这次协作区特色展我收获了很多,增长了见识,也有了自己的思考,希望大家都能保护环境,一起爱护我们共同的家园。

(五年级(2)班 车慧恩)

环保从我做起

保护环境,就是保护人类生存的家园。同学们,你们知道吗?"环保"这两个字写起来十分容易,但是做起来却十分困难。在日常生活中,我们要从自我做起,从身边的点点滴滴做起,不随手乱扔垃圾,不使用一次性筷子,不浪费每一张纸……

如今有多少人是真真正正地在环保呢?你们看,每个垃圾桶旁边有数不尽的

垃圾,尽管这些垃圾离垃圾桶只有一步之遥,但是周围来来往往的人没有一个会将这些垃圾投入垃圾桶内,大家对它们都不约而同地做到视而不见。有一次,我看见一位叔叔去送垃圾,还没走到垃圾桶跟前,就远远地把垃圾扔向垃圾桶,结果垃圾就静静地待在垃圾桶旁边。叔叔没有去捡,而是准备转身要走,我立马走过去,把垃圾捡起来并投到了垃圾桶里,叔叔看见了,羞愧地走了。可见,环保不是说说就行的,我们要用实际行动去落实、去感染周围的人,让大家一起行动起来!

好的环境离不开花草树木,大树为我们挡风沙,为我们制造新鲜的氧气。可现在有多少棵树被砍伐,加工成一次性筷子、火柴、纸张……然而又有多少贪图方便的人在使用一次性筷子,又有多少缺乏环保意识的人在浪费纸张。

对于环保,我所在的普陀路小学就做得很好,每个人的本子必须正反两面用完才能扔到废纸回收箱。学校带领我们用回收的塑料做环保花瓶、手提篮,用铅笔屑做漂亮的贴画。一些废旧的塑料袋、矿泉水瓶经过一双双巧手的加工变成各种各样精致的装饰品。同学们把做得好的工艺品兑换成学校特制的生态币,再用生态币买学习用品,如此,同学们把环保淋漓尽致地体现出来,真真正正地做到环保。

最后,我想大声告诉世界上的每一个人:保护环境就要从现在做起,从小事做起,用我们的实际行动爱护我们共同的家园!

(三年级(6)班 肖雨萱)

垃圾的回收与利用

垃圾,在生活中处处可见,是它,污染了我们美丽的家园,而它,又是谁制造出的呢?是我们——人类。当我们把空饮料瓶一扔,就变成了垃圾;当我们把手里的玩具一扔,也变成了垃圾;只要你扔几件虽然不新但还可以穿的外衣,它们也能变成垃圾……王子暄爸爸给我们看了一个电影,里边有许多的"高楼大厦",没有窗户也没有门,还不见人影。这是为什么?我们疑惑不解。看到后来,我们才明白那一座座"高楼大厦"是由一个清理垃圾的机器人先将垃圾做成一个个小方块,再把它们搭成一座座"高楼大厦"。同学们个个惊叹不已。我当时就在想:我们的地球也会变成这样吗?我觉得可能会。现在的垃圾那么多,谁也不能保证地球不会也变成一座垃圾堆。

王子暄爸爸给我们上的这堂课,让我想起了我自己的一些所作所为:平时有些铅笔还有十几厘米就不用了;平时有些白纸我只涂了几笔就扔了;平时有些可以卖钱的纸板我连正眼都不瞧……再看看那些废饮料瓶、塑料袋、键盘,在那些能工巧匠的改造下,竟能组成一个个巨大的变形金刚、一件件美丽的连衣裙、华丽的婚纱……虽然我们比不上那些能工巧匠,但我们可以用塑料瓶做一些简易的小花篮、小笔筒,还可以用旧袜子、旧衣物、旧裤子缝出一个个可爱的小娃娃,既装饰了我们的家,又少丢了一件垃圾,还锻炼了我们的动手能力。这不是一举"三"得吗?

可是,又有多少人丢弃了那些还可以用的东西?在上学的路上,我看到有的人把喝了一半的牛奶扔了;在回家的路上,我看到有的人把看完了的报纸随手一抛;在出去游玩的路上,我看到有的人把一些塑料袋、果皮纸巾乱扔,这些都是不好的习惯。

让我们从今天做起,不要乱丢垃圾,爱护环境,保护我们美丽的家园!

(三年级(4)班　王子暄)

家庭环保日记

累了一天了,晚饭后,我和爸爸在客厅看电视,妈妈在洗碗。"嗨!嗨!太浪费!看个电视要开大灯吗?开过道的节能灯就行了。"妈妈说。我们马上关掉大灯,开了过道上的小灯。再晚些,我们在一个房间看各自喜欢看的书,其他灯都关着。

就这样,一个月很快过去了,管理处送来水电收费单:"电费59.18元,水费11.88元。"全家人都开心地笑了。

今天节约一度电,留给子孙一粒粮;今天节约一滴水,留给后人一滴血。环保在行动,你我是主将!

(三年级(3)班　尹梦雨)

低碳出行　从我做起

我是一名三年级的小学生。每当周末天气好的时候,爸爸妈妈都会带着我出去游玩。

可是,今年晴朗的天气好像越来越少,蓝色的天空也经常灰蒙蒙。爸爸也常说:"今天有雾霾,少出去吧。"有时候走在路上好多汽车擦身而过,排出的尾气让我喘不上气来,好难受。爸爸说过汽车尾气也是让空气变差的一个原因。

今天天气不错,爸爸妈妈决定带着我去河边活动一下,而且是骑着自行车,低碳出行。"耶,太棒了,我可以骑我的自行车了!"我高兴地跳起来。

我们沿着公路往前骑,一切风景在我眼前都格外清晰美丽。以前只是坐在车里匆匆而过,没有这样的感受;现在可以随时停下脚步采朵小花、拍张照片,觉得大自然离我好近。原来春天的风景这么美!

这么美的风景需要我们的爱护。以后我要从我做起,从点滴做起,节能减排,来保护环境,爱护我们的家园。

我的环保假期

地球只有一个,它是我们共同的家园。爱护环境、保护地球是我们义不容辞的责任。

五一小长假,我和两位同学相约去游玩。我们来到了雄伟壮观的威海华夏城景区,发现那里有一个美丽而神奇的海底世界。海底世界里有白鲸、企鹅、水母等,还有各种各样的鱼,最有意思的是子弹鱼,长得可像子弹了。我们还在那里观看了5D电影,真有一种身临其境的感觉啊!

走着走着,我们来到了人鱼表演厅。我刚准备坐下来欣赏节目,突然发现坐台旁边有一些塑料袋和饮料罐,美好的心情一下就全都没了。这时,我想到了我的学校倡导我们保护生态,爱护环境,争当环保小卫士。于是,我立即招呼同伴们一起收拾垃圾,把垃圾分类,最终把垃圾投放到环保垃圾桶中。在我们的带动下,一些我不认识的小朋友也主动加入到我们的队伍中,大家一起为场馆做清洁。大人们看到了我们的行动,纷纷对我们竖起了大拇指,他们也主动把自己的垃圾投放到垃圾桶中。看到大家都能保护环境,我感到十分自豪。

经过这个十分有意义的假期活动,我要更加积极主动地保护环境,从我做起,带动他人。我相信,不久的将来,人人都是环保卫士,我们肯定会拥有一个越来越美丽的地球。

(三年级(1)班 李泓庆)

小河变身记

大大的地球,是我们人类的美丽家园,保护地球是我们的责任。

姥姥家门前有条小河。以前妈妈说过这条小河很清澈的,里面有很多小鱼、小虾,孩子们还能在里面洗澡、玩耍呢。河两边绿树成荫,漂亮极了。可是后来河水慢慢变少了、变脏了,水里的小鱼小虾也都没有了。河旁边堆满了垃圾,特别是到了夏天,气味难闻、苍蝇乱飞,影响了人们的生活。

现在村子里的人们认识到了问题的严重性,开始了整治,把河道清理干净,用石头把河两岸砌成整齐的墙面。岸边也放上了垃圾桶,做到了有垃圾不乱扔,垃圾桶满了及时运走。河水慢慢变清了,希望能再看见小鱼小虾的影子,小河逐渐的回到了以前的样子。

让我们一起保护好我们绿色的家园,让天更蓝、水更清、树更绿、空气更清新,环保就是要我们从身边的小事做起并持之以恒。

(三年级(5)班 李冠霖)

有趣的陶瓷

放暑假了,每位同学都很高兴,当然我也不例外。暑假我做了很多事情,但是其中最有意思的是做陶瓷,我做了一个很漂亮的花盆。下面我来给大家分享一下陶瓷花盆的制作过程。

第一步:准备工具,工具有泥巴、圆转盘、颜料。

第二步:把泥巴摔到圆转盘的中央,然后在泥巴的上面倒一些水。

第三步:正式制作。用中指在泥巴(泥巴非常光滑而且非常软)的上面捅一个洞,这个洞不要太深也不能太浅。圆转盘开始转动,泥巴上面的口逐渐变大,这时候你要用手往外推,如果泥巴口变小了,就要用手往里推,这个过程一定要保证用力均匀,否则就无法成型了。圆转盘转动的过程中,为了保持泥巴的口形状不能出现太大变化,所以手要一直用在泥巴底部扶住,另一只手根据情况随时向里或向外推泥巴。在泥巴口的上端用指头画出轮廓的线条,进行收口。这时候手指要用一定的力气,保持住,等圆盘一个周次转下来,这个花盆的基本形状就出来了。

现在我的花盆已经成型了,正在进行晾干,大概需要一周多的时间,下次老师要教我如何进行涂颜料和烧制,等我学会了再和大家进行分享,大家一起来期盼我的花盆早点成功吧!

(四年级(1)班 宫紫嫣)

与绿色同行

地球是我们共同的家园,她哺育了万物,所以人们亲切的把她称作地球妈妈。然而今天,地球妈妈却在受着各种各样的伤害:河水污染、全球变暖、水土流失等,我们的地球妈妈流泪了。

为了不再让地球妈妈流下伤心的眼泪,让我们与绿色同行吧!绿色象征着环保,我们每一个人都要有环保意识,用实际行动践行环保理念。

与绿色同行,从我做起。在家里,用过的水我会想着循环利用。比如:洗完脸的水用来冲马桶,淘米水用来浇花,就这样,一滴滴水焕发出耀眼的光芒,实现着自身更多的价值。此外,我还能做到节约用电,当空调、电水壶不需要工作时,我会自觉把插头从插排上轻轻地拔下来,把插排按钮关掉,做到绝对断电。当电视没有人看时,我会监督爸爸妈妈把电视关掉,不要让电视处在待机状态。"锄禾日当午,汗滴禾下土",每当和爸爸妈妈围坐在餐桌前吃饭,总能让我想起在田间辛苦劳作的农民伯伯。前几天,学校举行生态园快乐采摘,我很荣幸地参与其中,亲身体验了拔萝卜的艰难。随着一声令下,"同学们开始拔吧!"我们弯下腰,俯下身子,撅起屁股,双手握着萝卜缨,"一、二"使出全身力气,萝卜才会从地底下探出头来。看着粉嫩的萝卜,此时的我已满头大汗。节约每一滴水,节省每一度电,节约每一粒粮的"三节"理念已深深刻在我的脑海里,践行在我的实际行动中。

与绿色同行,让我们共同保护好我们的地球妈妈吧!愿她永远健康,永远充满活力!

(三年级(1)班 李宇欣)

保护环境,你我之责

地球是我们人类赖以生存的家园,保护地球,保护环境,就是在保护我们自己。而现在的地球妈妈,她正在哭泣,她的脸上伤痕累累。

虽然现在世界上已经有了很多的环保组织在保护我们的地球妈妈,但是我们的觉醒已经太晚了,地球的生态环境已经严重到了无法挽回的地步。

但是,即使这样人类还是没有认识到事情的严重性,还在乱砍乱伐,还在排泄污水,还在乱扔垃圾,还在……

我们要从生活中的点滴入手,为这个共同的家园贡献一份力量。

因为你生活里一个小小的举动就可以拯救全世界的人,想想看,多么简单,如果世界上的所有人都节约一度电、捡起一个垃圾,那现在的地球还会是这个样子吗?

你、我、他,如果都行动起来,那么天空就会更蓝,水就会更清,阳光就会更明媚!

同学们,我们的地球妈妈正在哭泣,脸上到处都是伤痕,这都是我们人类一手造成的。你的一举一动,关系到每个人的心跳和脉搏,让我们快快成长为给地球妈妈擦泪、帮助地球妈妈康复的环保小卫士吧!

(四年级(4)班 谷家仪)

美丽威海城

我的家乡威海,是一座美丽的海滨城市。

我们威海的东边是一片无边无际的大海,海岸线上有许多码头,是渔民们停船卖鱼的地方,不管白天还是晚上,人都特别多,拉货的车辆也特别多,一片繁忙的景象。每当晚上,一片片灯火,从远处看,像一条长龙,在拥抱着大海。在码头的另一端,是郁郁葱葱的花草,它们整齐地环绕着整个码头,一年四季,风景如画。

走进森林公园,一切都令人心旷神怡。呼吸着新鲜空气,欣赏着花草树木,似乎整个人都融入到了大自然之中,白云依偎在蓝天的怀抱里,小草挺直了腰,花儿绽开了笑脸向太阳问好,太阳照着沙滩,金灿灿地闪着光芒。走在沙滩上,抓起一把细沙,仿佛像碾碎的珍珠,浪花轻拂着游人的腿,痒痒的,游人的脸上都洋溢着开心快乐的笑容。

因为我们威海环保工作做得好,风景很美丽,所以有很多游客都喜欢到我们威海来旅行,有的游客见到威海的美丽,还长期住了下来呢!

只要我们把环保工作做好,就能获得健康,只要我们有了健康,人与人之间才能和谐,只有人与人之间和谐了,我们整个社会才能更加安定团结,我们的祖国才能更加繁荣昌盛!

(五年级(4)班 王欣语)

村边的小河

我们的地球只有一个,她是我们人类赖以生存的家园,我们要保护她、呵护她。

故乡的村边有一条迷人的小河,远看她绿得像一条翡翠色的绸带,蜿蜒曲折地围绕着小山村;近看她清澈见底,不时地看见几条小鱼在欢快的嬉戏。美丽的小河,招引来许许多多的鸟儿来这里喝水。每年暑假的时候我都会和小伙伴一起在这里捉鱼、打水仗……享受快乐的时光。

　　又到了我梦寐以求的暑假了,想起那条小河,我格外兴奋,迫不及待地赶到了家乡,一到家我就兴冲冲地奔向小河边。可当我来到小河边时,我被眼前的景象惊呆了!原来我和小伙伴们追逐、嬉戏的小河现在变成了一条黑不溜秋的废水沟,我的心情一下子跌到了谷底。我从爷爷那打听到,这几年人们为了追求经济利益,在小河的上游建了一个化工厂,而化工厂没有经过任何过滤措施直接把废水排放到小河里,日复一日,小河早已面目全非。

　　小河两旁有万紫千红的小花,有碧绿的小草,有笔直粗壮的大树,有欢快的鸟儿,还有一阵阵传来的欢歌笑语……这是多么让人陶醉的画卷啊!再看看现在,河水变成了污水,发出阵阵恶臭;花花草草上被堆满了垃圾;鸟儿不见了,鱼儿不见了。我仿佛听见小河的阵阵抽泣声,泪水不禁从我的眼角夺眶而出。

　　想想我们的所作所为,多么残忍,多么让人痛心啊!亲爱的人们,快快觉醒吧,不要后知后觉、后悔莫及。让我们携起手来,共同打造绿色家园。

(五年级(5)班　杜恒彬)

我们一起去寻找五彩森林

　　"嘎嘎!"随着一声哀嚎,一只疲惫不堪的小鸭挣扎着爬上了岸,没走几步,便昏倒在地……

　　远处的小树林里,一只刚刚从牢笼里逃脱的金丝猴,惊恐地躲藏在这个刚刚被一场酸雨洗劫过的树林里。它警觉地四处打量,突然发现了河边的小鸭。

　　"是小鸭,它晕倒了!不行,我必须去救它!"金丝猴顾不上自己的安危,从树林里冲了出来,奔向小鸭。

　　"小鸭,小鸭,你醒醒,快醒醒呀,你怎么啦?"小鸭已经奄奄一息,它的身上沾满了油污和垃圾,再看那条小河,河上漂浮着红黑白不同颜色的塑料袋、瓶子、卫生纸和鱼儿们的尸体。

　　"小猴,是你,你怎么逃出来的?不要管我,你快逃命去吧!"小鸭睁开眼睛,有气无力地说道。

"不行,我要带你离开这里。两年前这里河水清澈见底,小鱼小虾数不清,你可以快乐地在这里生活,如今,这里已经变成了坟墓!你必须离开这里!"金丝猴焦急地喊道。

"我已经走不动了,我的胃里有一个塑料袋,我已经吃不下任何东西啦;我的鼻孔被油污堵住了,几乎无法呼吸;我的翅膀黏在皮肉上,无法在水里游动……我已经活不了多久啦。"小鸭说着流下了悲伤的泪水。

"为什么我们的命运都这么悲惨!两年前,这里没有化工厂、造纸厂,没有这么多人,这个村庄很宁静,村民很善良。如今,他们为了金钱,砍掉了树木,污染了小河,你也不能快乐地生活了。我的主人为了挣钱,天天逼着我走街串巷给人磕头下跪,我经常食不果腹,我也是生不如死……"说着说着,金丝猴也悲从中来。

正在这时,"啾啾"一声鸟叫,一只晚霞般火红的鸟应声落地,发出一声凄厉的鸣叫。小鸭和金丝猴吓了一跳。

"哇,这不是火烈鸟吗,怎么飞到这里来了?"小鸭和金丝猴目瞪口呆地望着遍体鳞伤的火烈鸟,不知如何是好。火烈鸟的喙已经残缺,脚趾已经溃烂,羽毛凌乱不堪。原本火红的羽翼,因为沾满了鲜血,而变得更加鲜红刺眼。

短暂的寂静之后,金丝猴猛地站了起来,跑向了远处的树林。不久,它捧着一堆树叶回来。金丝猴耐心地用嘴嚼碎树叶,沉着冷静地将汁叶敷在火烈鸟的伤口上,并用露水滋润了火烈鸟干裂的喙。没多久,火烈鸟醒来了,看见自己伤口上的草药,激动地哽咽起来。

"你为什么会受这么重的伤?"小鸭惊恐地问道。

"我跟伙伴们打算去寻找传说中的五彩森林,可是飞着飞着,天空中又下起了奇怪的雨,腐蚀了我的羽毛,灼伤了我的皮肉。雨停了,我去湖边饮水,湖水清澈见底,可是没有一条鱼。我的喙刚扎进水里,就是一阵刺痛,湖水酸酸的,像是被放进了毒药。"火烈鸟悲伤地说道。

"没错,这就是传说中的空中死神——酸雨,是人类工业污染造就的恶魔!"金丝猴气愤地握紧了拳头。

"什么是五彩森林?它在哪里?"小鸭急切地问道。

"传说,五彩森林原来是一片沙漠。后来搬迁过来十户村民,他们每人每天种一棵树,每人每季种十种颜色的花,每人每年种十种不同类别的植物,十年后,那里变成了方圆一千公顷的五彩缤纷的森林。连天上的五彩神鹿都来到那里,成为那片森林的守护神!天上的雄鹰说,五彩森林就在中国的北方,五彩神鹿让它通知所有受苦受难的动物,都去那里生活!"火烈鸟幸福地描述道。

"太好了!你们一定要找到它!带上我的一根羽毛,把它埋葬在五彩森林里,我的灵魂也就永远得到幸福和安慰了。拜托你们啦!"小鸭倒在金丝猴温暖的怀里,用尽全部力气,说完了最后一句话,嘴角挂着微笑,永远地闭上了双眼。

金丝猴和火烈鸟悲痛万分,他们把小鸭埋葬在山岗上,带上它最美丽的一根羽毛,踏上了寻找五彩森林的旅程。他们坚信,五彩森林就在中国的北方,在雄鹰盘旋的地方,在五彩神鹿守护的地方,在每一个动物的心里。

(五年级(1)班 杨兆宣)

一双筷子引发的思考

人类只有一个地球,它是人类赖以生存的家园,爱护地球,就等于爱护自己的家园。然而,近几年来,地球的环境却越来越不容乐观:全球性气候变暖、地震、山洪等自然灾害的频繁出现……这些都给我们人类的生活和工作带来许多不便,甚至对我们的生命造成了严重的威胁。而这些都是人们不断地"伤害"地球的结果。大片的森林被砍伐,碧绿的青山被挖掘,美丽的草原变成荒漠,清澈的河水变得浑浊。树林少了,青山秃了,草原荒了,清水黑了……这些改变你发现了吗?

大自然的变化不是一朝一夕形成的,是人为的持续伤害造成的。我作为一名小学生,虽然不能为保护环境做多大的贡献,但我却有着保护环境的意识和决心。大家可能还不知道吧?在家里,我可是个环保小先锋。我一直负责监督爸爸。大家不要误会,我所监督的可不是他的衣食住行,而是关于环保方面的"大事"。

爸爸经常出去应酬,当然也会经常带我一起出去。我发现我们吃饭时用的都是一次性筷子。而奇怪的是爸爸和那些一起吃饭的叔叔阿姨们都会满不在乎的欣然接受,可我却不愿意了,因为我知道一次性筷子的大量使用是在变相砍伐森林、破坏大自然。所以每当吃饭时服务员阿姨给我一次性筷子时,我都会婉言拒绝并且一本正经地告诉她:"我们不要用一次性筷子,这些一次性餐具都是用木头做成的,我们浪费得越多,需要砍伐的树木就越多,对森林的破坏就越大,这些筷子一年得浪费多少树啊!"

我在一本书上看过这样一则漫画:在一个大森林里,一个人嘴里叼着一根烟,拿着一把锋利的斧头砍伐一棵棵大树,而大树在哭泣,那个人肩膀上停了一只啄木鸟,啄木鸟看了看那个人的脑袋,说:"这段木头里一定有虫。"那个人脑袋的确有"虫",这个"虫"指的是那个人破坏环境的心虫,怪不得啄木鸟说他脑袋有"虫"。不过,在我们平时的生活中,这种"脑袋有虫"的人数不胜数,可啄木鸟却是寥寥无几。平时,不少同学的草稿纸只画了几笔就扔进了垃圾桶,要知道,这些纸可是一棵棵树木啊;洗手时,水开得太大,这还不算,洗完手,也不关水就走了,任凭水哗哗地流,要知道在干旱地区水是多么宝贵啊;平时,随手将垃圾扔在地上,既影响环境又影响美观……要知道,如今我们这个地球已经受到了极大的破坏,可是那些脑袋有"虫"的人却丝毫没有醒悟,他们为了自己的利益破坏环境:砍伐树木、毁坏植物;为了贪方便,将污水排入江河,不知有多少河流因此无法饮用,我们的母亲河——黄河已经变得浑浊不堪;昔日甜美清新的空气里充斥了汽车的尾气;白色污染也越来越严重,很多人已经习惯了把食品包装袋随手乱丢……在如此触目惊心的事实前,人们似乎没有醒悟,而人们脑里那条"虫"却越来越大,人们已经被欲望迷住了双眼。

我们作为一名小学生、小公民,应该积极行动起来,从小事做起,从身边做起,从我做起。不随地乱扔废弃物,不乱倒垃圾,见到垃圾主动地弯下腰捡一捡,不随地吐痰;爱护花草树木,保持校园环境干净整洁;保护野生动物,制止砍伐树木,保护植物,做一个保护环境的小卫士。

(五年级(5)班　高涵艺)

第六节 "生态储蓄银行"培育生态好习惯
——普小师生参加《今日话题》节目访谈稿

演播室:观众朋友,大家好,欢迎收看今天的《今日话题》,我是×××。党的十八大提出要加强生态文明宣传教育,增强全民的节约意识、环保意识和生态意识。《全国环境宣传教育行动纲要(2011—2015年)》也明确要求:"强化基础阶段环境教育,在相关课程中渗透环境教育的内容,鼓励中小学开办各种形式的环境教育课堂。"我市各学校按照要求,开展了丰富多彩的环境教育活动,通过外创环境,内渗课堂,活动导行,使全体师生更加关爱自然,关注环保,"从我做起,参与环保"逐渐成为全市师生的共识。

解说:银行,大家都不陌生,但是在环翠区张村镇的普陀路小学的校园内,有一家特殊的"生态储蓄银行",这里每天存储的不是钱,而是将学生的生态好习惯存入"存折"获取相应的"生态币",学生通过这种虚拟的"生态币",可以在"银行"兑换自己想要的物品。

同期　威海市普陀路小学学生　宋家慧

植树可以得到两个生态币、不随地吐痰、不随地扔垃圾、把废纸放到回收箱里可以得到生态币。我觉得用自己的劳动得到生态币,可以换取这些物品,我感到很开心。

同期　威海市普陀路小学德育处副主任　阮清

孩子们为了挣得生态币,他们能够自觉地遵守我们的环保行为。比如说,在校园里,总是能够看到孩子主动将垃圾捡起来;在校外,孩子们也开始积极地参与各种环保活动,他们就是通过这些活动来挣取生态币。

解说:"生态习惯储蓄"活动的开展,为普陀路小学营造了一种"人人储蓄生态好习惯、人人争当生态小达人"的良好氛围,而这仅仅是普陀路小学校园生态的一个缩影。成立于2012年9月的普陀路小学,建校伊始就确立了"生态立校,和谐发展"的特色发展思路,走在校园的每个角落,你会发现,校徽、校旗、吉祥物等环保标识无处不在。

同期　威海市普陀路小学校长　刘晓波

这就是我们学校的吉祥物,旁边左边的叫楷楷,是由树叶演变过来的一个小卡通形象;右边的叫芯芯,它是由花心演变过来的一个卡通形象。楷楷、芯芯我们取它的谐音就是开开心心,也寓意着普陀路小学的学子在生态化的校园里开开心心地学习,开开心心地成长。

解说: 一直以来,普陀路小学以环保教育为抓手,号召全体师生树立节能减排新理念,开启《我与绿色同行》的生态校本课程,启动生态微电影的拍摄,打造校园生态文化长廊,以实际行动将绿色环保理念深植在每位师生的心中。

同期　威海市普陀路小学校长　刘晓波

我们的教学楼从一楼到四楼,根据学生由低到高的认知特点,构思了生态之美、生态之忧、生态之行、生态之愿四个板块的生态长廊。首先要了解目前的生态有美的一面,非常漂亮,森林系统还有湿地系统,这是美的一面。此外还有生态之忧,忧的一面就是现在的全球变暖,还有垃圾围城。通过张贴比较触目惊心的画面,不但让孩子们了解目前的生态现状,更鼓励他们投身到环保行动中,描绘未来的生态愿景。

解说: 在普陀路小学,这里有专门的生态种植基地和生态培育中心,通过让学生参与植物的栽培、养护、管理和收获等全过程,以达到丰富学生环保知识、参与生态实践的教学目的。在生态培育中心,记者见到学生正在熟练地为植物清理腐根、培土、浇水、写观察日记。

同期　威海市普陀路小学学生　于晓琪

我每周三来上种植养殖的校本课程,每次我都会给它清理腐根,因为清理腐根会让它长得更健康。

同期　威海市普陀路小学学生　姚瑶

在种植基地,我们学到了如何让花草生长得更好。生活在这么美好的校园里,看吃到这么美好的蔬菜,我感受到了快乐。我们要爱护这些花花草草,不要到处破坏它,这样我们的环境才能更美好,我们的校园才能丰富多彩。

解说: 如何让环境教育潜移默化、寓教于乐,普陀路小学的老师们着实下了一番功夫,他们根据孩子的兴趣特点,自创了跳房子、飞行棋等多项益智游戏,让学生在课堂之余,通过轻松的游戏,逐渐培养起爱护环境的良好习惯。

同期　威海市普陀路小学教师　温照娜

这是我们普陀路小学自创的好习惯飞行棋,你看飞行棋每到一步的时候它都会有一个提示的。比如：这个剩菜、剩饭、浪费水电退两步，让孩子知道这种行为是不可以的，是要退的。孩子们通过下这种棋，既能娱乐，又能收获到一种好习惯。

解说：在普陀路小学校园内的回收亭中，这里整齐地摆放着学生们收集来的玻璃、塑料、空瓶、报纸等废旧物品，桌子上的回收记录簿详细地记录了各个班级回收的物品种类和重量。

同期　威海市普陀路小学总务处主任　王晓伟

每个班级都有专门的小垃圾废旧纸张回收箱，回收的资金我们也用来购买相关的奖品，还有植物的种子。这样反馈到班级，形成良性的循环。

解说：正是在这种良性循环中，普陀路小学的生态环境教育开展得有声有色，先后荣获"威海市绿色学校""威海市规范化学校""环翠区 A 级特色学校"等荣誉称号，并于去年年底获评"2014 全国环境教育示范学校"的荣誉称号。

解说：当前，我市环境教育以学校为阵地、以创建"绿色学校"为抓手，在市环保局、市教育局、团市委等多部门的联合推动下，学校环境教育工作取得很大进展。威海市实验小学作为一所省级绿色学校，历来注重环境教育工作，经常通过升旗仪式、主题班会、午间广播、走廊文化和课外实践，让学生在真实的情景中接受教育和锻炼，不断提高环保意识。

演播室：功在当代，利在千秋，环境教育是一项系统而长期的工程。习近平总书记也曾说过，人生的扣子从一开始就要扣好，因而抓好生态环境教育从娃娃开始意义重大。截至目前，我市已成功创建国家级绿色学校 1 所、省级绿色学校 41 所、市级绿色学校 153 所、市级环境教育基地 12 个，中小学环境教育普及率始终保持在 100%。好的，感谢您收看今天的节目，我们下期节目再见。

第五章

拥抱生态　生态家校和谐共育

　　我们精心构建家校桥梁,把生态教育从学校延伸到家庭、拓展到社会,形成独具特色的家校文化。"生态家长委员会"层层建立,分级管理,努力做到学校教育与家庭教育的二合一。"爱心义工部"让家长们为孩子撑起了安全保护伞,每学期的生态家长学校、普小微信公众平台、班级QQ群等构建了立体沟通网络;每学期的"生态行"研学旅行,也为孩子开拓了视野;每年的"最美生态家庭"评选,提升了家长、学生的环保意识,让"生态教育"付诸于爱的怀抱中。

第一节 生态家委会，打造和谐教育乐园

孩子的成长离不开学校这片沃土，离不开园丁们的辛勤培育。一个孩子的全面发展是家校教育共同努力的结果，家委会开展的活动作为学校课堂教学的延伸，在教育中有着不可替代的作用。

如何让学生在沃土上竞相开放，倡导"生态立校，和谐发展"的普陀路小学，通过建立三级家委会和充分发挥其应有的职能，架起了家校共育的彩虹桥。

一、家校合力助推，共谋"家庭种植园"开发建设

家庭文化是校园文化的重要组成部分，也是形成班集体凝聚力和良好班风的载体。通过家庭文化建设，为队员营造勤奋学习、快乐生活、全面发展的良好环境，不断增强家长及学生的热爱生活的精神，启迪学生思想，提高学生动手能力，升华学生人格，陶冶学生情操，让和谐共处、生态环保、热爱自然蔚然成风。

想以"家庭种植养殖园"为载体，让家庭成为一个生态环保的天地、一个平等对话的环境、一个挑战自我的场所、一个展示才华的舞台、一个亲子共同耕耘的园地。

1. 开发家庭种植养殖园组织流程

（1）建立三级家委会，校级家委会每班1名，级部家委会每级部1名，班级家委会每班10名，明确课程管理职能。

（2）以校级家委会为参与主体，组织召开"课程建设"主题交流会。学科领导、学科教研组长，与家委会共同探讨家校课程整合的建设思路，确立课程建设家校合作的突破点与整合点……开发建设家庭种植养殖园。

（3）以级部家委会为主要参与主体，组织召开"家庭种植养殖园开发建设"专题研讨会。由校级家委会周会长做专题报告，讲解家长在课程建设中所担任的角色与所履行的职责，转变家长观念；副会长介绍自己在开展家庭种植养殖方面的有效做法与亮点，及如何和孩子一起装点好自己的居室，给每位家长以启示；家委会还借助《家庭种植养殖开发调查表》，了解与收集每位家长的意见和建议。

（4）学科教师与家委会一起有效编制《家庭种植养殖小指南》，其中，包括泥

土的选择、品种的介绍、环保花盆的制作、种植结论的提交、生态日记的书写等,以帮助学生明确种植养殖的操作步骤、植物及动物习性、要领及注意问题。

(5)以班级家委会为参与主体,以"班级博客"为载体,建立"家庭种植养殖"专栏,将家长与孩子每天观察植物变化的照片,进行上传,供其他家长、学生学习借鉴。

(6)每周末,班主任将《家庭种植养殖报告反馈评价单》收集、检查并进行反馈。

(7)每月月末,以班主任为引领,级部轮流组织召开主题为小小生态节的活动,展示级部各班家庭种植养殖的做法和亮点及装点卧室的小制作。

(8)每月末,在校级家委会成员的引领下,大力进行家庭种植养殖开发宣传。同时,下发《〈家校种植养殖〉家长意见反馈表》,收集来自家长的建议。

(9)每学期,根据"家庭种植园"评价,成绩被纳入"生态家庭评选"表彰中。通过"家庭自愿申报——级部层面筛选——学校层面自主展示"的评价操作模式,进行"最美生态家庭种植养殖园"评选。

二、和孩子一起成长的岁月,家校生态行

"登山则情满于山,观海则意溢于海。"我校在生态特色深入开展的过程中,在全体师生锐意进取的同时,家委会起到了举足轻重的作用,才使特色创建工作一年一个新台阶。我校家委会以环境教育为平台,深化校外活动内涵,涉及宣传教育类、民族体验类、亲近自然类、实践体验类……用行动不断擦亮生态环保这个特色品牌!

◎环保生态行

公益服务类生态行(一年级二班)

时间
2016年3月27日上午8:00—11:30。

地点
威海市儿童福利院。(环海路90号,合庆站点向西。)

家长随笔

"敬老爱幼"是我国的传统美德。2016年3月27日,在大家的支持下,我作为主要发起人,组织了此次福利院之行。

上午8:00,我们一行带着"关爱儿童奉献爱心"的心情乘坐着我们的"专车"出发了。(特别感谢辛宇爸爸联系车辆)孤儿院不在市里,我们对那边不是很熟悉,一路问着,尽管比我们预计到达慢很多,但当我们走进福利院大门时,福利院的教职工早早地等在门口,热情地接待了我们。我没有想到最小的孩子竟然才2岁左右,最大的也不过10多岁,他

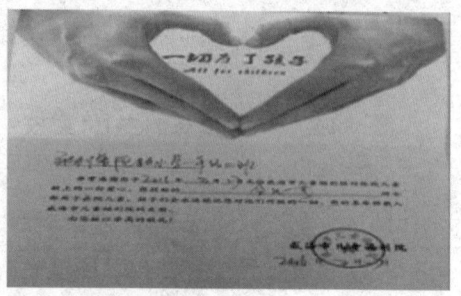

们都那么可爱,那么天真,部分孩子也有一点残疾,但是孩子确实很让人心疼!我们把带来的学习用品及玩具分别发给小朋友们。孩子们都很乖,一个个都用笑容表达着喜悦及感恩之情,看着孩子们可爱、真诚的笑脸,大家感到无比的欣慰。

接着,工作人员领我们参观了院里的书屋、课堂、康复室、娱乐室、医务室、心理治疗室等很多地方。那里的环境远比我想象的要好得多,不禁感慨世间还是有爱心的人多,是那些充满爱心的人,撑起了福利院儿童的一片蓝天。虽然他们有一些是残疾儿童,有的患有重大疾病,但他们一个个都活泼可爱,充满童真。其间,工作人员还给我们讲述了其中几个孩子所患的疾病和不幸的遭遇,大家感到一种说不出的心痛,同时,我们也深深地感到,福利院的孩子们需要的不仅仅是几个人、几个单位、几个团体的一时关爱,他们需要的是整个社会的关心和呵护,不仅是物质上的援助,更多的是精神上的关怀。在活动的最后,我们跟孩子们合影留念,依依惜别。

我们的孩子生活得太安逸。通过这样的活动,能让他们看到世界的不完美,

看到自己的生活有多幸福,也看到身边还有许多需要帮助的人们。大家献出了爱心,收获了真诚,更学会了感恩,只有奉献爱才能更好的收获爱,世界需要爱,社会需要爱,人与人之间更需要爱,我们会继续关注社会公益事业,让爱心永远传递。

一年级(2)班家长

二〇一六年三月

太阳花中队环保健步走(二年级(1)班)

活动地点

威海市政府广场。(看校旗)

集合时间

6月5日早7:30。

温馨提示

1. 服装:根据报名先后发放。(数量有限,请家长理解。不过,只要参加活动的同学都可获得生态币奖励!)

2. 安全是头等大事,孩子须由家长陪同。

3. 拒绝追逐打闹、到处乱跑的行为,并在活动中采取必要的保护措施。活动结束家长必须负责孩子安全返回。

4. 注意保持活动的环境卫生,不产生新污染、新垃圾,做文明的普小学子。

学生感言

2016年6月5日,阳光明媚,风和日丽。早晨八点钟,我们二年级(1)班的20多名同学,聚集在市政府广场,准备开始长达12公里的健步走活动。全体同学一起出发,按照既定的线路向孙家疃进发。一路上大家欢歌笑语,拿着捡垃圾器捡拾垃圾,在无限的欢声笑语中体验着运动的快乐。

在父母及同学们的鼓励下,在不知不觉中,我们成功到达了目的地——孙家疃。清点了人数之后,我们在终点合影留念。我班参加此次"健步走"活动的丛乾同学说:这次活动用"痛并快乐着"来形容,他说道:"虽然这次累得两腿酸疼,但是这次的活动能锻炼身体还能和同学们一起玩耍、一起做环保,我觉得很开心。"我们又在起点合影留念之后,大家各自离开。

我觉得今天过得最有意义！绿色出行，保护大自然！

家长随笔

本次健步走活动，孩子们零距离地接触了大自然，旨在传递一种健康、科学、阳光的生活理念，让学生们更加关爱自己的身体，走出户外，绿色出行，低碳环保，拥抱阳光，积极锻炼，活出精彩。

（二年级（1）班　刘畅）

第二节 生态家长学校,合力效应凸显

家庭是哺育子女成长的社会细胞,父母是子女天然的思想启蒙者,对子女成长的影响具有较大的潜移默化的作用。因此学校将"提高家教水平、提高家长整体素质、更好地培养下一代、造就生态普小学子"作为家长学校的办学宗旨,大胆探索、努力开拓、积极开展工作,取得了较优异的成绩。

一、全面布置,合理分工,确定主题,开展活动

我校2016年家长学校配档

月份	培训主题	主讲人
三月	让生态阅读走近心灵	向景媛
四月	"小手拉大手 我们一起走"家庭环保知识讲座	向景媛、宫丽华
五月	如何做智慧型家长	刘爱静
六月	培养优秀孩子如此简单暨小初衔接	外请
九月	如何快速适应小学生活	向景媛、张琳莉
十月	DISC亲子沟通密码	外聘
十一月	家校携手 共创和谐教育	刘爱静

二、召开家长会议,传授家教方法

通过每学期至少四次的家长学校课堂,使广大家长认识到孩子是可塑的,明确了家长的责任,认识到应该对孩子爱而不溺、严而有轻,并学到了一些关于独生子女的家教方法及心理健康方面的知识。通过这些培训,有针对性地开展了各项活动。在渗透环保知识的同时,既加强了家校联系,又缩短了家长与孩子两代人之间的距离,纠正了家教中的一些失误,取得了良好的效果。

三、印发家长活动感悟，密切家校联系

家长学校十分重视每次培训后家长所提出的问题和困惑，通过总结问题及建议，有针对性地进行家长学校补充会议。经过双方努力，家校双方配合得更加默契。

《培养孩子品格的三个秘密》家长学校活动感悟

活动时间	2017.3.16	活动地点	普陀区小学影剧院
家长姓名	董宏华	学生姓名	孙浩钧 所在班级 二、二
收获·感悟	听了一节课有了很大的收获，就是时间有点短。收获了很多。比如：权威与权力。父母的榜样是建立他在孩子心中的威信。不需要一个完美的榜样。需要的是一个成长的榜样。感悟：更多的应该是孩子的成长。而不是他必须要多优秀。			
对家长学校、学校工作的意见或建议	非常感谢学校能够组织这样的活动。对于一个才二年级的家长有很大的帮助。希望以后还有机会参加和学习这样的课程。谢谢！			

《培养孩子品格的三个秘密》家长学校活动感悟

活动时间	2017.3.16	活动地点	威海市普陀区光明小学
家长姓名	宋慕卿	学生姓名	家树乳 所在班级 2.4
收获·感悟	今天听完郭老师的课后，让我又重新对教育孩子的问题有了一个新的认识。孩子的成长离不开父母的陪伴和正确的引导。父母的一言一行也将直接影响到孩子对这世界的认识，正确的对待孩子。不要盲目的追求成绩而忽略了孩子成长的教育。踏实地做一个有责任心，有爱心的孩子。做一个正直阳光的人。			
对家长学校、学校工作的意见或建议	孩子成长离不开老师的教育。老师的辛苦是孩子前进的动力。谢谢老师的付出和你们的无私奉献。感谢学校组织的这次活动。也感谢家长。感谢！			

《亲子故事会》家长学校活动感悟

家长姓名	[手写]	学生姓名	王毅林	联系电话	
活动地点	四季绿城小区	所在班级	一(2)班		
收获·感悟	通过周六的活动让我看到了孩子的进步，能够在家长和小朋友面前大方，有条理地介绍自己。而且没有害羞。也让孩子见识到了别样的阅读，爱上了阅读。回来后一个星期每天晚上都自己听故事。也通过了活动，锻炼了孩子的动手能力，审美能力。回来后也自己动手做了一些手工作品。感恩学校组织这次的故事会。				
对家长学校、学校工作的意见或建议	孩子上小学以来短短几个月，成长了很多。跟老师不松懈而培养他分心开而。我也会视他或来或喜欢集体活动争望多举办亲子活动肝多多些开展。锻炼孩子的身心！				

四、教师家访，了解学生在家表现

家长学校要求全体教师通过电话访、网络访、面访、上门访等各种形式进行家访。尤其是对后进学生及行为偏差生，要求全体教师与其结对子，每学期经过各种形式的家访，使广大教师更深入地了解到学生在家的表现，掌握了第一手资料，方便了自己的工作，提高了工作实效。

教子尚须人品高，树直还需勤培育。孩子的成长，不仅是家庭的事、学校的事，还是全社会的事，只有综合教育的合力效应，才能取得最佳效果。虽然家长学校已取得了一定的成绩，但真正把家长学校办到家长的心坎上，还须不断努力，相信有广大家长的配合，我们家长学校会越办越好。

第三节 生态研学，"研"与"学"的有效结合

"生态行"研学旅行活动课程体系

活动地点	课程类别	高年级		低年级	
		教材内容	活动内容	教材内容	活动内容
校内	基地类	《绿色伴我行》第四单元 第四课国际生物多样性日	我是"小小饲养员"（全体）	《我与绿色同行》第三单元 第六课植树造林好处多	我是种植小能手（全体）
		《绿色伴我行》第一单元 第一课绿色校园	伸手弯腰（全体）	《我与绿色同行》第五单元 第十课饮料瓶大变身	废物回收（全体）
	节日类	《绿色伴我行》第四单元 第一课世界水日	废水二次利用（全体）	《我与绿色同行》第四单元 第一课世界环境日	走上街头，进行生态环保宣传活动（全体）
校外	绿色游学类	《绿色伴我行》第一单元 第一课绿色校园	植树（全体）	《我与绿色同行》第一单元 第四课环境破坏	爬仙姑顶、里口山（三、四、五年级的一班）
		《绿色伴我行》第四单元 第四课国际生物多样性日	看天鹅等动物（一、二年级的一班）	《绿色伴我行》第一单元 第三课垃圾分类	参观垃圾场或山大天文台（三、四、五年级的二班）
				《绿色伴我行》第六单元 第一课丰富的宝库——太阳能	参观科技馆（三、四、五年级的三班）
	民俗体验类	《绿色伴我行》第五单元 第一课废纸手工	灯韵（全体）	《我与绿色同行》第五单元 第一课旧报纸显身手	粽叶飘香（全体）

续表

活动地点	课程类别	高年级		低年级	
		教材内容	活动内容	教材内容	活动内容
校外	公益服务类	《绿色伴我行》第一单元第四课小区的环境	白色垃圾清理（一、二年级的二班和三班）	《我与绿色同行》第五单元第七课纸雕塑创作	给福利院小朋友送纸雕等变废为宝作品（三、四、五年级的四班）
		《绿色伴我行》第五单元第三课树叶贴画	和敬老院或社区的爷爷奶奶一起做树叶贴画（一、二年级的四班）	《我与绿色同行》第五单元第四课小瓶盖大精彩	爱心义卖（三、四、五年级的五班）
	拓展活动类	《绿色伴我行》第二单元第三课怎样减少水污染	亲子趣味运动会（一、二年级的五班）	《绿色伴我行》第三单元第三课低碳出行	环海健步走（全体）
	红色教育类		登环翠楼，瞻仰烈士陵园（一、二年级的六班）		参观刘公岛、定远舰（三、四、五年级的六班）

◎"生态行"研学旅行案例

二十四节气之走进清明

一、研究性学习开展的背景

二十四节气对生活生产息息相关。本次《关于二十四节气之清明的研究》为主题的研究性学习为《走进二十四节气》系列研究学习活动之一。

二、研究性学习的教学目的

1. 知识与技能

（1）学生通过查阅资料、访谈等方式，了解清明的来历；了解清明所反映的季节变化和与农业生产的关系；了解清明节气与人们生活的重大意义；了解清明节气的民俗。

(2)学生收集、整理和挖掘与清明节气相关的故事、古诗词等材料。

(3)抓住城镇广阔的自然资源和独特的条件,让学生走进大自然,开展有意义的实践活动。

(4)多学科共同参与,学生以自己喜欢的方式展示自己的学习成果。

2. 过程与方法

(1)通过学生查阅资料、访谈等方式,了解清明的来历、民俗及与农业生产和人们生活的关系。

(2)学生通过收集、整理和挖掘与不同节日和不同节气相关的故事、古诗词等材料,通过交流、讲授、讨论、诵读等不同形式,提高学生的文化素养。

(3)学生在参与、交流、表达、实践、分享、合作的过程中生动活泼地发展。

3. 情感态度与价值观

(1)通过研究学习提高对清明节气的了解,加强传统文化教育。

(2)通过研究学习提升自身的文化修养。

(3)通过参与学习过程,体验自主、合作学习的快乐。

三、学习者特征分析

通过上学期的学习,学生已经具备了一些查阅、收集、整理、调查、访谈等多种学习方法,能够在小组内进行学习,但是还不够熟练。

四、研究的目标与内容

学生深处城镇,对这些知识知之甚少。结合学生来自城镇家庭的特点及现有条件,抓住城镇广阔的自然资源和独特的条件,积极走进大自然,适时开展有意义的实践活动;通过学生查阅资料、访谈等方式,了解二十四节气和我国重大传统节日的来历;了解二十四节气所反映的季节变化和与农业生产的关系;了解我国重大传统节日对人们生活的重大意义;了解不同节日和不同节气的民俗,对学生进行传统文化教育;让学生收集、整理和挖掘与不同节日和不同节气相关的故事、古诗词等材料,通过交流、讲授、讨论、诵读等不同形式,提高学生的文化素养。并以自己喜欢的方式展示自己的学习成果,力求让每一名学生在参与、交流、表达、实践、分享、合作的过程中生动活泼地发展。

五、资源设计

根据主题教师提供的资源:清明的相关网站、电脑。

学生自行准备的资源:笔、纸、录音机、相机、摄像机等。

六、研究性学习的阶段设计

研究性学习的阶段		学生活动	教师活动	起止时间
第一阶段动员和培训阶段(初步认识研究性学习、理解研究性学习的研究方法)		听学习要求、提出自己的疑难和想法。	介绍研究的目的,激发学生的兴趣。 介绍研究学习活动的要求。	第一周
第二阶段课题准备阶段	提出和选择课题	结合学习活动的要求提出自己的研究方向。	揭示研究内容,选定主题:清明的来历、民俗及与农业生产和人们生活的关系; 与清明节气相关的故事、儿童诗、古诗词、儿歌、童谣等材料。	第一周
	成立课题组	学生选择自己感兴趣的主题结组。	分组指导:成立小组的原则、技巧等介绍,以及帮助学生建立学习小组等。	
	形成小组实施方案	小组成员商讨主题实施方案、将主题细化并分工。	参与各小组的讨论并适时提出自己的建议。	
	开题报告和评审	小组内部讨论、交换意见,小组向老师和全班同学汇报方案。	组织开题报告和评审。	
第三阶段课题实施阶段		通过查阅资料、访谈等方式,了解清明的来历;了解清明所反映的季节变化和农业生产的关系;了解清明节气对人们生活的重大意义;了解清明节气的民俗。 收集、整理和挖掘与清明节气相关的故事、儿童诗、古诗词、儿歌、童谣等材料。 确定小组展示方式并设计展示内容。	提供相关的资源(电脑等),随时参与到小学的学习活动中进行方法指导和使用指导。	第二周 第三周

续表

研究性学习的阶段	学生活动	教师活动	起止时间
第四阶段评价、总结与反思阶段	各小组展示汇报（各小组确定的方式分别汇报）。 填写评价量表。 后续活动反思交流	同学们，经过这段时间的收集和整理资料。你们一定对清明这个节气有了比较深入的了解。今天，就让我们一起来分享大家的学习成果吧。 制作、检查评价量表。 总结： 在这次的活动中我们班的同学表现得非常出色，展示方式和活动内容丰富多彩，使我们对清明有了一个比较全面的了解。今后我们的活动将进一步开展，希望大家在以后的主题活动中表现得更加出色。	第四周 第五周

《二十四节气之走进清明》访谈法指导课

一、活动目标

1. 学生了解访谈法运用的步骤，掌握访谈活动运用中的技巧，并能灵活运用访谈法收集资料。

2. 培养学生发现问题、归纳方法、总结规律的能力。

3. 使学生产生积极的情感，形成在日常学习与生活中善于质疑、乐于探究、努力求知的心理倾向。

二、活动准备

课件、访谈视频、访谈表。

三、组织形式

讲授、讨论、现场模拟。

四、教学过程

回顾活动过程,引出课题。

师:我们这个月把我们的研究课题确定为《二十四节气之走进清明》,经过主题分解,分解为以下7个子课题进行研究,然后我们根据同学们的爱好、特长、能力以及所研究的子课题进行了分组,但是老师和大家一起修改活动方案的时候,发现我们各组同学在这么多的调查法(座谈会调查、访谈调查、调查表调查、问卷调查、实地调查)上,基本上都选择的是问卷调查和访谈调查。这两种方法相比较而言,访谈调查相对来说难掌握一些。

师:我们究竟该如何进行访谈呢,今天我们就专门来聊聊这个话题。(板书:如何进行访谈)

1. 请学生谈谈对访谈法的了解。(结合网上搜索的资料)
2. 通过多媒体,教师明确关于访谈法的知识。

多媒体展示:访谈法的含义。访谈法,就是研究性交谈,是以口头形式,根据被询问者的答复搜集客观的、不带偏见的事实材料,是研究者通过与研究对象进行口头交谈的方式,来收集对方有关信息资料的一种调查研究方法。尤其是在研究比较复杂的问题时,需要向不同类型的人了解不同类型的材料。

多媒体展示:访谈法的运用过程。

(1)开场白。

(2)恰当进行提问。要想通过访谈获取所需资料,对提问有特殊的要求。在表述上要求简单、清楚、明了、准确,并尽可能地适合受访者;另外适时、适度的追问也十分重要。

(3)准确捕捉信息,及时收集有关资料。访谈法收集资料的主要形式是"倾听"。"倾听"可以在不同的层面上进行:在态度层面上,访谈者应该是"积极关注的听";在情感层面上,访谈者要"有感情的听"和"共情的听";在认知层面上,要随时将受访者所说的话或信息迅速地纳入自己的认知结构中加以理解和同化,必要时还要与对方进行对话,与对方进行平等的交流,共同建构新的认识和意义。另外"倾听"还需要特别遵循两个原则:一是不要轻易地打断对方,二是能容忍沉默。

(4)适当地作出回应。访谈者不只是提问和倾听,还需要将自己的态度、意向和想法及时地传递给对方。回应的方式多种多样,可以是诸如"对""是吗""很好"等言语行为,也可以是点头、微笑等非言语行为,还可以是重复、重组和总结。为了及时作好访谈记录,一般还要录音或录像。

五、访谈的细节指导

师:我们做任何事情都不能打无准备之战,在采访之前我们一定要拟好访谈表。(板书:采访前要拟好访谈表)一般来说,访谈之前,同学们应该做好以下几个方面的准备工作。

1. 设计访谈提纲。明确访谈的目的和所要获得的信息,列出所要访谈的内容和提问的主要问题。同学们可以通过拟订访谈提纲来帮助自己明确思路,如:"我想通过访谈获取哪些信息?""哪些问题可以使我获得这些信息?"将这些问题记下来,列在一张纸上,就成了一份访谈提纲。

2. 选择访谈对象。"谁能给我提供最丰富的信息?"根据这条线索,同学们不难找到"目标人"。

3. 了解访谈对象,取得访谈对象的同意和认可。"冒昧造访"往往遭受挫折。

4. 确定访谈的时间和地点。一般说来,访谈时间和地点的确定主要以被访谈对象的方便为宜。

5. 做好提问、记录的任务分工:准备采访、记录的器材物品等。

上个礼拜老师布置各小组填写各组的访谈表。不知道大家的完成情况如何?

师:现在我请同学们一起来欣赏一段视频,请大家认真看、认真听,想想有哪些值得我们学习的地方。

多媒体展示:播放视频访谈节目。

师:你从这一段采访中发现了哪些值得我们学习的地方?(同学讨论,教师总结)

生:……

师:大家谈了这么多想法,总结起来采访中就是八个字:善问、善听、善语、善记。

六、现场模拟采访(板书:模拟采访中)

光说不练是成就不了真本事的,实践出真知。今天这节课给大家提供了难得的采访机会,在座的每一位老师都可以成为你们的访谈对象,你们可以一个人,也可以和同学一起去对你们选定的老师进行采访。为了保证你们的采访能顺利进行,先请同学们和身边的同学相互练习。老师要友情提醒的是提纲做得好,不一定你们的访谈就会完成得好,在访谈的过程中还有很多细节是需要我们来关注的,细节决定成败哦。

1. 学生练习采访……

2. 请一个或几个同学对听课教师进行现场采访。之后集体评议,发现优点,找到不足。

师:请同学们结合本课所学知识,各组讨论、修改自己的访谈表。

3. 对指导教师进行采访。(师:其实我也是你们的访谈对象之一,我一直都很愿意接受大家的采访,来吧,我已经做好了充分的准备,我还可以为采访我的同学提供一个照相机。)

指导教师接受学生的现场采访……

(教师展示学生们列好的采访提纲)

大家的掌声就是最好的表扬,胜过好听的话语。既然大家都觉得他们的采访做得好,想不想对他们做一个随机采访呢?

师:你们觉得采访之后还有哪些工作要做呢?

(板书:采访后,整理记录、总结反思、整理成文字)

七、课堂小结

通过这堂综合实践课的学习,同学们对访谈法一定有了一个全新的认识,请同学们利用课余时间继续你们的综合实践研究吧。如果遇到困难老师欢迎你们随时来咨询。

《二十四节气之走进清明》选题指导课

活动目标

1. 培养学生发现问题和提出问题的能力,初步学会如何选题,培养学生筛选问题的能力。

2. 进一步培养学生的小组合作意识、调查能力和搜集资料的能力。

3. 增强学生开拓学习资源的意识,激发学生对生活的体验、对社会的思考、对传统文化的关注。

活动过程：

一、谈话导入，确定主题

1. 师生谈话：同学们，对于清明你有哪些了解？去过哪些地方？你见到了清明期间哪些特有的现象？

2. 指名说。（畅所欲言，注意引导学生说说清明期间的习俗活动等）。

3. 师小结。唐代诗人杜牧的诗《清明》："清明时节雨纷纷，路上行人欲断魂。"面对风中飞舞的梨花，宋人吴惟信写下了"梨花风起正清明，游子寻春半出城"。正是写出了清明节的特殊气氛。今天老师也带来了关于清明的一些图片画面，请大家欣赏。

4. 看课件（有关清明丰富多彩的知识等），说感受。

5. 师小结，宣布主题：清明是我国的二十四节气之一，也是我国的传统节日，其间包含着一定的风俗活动和某种纪念意义，蕴含着丰富的文化知识。针对这一现象，我们确定了这节综合实践活动的主题——走进清明（课件出示）。

二、围绕主题，提出问题

1. 围绕清明这一主题，我们可以进行哪些方面的问题探讨呢？请同学们针对这一主题提出自己比较感兴趣的话题或问题。

2. 分小组合作，提出感兴趣的问题，并记录下来。

3. 全班交流，大组汇报。

4. 指名说，选同学把有价值的问题写下来。（说出想法和理由）

5. 师根据学生提出的问题及时予以指导归纳，保证问题有研究价值。

6. 再一次梳理黑板上提出的问题，予以分类整理，保留几个问题。

如：

(1) 清明节的由来。

(2) 清明节还叫什么节？为什么？

(3) 清明节的习俗活动有哪些？

(4) 清明节与农耕有什么关系？

(5) 我国为什么要设定清明节假？有什么意义？

(6) 清明节相关的诗句、历史故事有哪些？

三、分组制订研究计划

1. 师:同学们很会思考,提出了那么多感兴趣的问题。现在我们就来分工合作,请根据自己最感兴趣的问题自由组合,把全班同学分成9个研究小组,每组选出一名组长。

2. 生自由合作,分组。

3. 简单说说自己选择这一组的理由。

4. 明确小组研究的小问题,小组内分工。

5. 简单汇报分工情况。

6. 具体指导分工,制订小组活动计划。

7. 分发活动计划,合作填写。

8. 反馈制定情况,选代表到台前汇报。

四、活动小结

希望同学们在小组内团结协作,围绕你所关心的问题展开活动。相信经过同学们的研究实践,一定会有很大的收获。祝你们在活动中一切顺利,有机会展示自己的活动成果。

《二十四节气之走进清明》成果汇报

教学过程

一、总结上节课任务

1. 整理沟通个人调查、访问,小组内沟通。

2. 小组整理要求:分析调查访问结果并对活动所获得的资料认真做好记录。

3. 小组整理调查访问结果,完成探究记录表。

二、小组汇报,师生评价

1. 饮食习俗调查小组汇报

将调查好的资料图片制成手抄报,把收集到的清明节食品展示出来。

一名学生扮演导游,介绍家乡清明节的饮食习俗。

小组评价,引导学生评价学生的研究过程。

2. 清明节祭扫习俗调查小组汇报

教同学们做小白花寄哀思。

《文明祭扫》视频。

小组评价,引导学生从研究成果来评价。

3. 清明节活动习俗调查小组

组长总结介绍。(现场知识问答比赛)

师评:同学们能从不同方面来评价,真了不起。

三、总结收获

汇报结束了,在整个研究过程中,你有什么样的收获?指导学生从三个方面来谈:探究手段、探究成果、探究体会。

四、总结拓展

《二十四节气之走进清明》设计

在研究性学习的过程中,学生依据大主题分别确定了本组需要研究的小主题,同学很有兴趣地参与到其中,但也有极少数学生不积极主动,这时候需要教师去鼓励和关心他们,帮助他们融入这样的研究性学习活动过程中来。

学生们经历了这次研究性学习后,热情高涨,各小组非常团结,为今后开展的主题研究性学习奠定了一个良好的基础。

通过这一活动的设计,我对综合实践活动的大概模式比较清楚,使我的研究小课题也呈现了一定的价值。抱着让学生联系社会实际的想法,使学生通过亲身体验进行学习,积累丰富的直接经验,培养创新精神、实践能力和终身学习的能力,基于这一活动宗旨我便大胆地开展了此项活动。

刚开始,我把开展这一主题活动的想法告诉学生时,他们显得很兴奋,七嘴八舌地议论想要开展什么主题,同学们最终把主题确定为"二十四节气之走进清明"。定好主题后我和同学们就着手开始行动。综合实践活动主要以个人或小组合作的方式进行。通过亲身实践获取直接经验,养成科学精神和科学态度,掌握基本的科学方法,提高综合运用所学知识解决实际问题的能力。而在研究性学习中,教师是组织者、参与者和指导者。

活动期间,我总会看到两三人一堆、三五人一群地在那商讨着什么。每当这时,我总会觉得这次活动办得很有意义,同学们真的在其中享受到了活动的快乐。活动有效地培养和发展了学生解决问题的能力、探究精神和综合实践能力。不过,作为活动的组织者、参与者和指导者,我也并不是就这么闲着。在学生遇到困难解决不了的时候,我就出谋划策和他们一起解决问题。他们还会给我提很多好的建议,比如:他们觉得此时的春光无限好,得好好外出踏青呼吸自然气息;他们又觉得空洞地查阅资料、调查访问倒不如实地进行扫墓来得有意义,甚至地点都已经选好了。看着他们一张张热情的小脸,我还有什么理由不接受他们的提议呢?在他们感兴趣的活动中,他们有了收获,认识了清明。也正是有了之前充分的活动准备,才有了同学们的侃侃而谈。因此,这次活动让我深深地感受到,孩子们有他们自己的兴趣、想法。只有真正让他们感受到活动的乐趣,他们才能毫不保留地将自己的收获、感受与人分享,教师才能真正获得课堂的精彩。

第四节 搭建四大平台,打造"生态家庭"

家长是"第一任教师"和"终身教师",孩子良好习惯和良好品德的养成离不开家庭的重视和配合,只有让家长参与进来,学校的生态德育才能取得真正的实效。我校非常重视发挥家庭在学校德育工作中的作用,为学生搭建学习与沟通的平台,积极打造普小特色的"生态家庭"。

一、搭建学习平台,辅生态理念落地生根

"父母是儿童的第一任教师,家庭是人生成长的摇篮。"家庭教育在人的一生成长中至关重要。可以说,没有良好的家庭教育,就不可能有良好的社会道德之风。因此,我们非常注重家校的沟通与交流。通过校园网、环翠博客、QQ群、家长学校等途径,搭建学习与沟通的平台,让家长在学习的过程中,不断提升生态意识水平。同时,我们还通过家长驻校、学校开放周、参与学校特色环保活动等途径,邀请家长走进校园,让他们在参与活动中,感受"生态教育"的特色办学理念,达成家校共识,共同携手培育"热爱自然 学会共处 感恩社会"的普小学子,让生态教育理念在千家万户生根发芽。

二、搭建实践平台,助生态之苗茁壮成长

我们将环保习惯养成体系进行了有序梳理。遵循"21天习惯养成训练法",每个年级每个学期利用三个月的时间分别进行学校、家庭、社会三个层面的习惯养成训练,第四个月为收获展示月(6月生态节,12月收获节)。月初,通知家长当月的训练内容,家长指导孩子进行养成训练;月中,学生自主训练,家长监督,班主任或家委会提供机会展示训练成果;月末,家长进行客观评价,并与"生态币"发放挂钩,家长和学生的表现还将直接作为每学期生态家庭评选的条件之一。

环保习惯养成体系

	学校环保习惯		家庭环保习惯		社会环保习惯		习惯展示月
	养成时间	养成目标	养成时间	养成目标	养成时间	养成目标	
一年级	九月	1.伸手弯腰	十月	1.节约用水	十一月	1.文明出行	十二月
	三月	2.节约水电	四月	2.使用环保袋	五月	2.保护环境	六月
二年级	九月	3.爱惜粮食	十月	3.勤俭节约	十一月	3.少用一次性制品	十二月
	三月	4.珍惜纸张	四月	4.节约用电	五月	4.拒绝使用餐巾纸	六月
三年级	九月	5.垃圾分类	十月	5.垃圾处理	十一月	5.垃圾回收	十二月
	三月	6.变废为宝	四月	6.电池回收	五月	6.爱护动物	六月
四年级	九月	7.减少噪声	十月	7.废物利用	十一月	7.控制噪声	十二月
	三月	8.爱护花草	四月	8.节能环保	五月	8.环保购物	六月
五年级	九月	9.绿色种植	十月	9.植树造林	十一月	9.清理积水	十二月
	三月	10.生态养殖	四月	10.环保宣传	五月	10.低碳生活	六月

三、搭建活动平台,促生态之树枝繁叶茂

知行统一,重在落实。为此,我们依托家委会活动,重点打造"生态行"校外实践活动课程体系,开设了社区服务和社会实践课程,其中社区服务课程包括劳动实践类、宣传教育类等课程,社会实践包括亲近自然、公益服务等课程,鼓励家长带领孩子走出校门、走进大自然,在参与活动的过程中,践行生态环保理念,如:参与劳动实践类的清理白色垃圾和小广告、宣传教育类的环保教育宣传、亲近自然类的环海健步走、公益服务类的植树活动……

活动中,家长的言传身教——"除了留下自己的足迹,其他什么都不要留下",学生的活动体验——把游玩时产生的垃圾带走、主动清理和收拾活动场地卫生。这种亲临其境的活动体验,让学生潜移默化地接受教育,比课堂说教效果要好得多,许多家长在活动后,都激动地表示:"孩子的节能环保意识提高了,现在不仅仅能做到自己不乱扔垃圾,低碳出行,节约能源,而且还能带动家人、朋友一起节能环保,同时看到不文明现象还能及时上前制止和纠正。""咱们普陀路小学的孩子表现真不错,活动前清理环境,活动结束后也能做到干净整洁!学校的教育效果杠杠的!""教育一个学生,带动一个家庭,影响整个社会。"生态教育之果,初步呈现。

自实施环保习惯养成教育以来,我们欣喜地看到全校师生、家长的环保意识已经初步养成。校园内师生主动捡拾垃圾、积极进行垃圾分类回收的现象比比皆是,而家庭中孩子们的表现则是我们最欣喜的。上图是我们学校的谷梓禾,一个矿泉水瓶不让扔,变废为宝做了一个笔筒,这表情杠杠的,小笔筒也很实用!像这样的例子还有很多。

四、搭建评价平台,使生态家庭开花结果

为了激励更多的家长积极参与到学环保、行环保的队伍中来,我们定期开展环保习惯养成评价活动:每月会进行一个主题的环保习惯养成评价,通过环保习惯我知道、环保习惯我做到、生态文明全家行等活动的评价,小手拉大手促进生态家庭环保习惯的养成。同时我们还会在每个学期开展一次生态家庭评选活动,从关注环保、宣传环保、绿色生活三方面,对参选的生态家庭进行评价,借此,引导家长从自我做起,让低碳环保贯穿于日常生活的方方面面,促进生态教育理念之树枝繁叶茂。

> **"最美生态家庭"评选条件**
>
> 1. 关注环保:经常通过报纸、电视等多种渠道了解本地的环保状况和环保热点问题;家庭成员树立环保意识,学习环保知识,自觉做有益于保护环境的事;积极参与学校、家庭种植养殖活动。
>
> 2. 宣传环保:向家庭成员和亲朋好友宣传环保知识,参加环保宣传公益活动,支持、配合街道做好环境保护工作,参与环保。
>
> 3. 绿色生活:节约使用能源,使用节能家电、节能灯;有较强的节水意识,能做到一水多用;不使用一次性塑料制品和一次性筷子,外出购物尽量自备购物袋,买菜尽量使用菜篮。

◎ 争当环保家庭

小手拉大手,生态家庭我来争

每年生态节上,我校都会在全校范围内评选"生态家庭",只要家庭能做到关注环保、宣传环保、绿色生活就可以申报"生态家庭",然后经过班级评选、校级评选,最后选出普小年度"最美生态家庭",生态节当天会特邀请市、区环保部领导为获奖家庭颁发证书。对于这种最具含金量的荣誉,孩子们都十分珍惜、向往,一直督促我们家长和他们一起做家庭、社区的生态环保活动,想荣获"生态家庭"这一殊荣,看着学校颁发的"生态家庭"证书,我们全家都兴奋不已,宝贝更是高兴得不得了。

记得有段时间,工作忙就没顾得上生态回收、变废为宝,于是身后就多了一条小尾巴,整天督促、检查,我经常跟朋友说:"为争当生态家庭,孩子家里家外满口不离生态环保,垃圾分类、节约水电、少用一次性用品……现在被他唠叨,我出门也这样,大家都笑我说怎么变成环保达人了。"

一分耕耘,一分收获。在学校生态特色的引领下,我们欣喜地看到孩子们的成长,感受着家庭的收获……孩子们在丰富多彩的生态环保特色活动中学习环保、学会环保,并和家长们一起践行环保:家庭中节水、节电、节粮;社区里宣传生态环保;社会上更是积极参加各种环保活动。尤其我们还参与拍摄了精彩的生态微电影,充分展现着我校学生及家长能从细微做起、从自我做起,让低碳环保贯穿于日常生活的方方面面。

我觉得,学校的生态家庭评选彻底激起了"大小手"们参加生态环保的热情与激情,现在普陀路小学真的是家家知环保、人人懂环保、天天做环保,生态环保成效显著。我们相信,我们的一言一行、一举一动必然会影响更多的人,只要人人都来参与生态环保行动,我们的环境一定会越来越美,我们的社会必然更加美丽、和谐。

(三年级(5)班　曹庆德妈妈)

环保住我家

环境问题现在越来越受到人们的关注,连我们家也开始关注环境保护了,真是一大进步啊!

我们一家都非常爱看环保类节目,喜欢和电视上一样,制作一些精美的小制品摆放在家中,这样既美观方便,又舒适整洁。记得有一次,我去看小装饰品,有个小兔子非常漂亮,瓷质的,闪着金色的光,但价格昂贵。"我为什么不自己做一个呢?"这样的念头萌生在我的脑海中。回家后,我找来一叠废报纸、一盒水粉。两个小时后,一只可爱的小兔子诞生了。我家已有许多这样的装饰品。

其实,我们一家的环保工作做得最好的就是妈妈。我常常看妈妈洗衣服,妈妈每次都把洗完的脏水倒进一个大桶里,妈妈还常捡一些路上乱扔的塑料袋回家,我不解地拽着妈妈的衣角问:"妈妈,为什么用完的脏水不直接倒掉?为什么要捡路上的塑料袋回家?"妈妈笑着说:"孩子,你看,脏水还可以冲厕所,这样一年

下来,我们的地球就会节约一点水;地上的塑料袋,不仅破坏了环境,还浪费了资源,塑料袋会造成严重的污染,塑料袋可以做手工,不能就这样扔了呀!"从此我再也没浪费过任何物品。

我还有一个爱种花的爸爸,有其父必有其女,我也喜爱种花。儿时的我经常看爸爸给花儿浇水。我家已有三十多盆花,个个枝繁叶茂,每天回到家,总会感到花儿在向我微笑、招手。今年我们大胆尝试了水培,种植了三盆红薯藤蔓,嫩绿的叶子总向我们招手感谢。

以后,我们家的环保要进一步推广,要向爷爷、奶奶、外公、外婆、同学做好宣传,让他们加入到我们的保护环境的行动中来。到那时,我们的环境肯定会变得更好,每天都能看到清澈的河水、蓝蓝的天空,看到鱼儿在水中开心的玩耍、鸟儿在天空中快乐的飞翔。

(宋笑甜)

绿色环保,从我做起

"绿色环保,从我做起",绿色代表生命,代表健康和活力。这是人类倡导的主题。环境保护是每个家庭应负的责任。

而我的家就住在美丽的张村镇富甲花园小区,环境优美,空气清新。住在威海这座美丽的文明城市,全家人早就树立了一个共同的目标:创建绿色家庭,争做绿的使者,我们的四口之家一直关心环保问题,把思想认识落到实处,努力做到知行合一。

节能减排、保护环境是关系人民群众切身利益和中华民族生存发展的基础,家庭是社会的细胞,是推动节能减排的重要依靠力量,倡导低碳生活需要每一位家庭的积极参与。我家坚持环保节能的低碳生活方式,这样的生活方式也因此影响和带动了身边很多的朋友。

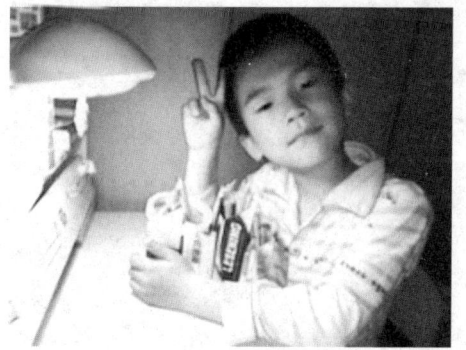

节约水电,从点滴做起。我家里有好多大水盆,平时家里洗脸的水、洗衣服的水都不直接倒掉而是存下来用来冲厕所;洗菜、淘米的水用来浇花,真正做到了一水多用,让每一滴水都变得有价值。在家里不会有长明灯,在哪个房间开哪个房间的灯,不需要时及时关闭电灯,各种家用电器用后及时切断电源;为了节约能源,及时将节能灯更换为更绿色的 LED 灯。

坚持认真做好垃圾分类。我家的垃圾分为这四类:可回收垃圾(如纸盒、旧报纸、各种瓶子等)、不可回收垃圾(如菜叶、果皮等)、有毒有害垃圾(如废电池、过期药品等)和其他垃圾,每天将不可回收垃圾按照分类投放到垃圾桶,每个月将可回收垃圾进行变卖,变卖资金妈妈说全给我,奖励我这个小环保监督员。

我们家还是普陀路小学的书香家庭。在爸爸妈妈的带动下,我喜欢看书,尤其喜欢看一些环保方面的书籍,也因此我们全家在"节能减排,绿色生活"方面的思想观念一致性非常高,大家互相提醒,互相鼓励,互相包容,共同进步,倡导积极向上的生活方式。

我们家是绿色之家,是书香之家,是积极学习之家。目前绿化和低碳节能减排是当务之急,我们想用我们的一言一行、一举一动影响和带动周围更多的人,参与到绿色环保行动中,相信我们的环境一定越来越好,社会也必然更加美丽、和谐。

(仲梓文)

第六章

追寻生态　用生态理念创生一所学校

　　校长的眼界决定着一所学校的发展方向。我认为,校园环境是校园生态文化的体现,不应该是简单的植树造林、美化环境,而应该体现和融入"绽放生命美丽"的普小愿景,以情动人、以境润人、以文化人。基于国家对生态文明的高度重视和威海"生态立市"发展思路的认识,学校建校伊始就提出了"生态立校　和谐发展"的特色发展目标,也开始了生态理念文化、环境文化和课程文化的打造与实践探索。学校建校时间不足五年,效果已十分显著。

第一节　三年风雨路　生态校园情

　　每个时代，都有追逐梦想、直挂云帆济沧海的开创者；每个行业，都有守望信念、脚踏实地、无怨无悔的奉献者。我虽没有惊天动地的英雄壮举，却用满腔热情履行着一个教育工作者的神圣职责。

　　2012年年初，为解决张村镇现有学校班额不足的问题，在区政府和教育局的统筹规划下，普陀路小学成立，我参与了学校筹建工作的全程，并担任校长。自此，我就和普陀路小学共命运、同呼吸，一起经历风雨，一起成长。

　　到任伊始，我凭着满腔的责任感、使命感全力以赴投入到了校舍施工中，吃、住都在工地上。家人心疼我，可我认为："领导信任我，我一定要把学校建好！"我每天头戴安全帽、手拿图纸和卷尺深入工地，深一脚、浅一脚地跋涉；虽不是建筑专业出身，但我克服困难，不懂的地方向专业人士请教或者自己查看资料，拿出了一套较完善的校园建设方案；我与设计、施工单位反复商讨论证，与主管部门积极协调，多方沟通，四处奔走，先后就设计和施工等环节提出二十余项有利于学校可持续发展的变更和新增项目，并对后期安全交付使用做了充分考虑和细致安排；同时拿出了详细的教学仪器、办公家具、餐厨设备和多媒体等几大类采购清单与具体参数，协助相关部门进行了紧张的前期采购和后期验收分发工作，为学校顺利开学后的使用做好了充分的对接。远离家乡求学的女儿假期回家见到我的时候，哭了：因为她温文尔雅的爸爸瘦了、黑了，两鬓斑白了、面色沧桑了。因为筹建新校，就连近在咫尺的老母亲也没有时间照顾，但老人家常安慰我说："学校工作要紧，我这挺好的，别操心。"我很久之后才知道，有两次母亲都是自己叫了救护车。

　　就是凭着这股执着和精益求精的精神，半年后，由张村镇政府投资4000万元、占地59亩，包含功能齐全的教学楼、办公楼、多功能教室、风雨操场和餐厅一体楼的四大主体建筑的宽敞明亮的新校舍拔地而起，实现了高起点定位、高标准配备、高质量建设。

在镇政府大力保障和各方的共同努力下，2012年9月3日，崭新的普陀路小学迎来了她诞生后的第一个开学季。建校第一年的普陀路小学的教师团队仅有31人，其中15名是刚毕业的大学生，全校教师平均年龄不足28岁。作为普陀路小学的掌舵者和引航者，我没有片刻的停留，带领年轻的团队将工作重点迅速转到了常规的教学管理中。

在我的带领下，我们不等不靠，充分发挥现有资源，从校本培训做起，循序渐进地为新教师量体裁衣，开展有针对性的专项培训；将"请进来"与"走出去"相结合、教师自学与集体同研相辅助，大大缩短了青年教师的成长期限，一批年轻骨干教师脱颖而出；而连续三年注入的新鲜血液更为年轻的普小增加了新的活力。经过三年多的发展，学校已由建校初仅有的三个年级、七百余名学生增加到如今在校生一千六百余名，并于2015年8月送走了普小的第一批毕业生。

生态视野　绿色情怀　>>>

在学校"生态教育"的引领下,他们在学生心中播撒保护环境、关爱自然、关爱生命的绿色种子;同时更注重学生良好学习习惯的培养,每月的主题节日更是为学生提供了丰富多彩的展示平台。通过举行家长开放课、家长驻校等活动,使家长对学校方方面面有了更多的了解,同时对学校办学理念以及教学质量也给予了高度评价。

虽然我的头发日渐稀疏,但学校已慢慢蓬勃发展。全校师生百余人次获得省市区各类奖项,艺体教育成果凸显。学校获得区田径运动会小学团体总分第一名;排球、足球、器乐、舞蹈、合唱比赛也硕果累累;并获得"全国环境教育示范学校""威海市绿色学校""威海市规范化学校""环翠区文明单位""环翠区 AA 级特色学校"等荣誉称号。在 2015 年刘晓波个人还被评为威海市师德标兵。

二十多年教坛的摸爬滚打,已让我拥有了自信与成熟。在追逐梦想的路上,我将和年轻的普小人一起,为把学校建成大家认可的百姓家门口的优质学校而努力前行。

第二节 你减排了吗?

朋友最近从新疆回来,说坐在飞机上看天山,白白的雪线较之以前下移了许多,便生出些感慨。其实何止是天山,我们熟知的珠峰、乞力马扎罗甚至北冰洋的冰雪都在大片的消融,这也成了全球气候变暖的佐证。

前不久,在德国召开的八国峰会,气候变化成了首要话题,其核心就是"减排"。而在此前后西方舆论几乎一致地把矛头指向中国,掀起了新一轮的中国威胁论,只不过这次不是指军事上的,而是指环保,说中国经济的飞速发展是以牺牲环境为代价的,每年向大气层排放了很多温室气体,应该承担起减排的责任。我们不排除以德国为代表的西方国家关心全球变暖的良好愿望和急切心情,但对中国的指责,我宁愿看成是个借口或者直白地说是个阴谋:以减排遏制中国经济的发展,迟滞我们前进的脚步。因为中国龙的觉醒和腾飞一直是西方人挥之不去的梦魇!针对批评和指责,我们的政府有理有节地予以了回击。二氧化碳气体在大气层中的累积是个漫长的过程,西方工业化已走过了二百年,正是他们长时间超量的排放才导致了温室气体的增加。中国作为发展中国家只是从20世纪末才走上经济发展的快车道,排放的绝对数是大了些,但相对的人均排放量仍然很低。这里特别需要说明的是,中国因自己的廉价劳动力几乎成为世界工厂,这种生产线的转移是全球化下的分工不同而已,对发达国家通胀率的降低和排放的减少是做出贡献的,有什么道理被谴责!

我们所力争的当然是国家的利益,可善意的回应也是必需的。温室气体的减排是大势所趋,我们若不能在节能降耗上下足功夫,依然重复高耗能、高污染,未来的发展会很被动。近日,中南海传出新规:夏天只要不会客,工作人员一律穿衬衫办公。各部委也纷纷响应,拿出许多具体措施。中央已为我们做出了表率,我们能做些什么呢?

夏天空调制冷,你的设置温度低于25℃了吗?

家用轿车减排了吗?比如每月停开一两天,以步代车;再比如开车尽量用自然风而少开冷气……

第三节　就这么定了,车不开了

中国交通部 2006 年倡议,2007 年 9 月 16 日—22 日在全国城市开展首届"中国城市公共交通周及无车日活动",在全国 108 个城市同时启动,活动的核心主题为"绿色交通与健康",绿色交通主要是指步行、自行车系统以及低成本、高效率和低环境影响的公共交通系统。在交通周活动中,2007 年 9 月 22 日 7:00－19:00 为"无车日"。建设部副部长表示,无车日当天,如果活动开展顺利将节省 3300 万升燃油,减排 3000 吨废气。

不知道咱们威海在不在这之列,但我已决定 22 日(周六)当天不开车,也倡议有车一族当天不要开车。至于游泳,还没想好,别说,离了车真不方便。威海现在一年两三次车展,车卖得火爆,百姓觉得实惠,车商多盈利,主办方也进账不少,可以说是皆大欢喜!但车增得太快不是好事,眼见着马路上的自行车道被赶上了马路牙以上,高峰期塞车也越来越严重,可这路跟不上啊!不是我从既得利益出发才发此感慨,咱们政府真该早些出台政策,进一步扶持公交事业的发展,而不要让部门集体的小利益影响了市民们出行的大利益。

第四节　停车坐爱松林暖

我平时不睡晌的,周六小睡了一会儿,醒来已经三点了。我招呼妻子说:"我要游泳了,你们母女俩陪我去海边吧。""凭什么要陪你上海边,我要爬山!"这年头就得学会妥协,我只好说:"那咱们绕环海路走,我先陪你们爬山你们再陪我游泳行了吧?"夫唱妇随,一拍即合。可闺女听了一百个不乐意:"马上要地理会考了,语文作业也没写完,我不去了!"我们俩顿时火力十足地对准闺女:"只有服从集体,没有个人自由。再说了,接触大自然那可是个地理大课堂啊,马上换衣服走!"小姑娘委曲得眼泪都出来了,但也只有服从。

车行至一上坡路段,远远就望见北面山坡一片片的白花。"啊!槐花开了,快停车!"妻子急急地嚷道。车子贴边停下我们就往山上爬去,山不高,杂草却很深。好不容易才走到了近前,槐花淡淡的清香便扑面而来。这里的槐树都很高,白色的花单看像一串串风铃般垂着,整个看来又大团紧簇似雪如云,那白几乎要盖住了绿。

总算见到一棵低矮的花枝,小心地摘下几串槐花,唯恐伤及枝叶。放之鼻下沁人心脾,搁入口中香里带甜!闺女大表诧异,竟然不知这花可入口,真是怪不得她啊!槐树叶营养丰富,记得我上学时都有任务,放学后就提个麻袋直奔槐树林。后来听说是要出口到日本喂鸡,为这我还愤愤然地生气呢:这不是为小日本鬼儿服务吗?据查,这刺槐原产北美,19世纪后期才引入我国,这也是它别称洋槐的起因,怪不得唐诗宋词里觅不着它的芳迹了。

车继续前行,大片的松林映入眼帘,接着就看见成片的松树发黄干枯,《直播威海》好像说了是一种病菌所致,真是让人心焦啊!要知道这临海的大片松林可是父辈们历经几十年的栽植养护才成了规模,其防风固沙作用显著,也成为海滨靓丽的生态景观,这真是前人为我们建的"绿色银行"啊!威海因这绿而增色,空气因这树而清新。只是它的建设者很多已长眠在这方土地,我们却一边在吃着"银行"生出的"红利",一边又在不经意地损毁着……

初夏的环海路真可谓景色怡人、美不胜收,让我这土生土长的威海人突生感怀:

> 停车坐爱松林暖,
> 五月槐花分外香。
> 前辈种得绿如毯,
> 后人妙手酿琼浆。

第五节 想起那穿肉的稻草绳

从悲痛中稍稍缓过来一些,瞄瞄台历,想到了时下大家关心的一个话题:6月1日将至的"限塑令"——届时在全国范围内全面禁止免费提供塑料购物袋。

1902年奥地利科学家马克斯·舒施尼发明了塑料袋,大大方便了人们的生活。没成想沿用至今这方便袋却造成了诸多的不方便,也有了"白色污染"的别名,欧洲环保组织甚至将其评为"20世纪人类最糟糕的发明"。塑料袋大量进入居民家中应该是超市在社区普及后的事,并从此一发不可收拾。大小店铺不管你是买个针头线脑还是蔬菜瓜果的,商家都会给套上或大或小的塑料袋,反正羊毛出在羊身上,而我们也赚个省事。以我自家为例,哪个晚上厨房都能腾出七八个塑料袋,大的拣出来做垃圾袋,小的就进了垃圾箱。看过下面的数字你会觉得触目惊心:目前我国每天使用的塑料袋超过30亿个,全国每年的塑料袋使用量在1万亿个以上,这里面多数还是属于普通塑料袋,大概200年才能降解,给生态环境造成的压力可想而知。

这让我想起了刚参加工作甚至更早的时候,在包装方面我们的身边还是充满了绿色环保的影子,如纸绳捆扎的物品、包裹油条的油纸、竹篮子、布袋子,无一不散发着自然的清香。更有那卖肉师傅娴熟地用钩子穿过肉片拉过一缕稻草绳,系好了后买主往车把上一挂,那叫一干净利落!后来塑料绳代替了稻草绳,再后来塑料袋替换了丝绳,再再后来包装越来越复杂、越来越奢侈、越来越不环保,以至于出现了天价月饼……现在生活条件好了,买个大鱼大肉的离了塑料袋还真是不好办!我们也没有可能和必要再回到从前。我只是在想,作为一个消费者,我们是否能做到不贪图小利、不嫌麻烦,要知道简约才是不简单;作为商家,除了按国家新规定执行,能否主动推出一些替代品,更多地担起社会责任;作为厂家,企业利益最大化没有错,但能否多顾及一下大众的利益,而非钻法律的空子。

环境友好型社会的建设说起来容易,做起来难。我们都不缺环保意识,缺的是将意识转化为自觉行动。限塑之外,我们需要做得还很多!

第六节　笑谈牛羊废气

说起气候变暖、温室气体我们很自然会联想到这是工业化的产物，也就是说人是元凶。可美国一科学研究表明：牛羊放屁和打嗝而排出体外的主要成分甲烷，其加温效应为二氧化碳的20倍。全球10.5亿头牛排放的甲烷占全球温室气体总排放量的18%，占全球甲烷排放量的1/3。这些废气，甚至超过了汽车、飞机等人类其他交通工具排放的二氧化碳总量。联合国FAO报告称：牛排放的废气是导致全球变暖的最大元凶。

哈，人类这回可找着替罪羊牛了！

牛、羊等反刍动物在消化过程中所产生的废气对环境造成了巨大的污染。牛的排泄物也能产生出100多种污染气体。联合国粮农组织最近发表报告称，饲养业对全球气候变暖有很大的影响：一头牛每年要排出9千克可形成烟雾的污染物，其污染程度甚至超过一辆小型汽车。（看来我22号开不开车相对来说已不要紧了。）

不看不知道，一看吓一跳。面对牛羊我想说：你减排了吗？那可真成了对牛弹琴啊！为不留后患我们总不能学始皇帝再来个"焚牛坑羊"（虽然疯牛病、口蹄疫发作时人们干过这事）吧，离了牛奶、羊毛这人还怎么生活呀？牛羊肉又是那么鲜美！更有那晾干的牛粪，在缺乏高大植物的青藏高原可是牧民们的好燃料……这牛羊是人养的，也是为人民服务的，人类当然有责任去解决这个问题。

针对牛放屁对环境的污染,西方国家已开始采取限制牛放屁的措施。英国科学家已为牛设计出环保餐单,以减少牛群打嗝放屁时排放的甲烷含量;美国加州官员也宣布,为了减少空气污染,政府将制定法规,要求养牛者引进新技术,保证牛打嗝和放屁不污染环境;新西兰总人口约400万,而饲养的羊数则为总人口的近10倍。新西兰能源部指出,家畜在消化饲料过程中所排放的甲烷和一氧化二氮是其排放的二氧化碳的21—310倍,其温室效应十分强烈。新西兰家畜排放的温室气体占该国温室气体排放总量的55%,这一指标在发达国家名列前茅。因此,政府决定向农民征收牛、羊的"放屁税",以控制对大气的污染。(后来好像又决定暂停征收,因为农场主们强烈反对,说减排是所有人的责任,不应只由农民承担,甚至有人把牛羊粪打包邮寄到议会以示抗议。)

我们不要冷眼旁观也不要觉得可笑,西方人在对待科学这方面的严谨和认真很值得我们学习。萝卜、巴豆人吃多了容易放屁,那我们少吃就是了。那规模化饲养牛羊的食谱经过研究,肯定也能找出减少或避免产生甲烷的方法。我觉得还是事在人为。短期的成本肯定很高,减排会有很长的路要走,可这是为了我们美丽的家园啊!

行动起来吧,牛羊的主人们!

第七节　樱花树的凋零

单位门前原有一棵4米左右高的樱花,每年到了农历三月份就会吐出嫩芽,接着一夜的工夫那花儿就满树盛开了。因其长在路边,以至于树干被行人摸得油油亮亮。

今年却赏不得它的娇艳了。年前,人们见它树叶全无,便折了它的枝条,却发现它早已干枯多时,这也宣告它永远死掉了。为了不影响城市观瞻,我们请示园林部门伐掉了这棵陪伴我们多年的樱花。没有多少人注意到它的倒掉,我倒要查究一下它的死因。资料显示:樱花对气候、土壤适应范围广,喜光、耐寒、抗旱,不耐盐碱,抗风能力弱,要求深厚、疏松、肥沃和排水良好的土壤,不耐水湿。这棵樱花原本生在院墙外一块松软的小花园里,后来城市建设花园被硬化成了人行道。先是铺的普通水泥板,后来又换成了彩色人行道板,树下只留了半平方米的空地,这0.3平方米的地儿就成了它赖以喝水透气的活路。这样看来,它要么是"暴饮"而亡,要么是呼吸不畅窒息而死,暂且统称为"呼吸消化不良综合征"吧。

这让我想到,在城市改造过程中如何兼顾生态、涵养水源的问题。我们的城市绿化越来越漂亮了,硬化也越来越上档次了,可硬化过多追求气派、光亮而很少考虑其透水性。欧美城市道路透水沥青铺设已得到推广,限于成本和技术国内不知何时能普及。可喜的是,现在好多停车场、行道树下改铺了透水的道板;可惜的是,这樱花没能再挺两年,兴许这片硬化地也会被改良。

李肇星曾写过一首《岚山樱花》的诗:

> 冰冻三尺百日寒,
> 樱燃半月凉一年。
> 颜美命短心柔脆,
> 好事多磨路修远。
> 狂风渐远苍山在,
> 骤雨洗礼坦途坚。

如今却是

默默苦撑不堪言，
伊人香消已走远。
曾经樱燃足半月，
梦里飘雪凉数年。

清明将至，做此文以为祭！

第八节　浴场归来话生态

今天三八节,难得的好天气。因为这场四十年未遇的特大风暴潮"蛰伏"了数日的我,利用中午时间急冲冲来到国际海水浴场。换过了泳衣我边走边举目四望:虽然已过了三天多,四周也明显地被清理过,可路边的草坪还是被厚厚的细沙覆盖着,供人们游玩的小广场也满是一堆堆的黄沙;往海里走的台阶已全部没入沙中,原来整齐固定的防沙网因被风吹得七零八落而被撤走;很多不知从哪抛来的大石块散布在沙滩上,其他杂物也不少。大海好像余怒未消般依旧掀起一波波浊浪,我心想这架势就别跟她较劲了,于是在沙滩上跑了个来回就停下了。望着茫茫的大海,思绪被扯到了惊涛骇浪中英勇救人的消防指战员。"如果大海能够带走我的哀愁,就像带走每条河流,所有受过的伤,所有流过的泪,我的爱,请全部带走……",英雄啊,你挚爱的乡亲们在望穿双眼地等你回来啊!(打这些字时我真的是泪眼模糊……)

这次风暴潮可以说给烟威两地经济造成了惨痛损失。风暴潮能否成灾,在很大程度上取决于其最大风暴潮位是否与天文潮高潮相叠,尤其是与天文大潮期的高潮相叠。当然,也决定于受灾地区的地理位置、海岸形状、岸上及海底地形,尤其是滨海地区的社会及经济(承灾体)情况。3月4日是阴历十五,正是天文大潮期。看着养殖户们捶胸顿足、欲哭无泪的表情,我真的是替他们痛心。由此我又联想了很多。俗话说"靠山吃山靠海吃海,"但在经济利益的驱使下人类向大海的索取正变得日益无度:新加坡国土面积狭小,因此政府积极填海造地。从1950年到现在,大约有20%的国土面积是由填海产生;从1945年至1975年,日本政府在临海填海造地11.8万公顷(相当于两个新加坡的面积);我国的香港、澳门和其他一些沿海城市都在进行着许多填海工程,这些工程无疑能带来很大的社会效益和经济效益,但对海洋洋流与生态的改变与冲击往往是致命的。曲折自然的海岸线被笔直高大的混凝土防浪坝取代;宽阔宁静的港湾被养殖网箱和机帆船挤得满满的;或明或暗的生活和工业污水被排入大海……精卫填海的精神现在已被演绎成人定胜天的豪情。殊不知不尊重大自然的恶果就是一次次领教她的淫威!飓风、海啸等灾害时有发生,天灾是其主因,人祸也不容小视。比如美国的新奥尔良就是在临海湿地建起来的城市,飓风发生时海平面急剧上升,高过市区两米左右,城市变成一片泽国……作为不可抗力的自然灾害我们无法杜绝,但应通过合理的规划减轻其危害。党的十六届五中全会从战略的高度提出了要加快建设资源节约型、环境友好型社会,这是从我国的国情出发而提出的一项重大决策。真的希望人和自然能和谐相处,这样的灾害能够五十年、一百年都别遇!

回来后不吐不快,可题目太大又不能展开写,偏颇之处还请资深地理专家不吝赐教!

第九节　从场馆设计看绿色奥运

北京 2008 奥运会距离我们越来越近了。大家知道,本次奥运会提出了三大理念:绿色奥运、科技奥运、人文奥运。排在首位的就是绿色奥运,体现出我们国家对人与自然和谐发展的特别关注。

我们的首都北京地处华北,因工业和生活污染以及沙尘天气的影响,10 年前,一年中的蓝天天数只有 100 天。经过多年不懈的努力,如今北京全市林木覆盖率近 50%;有着 80 年历史的首都钢铁公司也整体搬到了河北,还先后更换老旧公交车 9662 辆,新上的环保型公交车占到 92.5%,使北京成为世界上拥有新型环保公交车最多的城市。功夫不负有心人,北京现在得到了绿色回报:去年蓝天天数已增至 246 天,这就为奥运会的举办创设了优良的外部环境。下面我们就从北京奥运场馆的设计上看看绿色奥运都是怎样体现的。

先看奥运村

奥运村全部采用太阳能,它里面一个 5000 千瓦的太阳能电站,将为奥运村的路灯、草坪灯、景观及会场提供照明;6000 平方米的太阳能热水系统,将为入住的 1.6 万余人提供热水。

再看比赛场馆

知道这是什么建筑吗?对了,是"鸟巢"。它占地 25.8 万平方米(相当于长征小学占地的 16 倍),能容纳观众 10 万人。在夏季多雨时节,"鸟巢"的整个钢筋铁骨就是理想的"笼式避雷网",能把雷电迅速导入地下。"鸟巢"采用的太阳能光伏发电系统,安装在国家体育场的 12 个主通道上,总投资 1000 万元人民币,总容量 130 千瓦,对国家体育场电力供应将起到良好的补充。

国家游泳馆

知道这又是什么建筑?对了,是"水立方"。"水立方"的建筑外围采用世界上最为先进的环保节能 ETFE(四氟乙烯)膜材料,由 3000 多个气枕组成,气枕大小不一、形状各异,覆盖面积达到 10 万平方米,堪称世界之最。安装成功的气枕将通过事先安装在钢架上的充气管线充气变成"气泡",整个充气过程由电脑智能监控,并根据当时的气压、光照等条件使"气泡"保持最佳状态。这种膜材料有自洁功能,使得膜的表面基本上不沾灰尘。即使沾上灰尘,自然降水也足以使之清洁如新。"水立方"晶莹剔透的外衣上面还点缀着无数白色的亮点,被称为镀点。不要小看这些镀点,它们可以改变光线的方向,起到隔热散光的效果,保证场馆的温度和采光。白天最高可以减少照明能耗50%。

国家体育馆

它是奥林匹克中心的标志性建筑之一,100千瓦光伏电站的1124块太阳能电池组件,用于2万平方米地下场所的照明。

北京科技大学体育馆

北京科技大学体育馆比赛场馆的中心场地内,安装的148个直径为530 mm的光导管,它既是这座场馆所采取的最特殊的技术,同时也是最大亮点。采用148套电动日光调节器,可关闭或任意调节光线明暗。场馆安装的光导管系统主要由采光罩、光导管和漫射器三部分组成。其照明原理是通过采光罩高效采集室外自然光线并导入系统内重新分配,经过特殊制作的光导管传输和强化后,由系统底部的漫射器把自然光均匀高效地照射到场馆内部,从而打破"照明完全依靠电力"的观念。

顺义奥林匹克水上公园

水上公园循环水处理系统是目前国内规模最大的微污染水处理项目,它拥有当今世界最先进的臭氧过滤与清洁系统,能自动将水质始终保持在最佳状态。

北京射击馆

赛场射击枪声不断却一点都不感觉喧闹。经测试,北京奥运会射击决赛馆比赛时的噪声只有38分贝,低于国家规定的居民住宅夜间背景噪声40分贝的标准。也就是说,这个最有可能产生奥运首金的场馆,比赛时将比夜间一些居民的卧室还要安静。它采用生态型呼吸式外壁,可随季节调节室外温度,减少了空调制冷和取暖的耗能。

北京农业大学体育馆

体育馆顶部特别安装了400多个高低错落、分层排列的玻璃窗,使自然光可以通过层次分明的顶部充分照入场馆内。

奥林匹克公园曲棍球场

奥林匹克公园曲棍球场、射箭场均为临时赛场,赛后恢复为奥林匹克森林公园绿地。空调系统全部采用无氟环保冷媒,不破坏臭氧层;选用节能环保型太阳能作为运动员及官员的洗浴热水器,既节约用电,用后还可以回收;同时,在赛场的人行道和广场的地面上,铺装了透水砖,使雨水可以渗入地下,直接被回收利用;还采用了草坪吸震层,保水精准到毫米。

青岛奥帆中心

奥帆中心的全部建筑单体均应用了先进的外围护结构保温技术,这一技术的特点是:基墙墙体采用陶粒空心砖;外墙、屋面使用高性能的保温材料;建筑外窗采用断桥铝框加灰色镀膜 LOW－E 中空玻璃,通过合理的结构,有效地控制传热系数。由于提高了建筑围护结构保温隔热能力,有效减少流出或流入室内的热量,降低采暖、空调系统的负荷,减小设备的容量,缩短系统实际运行的时间,从而有效降低采暖空调能耗,大大提高节能性能,使建筑单体达到了 50% 的建筑节能标准要求。奥帆中心还在风能资源丰富的主防波堤上安装了风能灯,可供 55 瓦钠灯日照明 8 小时。

以上只是众多场馆中的一部分。通过介绍,同学们是不是了解了很多新技术在奥运场馆中的运用呢?随着人类社会的不断发展,对资源的需求正大幅提高,地球上的煤炭、石油、天然气等不可再生资源必将日益紧缺。只有不断完善替代能源的开采使用新技术,如太阳能、风能、水电、潮汐能等清洁能源,才能做到可持续性的健康发展。

同学们,加紧努力吧!未来的科技环保事业正等待着你们去参与!

第十节　建设生态校园，永葆绿水青山
——参加共建、共治、共享、共荣座谈会交流稿

要让美丽宜居威海这个品牌越擦越亮，保护好我们的绿水青山，这需要大家共同的努力。

作为学校呢，我们一是立足校内，利用好课堂教育这个主阵地，进行生态文明教育和形式多样的环保实践活动。保护我们的大气环境必须从娃娃抓起。在市环保局的指导下，我们自主编纂的校本课程《我与绿色同行》《绿色伴我行》已经走进课堂；校园生态科技馆、种养殖园、光伏电站、分类回收站等都是学生身边现成的实践基地；我们教学楼走廊的墙上满是师生们利用废旧的纸张、布条、木料等制作的一个个主题长廊。通过持之以恒的教育和实践，内化于心继而外化为行动的自觉，最终达到良好环保文明习惯的固化养成。二是将学校、家庭、社会三位一体形成合力，特别是善用"互联网＋环保"这个模式，借助家校QQ群、班级博客、微信朋友圈、生态微电影等曝光、抵制校内外破坏环境的不良行为，积极弘扬植绿减排、旧物利用这些环保习惯。

2016年，因为我校在生态校园建设上的显著成效，新华社、中央电视台和人民日报等媒体先后到校采访报道，他们一致觉得这是一所真正在做环保教育的学校。应该说这是对我们工作的充分肯定。今后，我们将在环保、教育等主管部门的统筹指导下积极投身到全市大气污染防治活动中去，为做到共建、共治、共享、共荣，贡献我们的一份能量！

第十一节 自然孕育人类，环保从我做起
国家级绿色学校创建动员讲话（节选）

随着人类社会的发展、科技水平的提高，人类在与大自然的斗争中不断获得了新的飞跃，冲出地球遨游太空也早已不是梦想。2008年9月25日也就是今晚，我们中国的神舟七号飞船将再次启程完成新的使命，我们应该为这一刻的到来而感到自豪！可是回望地球，我们赖以生存的家园所受到的破坏却让人触目惊心。

我们先看大气质量的恶化和二氧化碳排放的增加。过去20年间，每年约有1.8亿吨人造二氧化碳散落到空气中。2005年冰川的厚度融化了0.66米，全球冰川25年间减少了10.56米。2005年也是有气象记录以来最糟糕的一年，南极的臭氧空洞持续的时间比以往任何时间都要长。由于"温室效应"的影响，气温升高，导致了全球海平面在不断上升，干旱、洪水肆虐，人类皮肤癌等疾病发病率增加。

再看水污染和水资源的匮乏。大家知道，淡水只占地球上水总储量的2.6%，20世纪末全球缺水情况已相当严重，有28个国家被列为缺水或严重缺水国。世界上现有1/10的河流遭污染，有十几亿人口饮用污染水。

我们再看其他严重的生态环境问题。比如：森林、草原等植被严重破坏，水土流失，土壤沙化加剧，耕地面积锐减。半个世纪以来，全球森林面积已经消失了1/5，全年流失土壤240亿吨，每年沙漠化的面积达600万公顷，热带森林的破坏已使200多种动物和2万种植物面临灭绝的威胁……

2006年4月温家宝总理在全国环境保护大会上说："我国环境形势依然十分严峻。长期积累的环境问题尚未解决，新的环境问题又在不断产生，一些地区环境污染和生态恶化已经到了相当严重的程度，流经城市的河段普遍遭到污染，1/5的城市空气污染严重，1/3的国土面积受到酸雨影响。全国水土流失面积356万平方公里，沙化土地面积174万平方公里，90%以上的天然草原退化，生物多样性减少。发达国家上百年工业化过程中分阶段出现的环境问题，在我国已经集中出现。"

以上数字让我们越来越清楚地认识到：大自然已给予我们很多，我们不能没

有限度地索取！保护环境,保护地球,也就等于保护我们自己。20世纪90年代以来,环境与发展、环境与合作,已成为全人类共同的呼唤和行动。1992年6月,102个国家和地区的政府首脑签署了《21世纪行动议程》(又称《地球宪章》),人类开始踏进"保护环境,崇尚自然,加强合作,持续发展"的绿色时代。1996年12月10日,国家环保局、中宣部、国家教委共同制定了《全国环境保护的宣传行动纲要》,为增强人们的环保意识,环境保护被列为基本国策。作为全国性环境教育的主要载体,中小学、幼儿园以及大学生是这一政策的具体执行者和受惠人。因此,非常有必要在学校加强环保教育,增强环保意识。同学们,环境保护不仅是大人们的事,它也包括在我们日常生活的小事中,如果我们每一个学生都能做好身边的每件力所能及的环保工作,通过我们的小手拉动家长的大手,一个家庭带动一个社区,那么,一个个社区就能影响到整个社会……

老师们、同学们,绿色,是生命和健康的象征,健康的身心、健康的行为、健康的社会发展是我们共同追求的目标。让我们齐心协力,通过创建"绿色学校"活动,树立环保理念,倡导绿色生活,为威海正在进行的生态市建设、争创全国文明城市与和谐社会建设做出我们的一份努力!

第十二节　教育先行，生态文明深入人心

——参加环保统一战线座谈会发言稿

人类社会最早经历的农业文明，我们可以称之为"黄色文明"，这个阶段历经数千年，社会发展比较迟缓，但人与自然能够做到和谐相处；接下来的全球工业化带动了科技进步和社会发展，但是短短的两三百年时间却造成了地球环境的严重恶化，表现为烧黑煤、冒黑烟、流黑水等，也可称为"黑色文明"。无情的现实让世人警醒，中国决不能重复西方先污染后治理的老路。我们国家适时制定了节约资源和保护环境的基本国策，提出要建设低投入、高产出、低消耗、少排放，能循环、可持续的国民经济体系和资源节约型、环境友好型社会，大力倡导生态文明。这种生态文明与物质文明、精神文明、政治文明共同构成了文明系统的一个整体，没有生态文明，也就不可能有高度发达的物质文明、政治文明和精神文明。因为生态文明强调生态管理、循环经济、和谐社会，所以也可以把它称为"绿色文明"。

作为一线的教育工作者，我们深知生态文明也要从娃娃抓起。具体到学校就是积极传播认知文明，开展以根植绿色理念为主轴，通过学科渗透、主题实践活动、网上教育等形式对学生进行全方位的环境教育。多年来，从市级绿色学校创建，到垃圾分类收集的全市首家试点，以及"节能减排学校行动"的开展等，我们都取得了良好的教育效果。

在2007年荣获了省级绿色学校的基础上，今年我们又启动了国家级绿色学校的创建工作。学校各科教师在教学中积极挖掘教材内涵，有机渗透环境教育。学校还成立了以绿色小志愿者组成的"绿色先锋队"，结合世界环境日、水日等走上街头、走进社区积极宣传环保知识。

应该说上至国家下至各级主管部门对学校环保教育工作都是极为重视的。这么多年来，我校环境教育的开展就一直得到了市、区环保局以及教育局的大力支持，所以我们没有理由不努力工作。我们没有把这项工作当作一项任务去被动完成，而是作为一项事业满腔热情地去投入，也只有这样，学校的环境教育才能对学生产生持久而深远的影响，进而向家庭和社会全面拓展。

我觉得咱们市环保局非常重视环保的对外宣传工作，威海的一些好做法、好思路也得以在国家、省级等媒体上频频出现，绿色学校、绿色社区等创建活动的开展，在全社会形成了一个关注生态、投身环保的大好局面。不久前在晚报上开辟的"环保在线"这个专栏，对宣传绿色理念、监督节能减排、倡导生态文明也起到了很好的促进作用。